myBook+

Ein neues Leseerlebnis

Lesen Sie Ihr Buch online im Browser – geräteunabhängig und ohne Download!

Und so einfach geht's:

- Gehen Sie auf **https://mybookplus.de**, registrieren Sie sich und geben Sie Ihren Buchcode ein, um auf die Online-Version Ihres Buches zugreifen zu können
- **Ihren individuellen Buchcode finden Sie am Buchende**

Wir wünschen Ihnen viel Spaß mit myBook+!

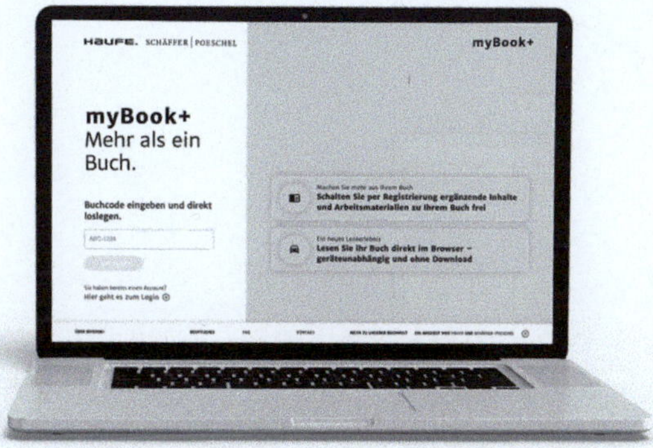

Finanzstabilität

Tobias Körner/Oliver Kruse

Finanzstabilität

Einführung in die makroprudenzielle Politik

1. Auflage 2024

Schäffer-Poeschel Verlag Stuttgart

Bibliografische Information der Deutschen Nationalbibliothek
Die Deutsche Nationalbibliothek verzeichnet diese Publikation in der Deutschen Nationalbibliografie; detaillierte bibliografische Daten sind im Internet über http://dnb.dnb.de/ abrufbar.

Print: ISBN 978-3-7910-4010-3 Bestell-Nr. 10235-0001
ePub: ISBN 978-3-7910-4130-8 Bestell-Nr. 10235-0100
ePDF: ISBN 978-3-7910-4011-0 Bestell-Nr. 10235-0150

Tobias Körner/Oliver Kruse
Finanzstabilität
1. Auflage, April 2024

www.schaeffer-poeschel.de
service@schaeffer-poeschel.de

Bildnachweis (Cover): ©egal, iStock

Produktmanagement: Anna Pietras
Lektorat: Anette Villnow, Wiesbaden

Schäffer-Poeschel Verlag Stuttgart
Ein Unternehmen der Haufe Group SE

Vorwort

Krisen, an denen das Finanzsystem in besonderer Weise beteiligt ist, lassen sich über Jahrhunderte zurückverfolgen. Häufig gehen Finanzkrisen mit hohen gesellschaftlichen Kosten einher. Wirtschaftseinbrüche sind ungewöhnlich stark, und die wirtschaftliche Erholung von krisenhaften Episoden dauert lang. Die globale Finanzkrise der Jahre 2007/08 und die Krise im Euroraum der 2010er-Jahre bilden keine Ausnahme. Im Gegenteil: Nach einer langen Phase wirtschaftlicher Stabilität führten sie uns schmerzlich vor Augen, dass Finanzkrisen in allen Entwicklungsstadien auftreten können und Industrieländer nicht weniger betroffen sind als Schwellen- und Entwicklungsländer. Die Lehren aus diesen Krisen waren vielfältig und politische Entscheidungsträger stießen in vielen Bereichen Reformen der Regulierung des Finanzsystems an. Eine der wichtigsten Lehren war, dass Aufsicht und Regulierung um eine Sichtweise ergänzt werden müssen, welche die Stabilität des Finanzsystems insgesamt in den Blick nimmt – im Kontrast zu dem bis dahin vorherrschenden Regulierungsansatz, der vor allem auf die Stabilität einzelner Marktteilnehmer und Märkte abzielte. Wenngleich solche Überlegungen keineswegs neu waren, verhalf die globale Finanzkrise einem Politikfeld zum Durchbruch, das seither als makroprudenzielle Politik bekannt ist.

In der Folge wurden neue Institutionen und Instrumente geschaffen, um die makroprudenzielle Politik in der Praxis zu verankern. Aufsichtsbehörden und Zentralbanken weltweit erhielten neue Kompetenzen und stehen nun in der Verantwortung, den makroprudenziellen Rahmen mit Leben zu füllen. Dies ist keine leichte Aufgabe. Es ist alles andere als offensichtlich, wie Risiken für die Stabilität des Finanzsystems hinreichend verlässlich identifiziert und bewertet werden können, welche Schlussfolgerungen aus Risikoanalysen für die konkrete Anwendung makroprudenzieller Maßnahmen zu ziehen sind und wie die Wirkung solcher Maßnahmen abgeschätzt werden kann, um für zukünftige Anwendungsfälle zu lernen.

Es ist das Anliegen dieses Buches, sichtbar zu machen, wie Wissenschaftler und Praktiker bislang mit diesen Herausforderungen umgegangen sind. Es richtet sich gleichermaßen an Studierende und Praktiker, an Lernende und Lehrende. So hat in Studien- und Weiterbildungslehrgängen mit Finanzschwerpunkten das Thema Finanzstabilität zunehmend Berücksichtigung gefunden. Praktiker aus verwandten Bereichen wie Bankenaufsicht und Geldpolitik haben das Bedürfnis, sich einen Überblick über das noch junge und sich stetig entwickelnde Politikfeld zu verschaffen. Bislang fehlt es jedoch an einem kompakten, einführenden Lehr- und Fachbuch. Diese Lücke wird dieser Herausgeberband schließen.

Anders als häufig bei Herausgeberbänden zu beobachten, bauen die drei Kapitel dieses Werks – »Grundlagen des makroprudenziellen Mandats«, »Grundlagen der makroprudenziellen Überwachung« und »Makroprudenzielle Politik« – aufeinander auf und sind inhaltlich und sprachlich eng aufeinander abgestimmt. Unterschiede in der Begriffsverwendung und inhaltliche Redundanzen werden so vermieden. Eine Vielzahl von Infoboxen, Tabellen und Abbildungen, welche begleitend zum Download erhältlich sind, unterstützen die Lesefreundlichkeit und die Verwendung des Buches in der Lehre. Wer in einzelne Kapitel eintauchen möchte, wird durch Verweise auf vorhergehende Grundlagen und noch folgende Vertiefungen aufmerksam gemacht. Ein besonderes Anliegen dieses Buches ist es, sich der Thematik einerseits mit vergleichsweise geringen Vorkenntnissen nähern zu können, andererseits Fachexperten, Lehrenden und tiefer Interessierten konkrete Anknüpfungspunkte für weiterführende Materialien zu bieten. Dazu hält das Literaturverzeichnis eine umfangreiche Liste an wissenschaftlicher und praxisorientierter Literatur bereit.

Ein großer Dank gilt den Autorinnen und Autoren für das Verfassen ihrer Beiträge und die konstruktive Zusammenarbeit in zahlreichen Abstimmungsrunden. Unserer Lektorin Anette Villnow danken wir für die gründliche Durchsicht und Korrektur des Manuskripts. Schließlich bedanken wir uns bei Anna Pietras vom Verlag Schäffer-Poeschel, die einen großen Anteil an der Verwirklichung des Buches hat.

Hachenburg, im April 2024
Die Herausgeber

Aus Gründen der besseren Lesbarkeit wird bei Personenbezeichnungen und personenbezogenen Hauptwörtern in diesem Buch das generische Maskulinum verwendet. Entsprechende Begriffe gelten im Sinne der Gleichbehandlung grundsätzlich für alle Geschlechter. Die verkürzte Sprachform hat nur redaktionelle Gründe und beinhaltet keine Wertung.

Inhaltsverzeichnis

Vorwort ... 7
Abbildungsverzeichnis ... 11
Abkürzungsverzeichnis ... 13

1 Grundlagen des makroprudenziellen Mandats ... 15
Katharina Knoll/Jens Reich
1.1 Episoden finanzieller Instabilität und Krisen ... 15
1.1.1 Arten von Finanzkrisen: systemische Bankenkrisen, Schuldenkrisen und Währungskrisen ... 16
1.1.2 Häufigkeit von Finanzkrisen aus historischer Perspektive ... 18
1.1.3 Finanzkrisen als Folge exogener Schocks oder endogen aufgebauter Verwundbarkeiten? ... 21
1.1.4 Theorien von Finanzkrisen ... 22
1.2 Motive für die Stärkung der Finanzstabilität ... 25
1.2.1 Gesamtwirtschaftliche Kosten von Finanzkrisen ... 25
1.2.2 Verstärkungsmechanismen ... 26
1.2.3 Weitere Dimensionen der Kosten von Finanzkrisen ... 29
1.3 Finanzstabilität aus makroprudenzieller Perspektive ... 30
1.3.1 Konzeptioneller Rahmen: Schocks, Verwundbarkeiten und Resilienz ... 30
1.3.2 Der makroprudenzielle Politikzyklus ... 33

2 Grundlagen der makroprudenziellen Überwachung ... 37
2.1 Zyklische Verwundbarkeiten: Aufbau von Verwundbarkeiten im Zeitablauf ... 38
Sebastian Breuer/Niklas Gadatsch/Tobias Körner
2.1.1 Das Konzept des Finanzzyklus ... 38
2.1.2 Monitoring des Aufbaus von zyklischen Verwundbarkeiten ... 45
2.2 Strukturelle Verwundbarkeiten: Systemrelevanz, Vernetzung und Risikokonzentration ... 57
Uwe Schollmeyer
2.2.1 Das Konzept der Systemrelevanz ... 57
2.2.2 Strukturelle Verwundbarkeiten bei exogenen und endogenen Schocks ... 58
2.2.3 Messung der Systemrelevanz von Finanzinstituten ... 62
2.2.4 Finanzmarktinfrastrukturen ... 66
2.3 Resilienz ... 71
Sebastian Breuer/Niklas Gadatsch/Tobias Körner
2.3.1 Charakterisierung von Resilienz ... 72
2.3.2 Ansätze zum Monitoring von Resilienz ... 73

2.4 Beurteilung von Risiken für die Finanzstabilität 75
Sebastian Breuer/Niklas Gadatsch/Tobias Körner
2.4.1 Schocks in der makroprudenziellen Überwachung 75
2.4.2 Surveillance-Tools in der Paxis 76
2.4.3 Risikolisten zur Zusammenfassung der Gesamteinschätzung 79

3 Makroprudenzielle Politik 81
3.1 Zielsetzung, Ansätze und Grenzen makroprudenzieller Politik 82
Tobias Körner/Uwe Schollmeyer
3.1.1 Abgrenzung makroprudenzieller Politik von mikroprudenzieller Aufsicht 85
3.1.2 Abgrenzung makroprudenzieller Politik zu Geldpolitik 87
3.1.3 Bezüge weiterer Politikfelder zu Finanzstabilität und makroprudenzieller Politik 91
3.2 Makroprudenzielle Instrumente 98
Sebastian Breuer/Niklas Gadatsch/Katharina Knoll/Jens Reich
3.2.1 Makroprudenzielle Maßnahmen und Instrumente 98
3.2.2 Einsatz und Wirksamkeit makroprudenzieller Instrumente 109
3.3 Institutionen und Akteure im Bereich Finanzstabilität 113
Katharina Knoll/Jens Reich
3.3.1 Institutioneller Kontext und Governance Arrangements 113
3.3.2 Institutionen makroprudenzieller Politik 123
3.4 Krisenmanagement und finanzielle Sicherheitsnetze 130
Oliver Kruse
3.4.1 Grundsätzliche Motive für Absicherungsmechanismen im Krisenfall 131
3.4.2 Voraussetzungen für ein funktionierendes Krisenmanagement 131
3.4.3 Mögliche Maßnahmen im Krisenfall 132
3.5 Makroprudenzielle Politik in einer Währungsunion 143
Katharina Knoll/Benjamin Weigert

Literaturverzeichnis 147
Stichwortverzeichnis 171
Die Herausgeber 175
Die Autorinnen und Autoren 177

Abbildungsverzeichnis

Abb. 1.1: Das Finanzsystem ... 15

Abb. 1.2: Die Häufigkeit systemischer Bankenkrisen ... 19

Abb. 1.3: Der Kreditkanal ... 27

Abb. 1.4: Schematische Darstellung des konzeptionellen Rahmens ... 30

Abb. 1.5: Der makroprudenzielle Politikzyklus ... 33

Abb. 2.1: Indikatoren finanzieller und gesamtwirtschaftlicher Aktivität in DE, UK und US, 1970–2023 ... 38

Abb. 2.2: Gefilterte Indikatoren finanzieller und gesamtwirtschaftlicher Aktivität in DE, UK und US, 1970–2023 ... 40

Abb 2.3: Financial Accelerator ... 44

Abb 2.4: Kredit- und Wohnimmobilienpreiswachstum vor und nach Finanzkrisen (systemische Bankenkrisen) europäischer Länder seit 1970 ... 48

Abb. 2.5: Signifikanz von Frühwarnindikatoren für Bankenkrisen in der Literatur ... 50

Abb. 2.6: Tools in der makroprudenziellen Überwachung ... 52

Abb. 2.7: Kreditvariablen als Frühwarnindikatoren in der Literatur ... 53

Abb. 2.8: Beispielhafte Heat Map ... 56

Abb. 2.9: Skalenfreies Netzwerk ... 64

Abb. 2.10: Beispielhafte Wahrscheinlichkeitsverteilung mit Growth-at-Risk ... 78

Abb. 2.11: Beispielhafte Risikoliste ... 79

Abb. 3.1: Politikfelder mit Einfluss auf Finanzstabilität ... 84

Abb. 3.2: In Deutschland verfügbare makroprudenzielle Instrumente und adressierte systemische Risiken ... 100

Abb. 3.3: Kapitalpuffer und Mindestkapitalanforderungen ... 102

Abb. 3.4: Zeitvariierende makroprudenzielle Kapitalpuffer ... 104

Abb. 3.7: Ausschüsse für Finanzstabilität in der Europäischen Union ... 110

Abb. 3.8: Wirtschaftspolitische Akteure im Bereich Finanzstabilität in der EU – Anzahl der Gremien bzw. Institutionen ... 118

Abb. 3.9: Instrumente der nationalen makroprudenziellen Behörden in der EU ... 121

Abb. 3.10: Institutionen makroprudenzieller Politik in Europa ... 122

Abb. 3.11: Zusammensetzung Ausschuss für Finanzstabilität ... 126

Abb. 3.12: Entscheidungswege bei Abwicklungsverfahren im SRM ... 129

Abkürzungsverzeichnis

AFS	Ausschuss für Finanzstabilität
AIG	American International Group
BaFin	Bundesanstalt für Finanzdienstleistungsaufsicht
BCBS	Baseler Ausschuss für Bankenaufsicht
BIP	Bruttoinlandsprodukt
BIS	Bank for International Settlements
BMF	Bundesministerium für Finanzen
BRRD	Bank Recovery and Resolution Directive (Richtlinie über die Sanierung und Abwicklung von Kreditinstituten und Wertpapierfirmen)
CBDC	Central Bank Digital Currency
CCoB	Capital Conservation Buffer
CCP	Central Counterparty (Zentrale Gegenpartei)
CCyB	Countercyclical Capital Buffer
CET1	Common Equity Tier 1 Capital (hartes Kernkapital)
CGFS	Committee on the Global Financial System
CMDI	Crisis Management and Deposit Insurance Reform
CRD	Capital Requirements Directive
CRR	Capital Requirements Regulation
CSD	Central Securities Depository
DNS	Deferred-Time Net Settlement
DORA	Digital Operational Resilience Act
DSCR	Debt Service Coverage Ratio
DSTI	Debt-Service-to-Income Ratio
DTI	Debt-to-Income Ratio
EBA	European Banking Authority
ECB	European Central Bank
ECSC	Euro Currency Standing Committee
EDIS	European Deposit Insurance Scheme
EIOPA	European Insurance and Occupational Pensions Authority
ELA	Emergency Liquidity Assistance
ESA	European Supervisory Authority
ESFS	European System of Financial Supervision
ESM	European Stability Mechanism
ESMA	European Securities and Market Authority
ESRB	European Systemic Risk Board
ESS	Einlagensicherungssystem(e)
ESZB	Europäisches System der Zentralbanken
EU	Europäische Union
EWR	Europäischer Wirtschaftsraum
EZB	Europäische Zentralbank

FMA	Finanzmarktaufsicht
FMI	Finanzmarktinfrastruktur
FSAP	Financial Sector Assessment Program
FSB	Financial Stability Board
FSC	Financial Stability Committee
FSF	Financial Stability Forum
G-SII	Global Systemically Important Institution
IAIS	International Association of Insurance Supervisors
IASB	International Accounting Standards Board
IMF	International Monetary Fund (Internationaler Währungsfonds)
IOSCO	International Organization of Securities Commissions
IPCC	Intergovernmental Panel on Climate Change
KWG	Kreditwesengesetz
LCR	Liquidity Coverage Ratio
LOLR	Lender of Last Resort
LR	Leverage Ratio
LTV	Loan-to-Value Ratio
MPA	Macroprudential Authority
NCA	National Competent Authority
NDA	National Designated Authority
NSFR	Net Stable Funding Ratio
OECD	Organisation for Economic Co-operation and Development
OeNB	Österreichische Nationalbank
OLS	Ordinary Least Squares
O-SII	Other Systemically Important Institution
Repo	Repurchase Agreement
RL	Richtlinie
RTGS	Real Time Gross Settlement
SES	Systemic Expected Shortfall
SolvV	Solvabilitätsverordnung
SRB	Single Resolution Board
SRF	Single Resolution Fund
SRI	Systemrelevantes Institut
SRM	Single Resolution Mechanism
SSM	Single Supervisory Mechanism
SSS	Securities Settlement System
SVR	Sachverständigenrat
SyRB	Systemic Risk Buffer
TBTF	Too big to fail
TCTF	Too connected to fail
TIBER	Threat Intelligence-based Ethical Red Teaming
TMTF	Too many to fail
VO	Verordnung

1 Grundlagen des makroprudenziellen Mandats

Katharina Knoll/Jens Reich

1.1 Episoden finanzieller Instabilität und Krisen

Das Finanzsystem erfüllt wichtige Funktionen in einer Volkswirtschaft. Ein stabiles Finanzsystem ermöglicht die Koordination von Ersparnissen und Investitionen, die Umverteilung von Risiken sowie, dass Zahlungen, Wertpapier- und Derivategeschäfte zügig und sicher durchgeführt werden können. In einem Finanzsystem vermitteln Finanzintermediäre zwischen den Anbietern und Nachfragern finanzieller Mittel. Das Finanzsystem umfasst die Finanzmärkte, die Finanzintermediäre – z. B. Banken, Versicherer und Investmentfonds – und die finanzielle Infrastruktur, wie etwa Systeme für die Abwicklung des Zahlungsverkehrs oder des Wertpapierhandels (siehe Abb. 1.1).

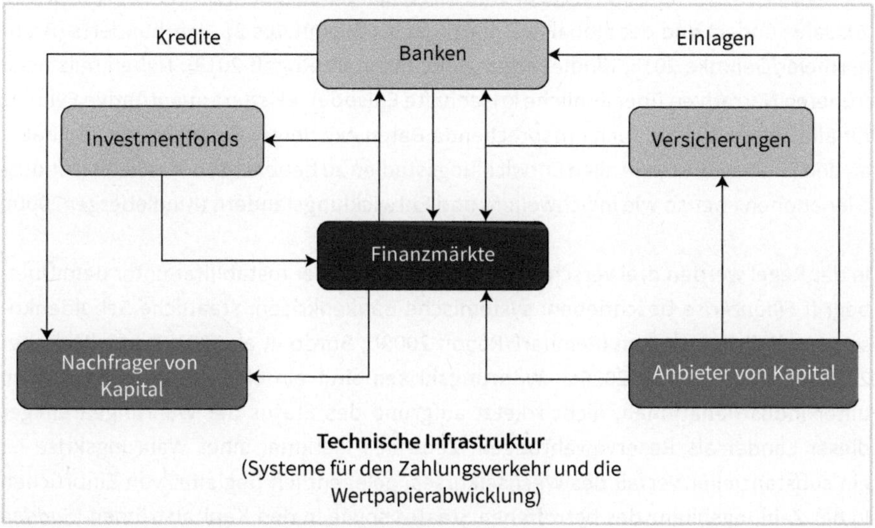

Abb. 1.1: Das Finanzsystem (Quelle: Eigene Darstellung)

In der Vergangenheit gab es jedoch immer wieder Episoden, in denen das Finanzsystem einige dieser Funktionen nicht umfänglich erfüllen konnte. Die auffälligste Form solcher Episoden finanzieller Instabilität sind Finanzkrisen.

Finanzstabilität

Der Begriff **Finanzstabilität**, wie er in diesem Fachbuch verwendet wird, beschreibt einen Zustand, in dem das Finanzsystem volkswirtschaftlich bedeutende Funktionen erfüllt und die Marktteilnehmer sich stetig an sich verändernde Rahmenbedingungen anpassen können. Ein stabiles Finanzsystem kann sowohl idiosynkratische als auch makroökonomische Schocks absorbieren, federt Verluste aus unerwarteten Entwicklungen ab und verringert Ansteckungs- oder Rückkopplungseffekte (siehe Kap. 1.3). Ein **Schock** bezeichnet hierbei abrupte, unerwartete Entwicklungen einzel- oder gesamtwirtschaftlicher Natur, die zu Störungen und/oder zum Ausfall eines Teils des Finanzsystems führen können (siehe Kap. 1.3).

1.1.1 Arten von Finanzkrisen: systemische Bankenkrisen, Schuldenkrisen und Währungskrisen

Der Begriff **Finanzkrise** beschreibt eine spezielle Form der Wirtschaftskrise, in die das Finanzsystem in besonderem Maße involviert ist. Das Auftreten solcher Krisen lässt sich über Jahrhunderte zurückverfolgen – von der Südseeblase in Großbritannien und der gleichzeitigen Mississippi-Blase in Frankreich im 18. Jahrhundert über die Baringkrise im 19. Jahrhundert zur Weltwirtschaftskrise (auch: Große Depression) im 20. Jahrhundert und der globalen Finanzkrise zu Beginn des 21. Jahrhunderts (Brunnermeier/Oehmke 2013; Kindleberger 2000; Reinhart/Rogoff 2013). Neben teils noch früheren Narrativen über ähnliche krisenhafte Episoden existiert quantitative Evidenz für alle Zeiten, für die auch entsprechende Daten existieren. Finanzkrisen sind dabei an den Finanzmärkten in allen Entwicklungsstadien zu beobachten, das heißt in Industrienationen ebenso wie in Schwellen- und Entwicklungsländern (Kindleberger 2000).

In der Regel werden drei verschiedene Arten finanzieller Instabilität unter dem Überbegriff *Finanzkrise* beschrieben: systemische Bankenkrisen, staatliche Schuldenkrisen und Währungskrisen (Reinhart/Rogoff 2009b; Bordo et al. 2001; Bordo/Meissner 2016; Laeven/Valencia 2020a). **Währungskrisen** sind ein eher seltenes Phänomen unter Industrienationen, nicht zuletzt aufgrund des Status der Währungen einiger dieser Länder als Reservewährungen. Zentrales Merkmal einer Währungskrise ist ein substanzieller Verfall des Wechselkurses, gelegentlich begleitet von Einbrüchen in der Zahlungsbilanz des betroffenen Staates sowie in den Kapitalströmen [*Sudden Stop*]. Unter Umständen finden in der Folge Währungsumstellungen statt. Der Begriff **Staatsschuldenkrise** oder staatliche Schuldenkrise hingegen bezeichnet eine Wirtschaftskrise, die verbunden ist mit einer Überschuldung eines Landes gegenüber dem Ausland. Solche Episoden sind insbesondere gekennzeichnet durch den Aufschub von Zahlungen der betroffenen Staaten an ihre Gläubiger bis hin zu Zahlungsausfällen sowie die Umstrukturierung staatlicher Anleihen und Kredite. Auslöser der krisenhaften Ereignisse können sowohl internationale als auch nationale Schocks sein (Mitchener/Trebesch 2023). Die meisten Definitionen von **systemischen Bankenkrisen** betonen

»Stress« im Bankensektor als zentrales Kriterium. Das heißt, es kam im Zuge dieser Episode zum Beispiel zu Bankenstürmen, zu substanziellen Kreditausfällen und Verlusten an Kapital. Die Folge der Verwerfungen im Bankensystem sind eine auffällig hohe Zahl an Bankrotten von Finanzinstituten, Zwangsfusionen sowie staatliche Interventionen in Form von Garantien, Liquiditätshilfen, Kapitalspritzen und/oder Verstaatlichungen. Bankenkrisen waren in der Vergangenheit häufig globale oder regionale Ereignisse, da die betroffenen Länder durch feste Wechselkurse, Kapitalströme oder andere Kanäle eng miteinander verbunden waren.

Die unterschiedlichen Krisenarten treten nicht selten in Kombination auf, als sogenannte **Zwillingskrisen (Twin Crises)**. Das ist keineswegs ein Zufall. Banken- und staatliche Schuldenkrisen können gleichzeitig ausbrechen, wenn ein Schock das gesamte Wirtschaftssystem eines Landes trifft und zu Verwerfungen sowohl im Banken- als auch im öffentlichen Sektor eines Landes führt (Kaminsky/Reinhart 1999). Sie können aber auch aufgrund des Staaten-Banken-Nexus, das heißt durch Wechselwirkungen zwischen Entwicklungen in den beiden Sektoren, miteinander verknüpft sein und sich gegenseitig verstärken. Haben Banken eine überproportionale Präferenz für das Halten heimischer Staatsanleihen in ihrem Staatsanleihenportfolio, einen sogenannten *Home Bias*, erleiden sie im Falle einer Verschuldungskrise des Heimatlandes hohe Verluste und können letztlich selbst in Solvenzprobleme geraten (Dell'Ariccia et al. 2018). Gleichermaßen können umfangreiche staatliche Rettungsmaßnahmen von Finanzinstituten die Staatsfinanzen derart stark belasten, dass eine Bankenkrise letztlich zur Entstehung staatlicher Verschuldungskrisen beiträgt. Zudem strapazieren die realwirtschaftlichen Wachstumseinbußen und sinkende Steuereinnahmen im Nachgang von Bankenkrisen Staatshaushalte in der Regel nicht nur substanziell, sondern auch lang anhaltend (siehe Kap. 1.2) (Brunnermeier et al. 2018). Ähnliche Wechselwirkungen können auch ein zeitliches Zusammentreffen von Banken- und Währungskrisen begründen (Kaminsky/Reinhart 1999). Aus stark fallenden Wechselkursen können sich Kapitalverluste im Finanzsystem ergeben, wenn Banken selbst oder ihre Kreditnehmer in höherem Umfang offene Fremdwährungspositionen halten. Gleichermaßen können Abzüge von Einlagen in ausländische Vermögenswerte während Bankenkrisen die heimische Währung unter Abwertungsdruck setzen. Studien, die die Ursachen und den zeitlichen Ablauf solcher Zwillingskrisen untersuchen, zeigen, dass Bankenkrisen typischerweise entweder gleichzeitig oder mit etwas zeitlichem Vorlauf zu Währungs- und staatlichen Verschuldungskrisen auftreten (Kaminsky/Reinhart 1999; Gourinchas/Obstfeld 2012; Reinhart/Rogoff 2011; Fratzscher et al. 2011).

Das vorliegende Fachbuch betrachtet vorrangig die Ursachen und Folgen von **Finanzkrisen im Bankensystem**, also systemische Bankenkrisen. Dieser Fokus begründet sich damit, dass systemische Bankenkrisen sowohl in Industrie- als auch Schwellen- oder Entwicklungsländern nach wie vor immer wieder zu beobachten sind. Dagegen ist die Häufigkeit isolierter Währungs- und Staatsschuldenkrisen in Industrieländern deutlich geringer als in Schwellen- oder Entwicklungsländern. Systemische Bankenkrisen stellen in diesem Sinne eine »equal opportunity menace« dar (Reinhart/Rogoff 2013). Der Fokus des Fachbuches begründet sich auch mit der Dominanz bankbasierter Finanzsysteme in Kontinentaleuropa sowie anderen Industrienationen, und die Analysen und spezifischen Aspekte der makroprudenziellen Politik, die in diesem Fachbuch aufgezeigt und erläutert werden, basieren in der Regel auf Beobachtungen für die Länder der EU-27, ergänzt durch drei große Industrienationen: USA, Großbritannien und Japan.

1.1.2 Häufigkeit von Finanzkrisen aus historischer Perspektive

Systemische Bankenkrisen sind keine seltenen Ereignisse. In einer Stichprobe großer Industrienationen ging seit dem späten 19. Jahrhundert etwa eine von vier Rezessionen mit einer systemischen Bankenkrise einher (Sufi/Taylor 2022). Abbildung 1.2 zeigt die Jahre, in denen eine Finanzkrise begann, für die Länder der EU-27 sowie USA, Großbritannien und Japan zusammengestellt aus den Informationen aus vier historischen Datenbanken (Baron et al. 2021; Jordà et al. 2017, Reinhart/Rogoff 2009b; Laeven/Valencia 2020b; ESRB 2023). Diese und ähnliche etablierte Datenbanken mit Datierungen systemischer Bankenkrisen basieren auf einer Kombination von quantitativer und narrativer Evidenz, decken die meisten der letzten Jahrzehnte für die gesamte Welt ab und reichen für ein umfangreiches Panel gar bis ins frühe 19. Jahrhundert zurück. Aufgrund der gelegentlich subjektiven Einschätzungen oder unterschiedlicher Methodik weichen die Datierungen gelegentlich voneinander ab. Die Überschneidungen sind dennoch erheblich. Binäre Klassifikationen, wie sie in der Mehrheit der Datenbanken zu finden sind, abstrahieren jedoch von der unterschiedlichen Schwere der dokumentierten systemischen Bankenkrisen.

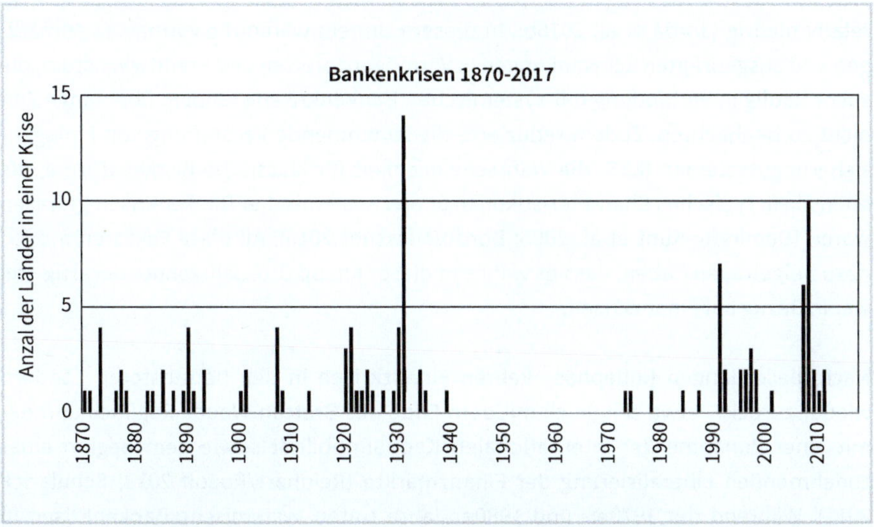

Abb. 1.2: Die Häufigkeit systemischer Bankenkrisen (Quelle: Eigene Darstellung)

Vor dem 2. Weltkrieg traten systemische Bankenkrisen im historischen Vergleich recht regelmäßig auf und häufig in Wellen (Abb. 1.2). Bis zur Mitte des 20. Jahrhunderts häuften sich Finanzkrisen zu Beginn der 1870er-Jahre im Kontext des Gründerkrachs (Baltzer 2007; Rieder 2018), um das Jahr 1890 und den Zusammenbruch der Londoner Barings Bank (Mitchener/Weidenmier 2008) sowie im Umfeld der Panik an der New York Stock Exchange (NYSE) von 1907 (Odell/Weidenmier 2004; Moen/Tallman 1990). Die höchste Inzidenz systemischer Bankenkrisen in den betrachteten Ländern findet sich zur Zeit der Großen Depression ab 1929 bis in die frühen 1930er-Jahre (White 1990; Romer 1990; Kindleberger 2013). In all diesen Fällen spielten nicht nur inländische finanzielle Ungleichgewichte, sondern auch internationale Ansteckungseffekte eine wichtige Rolle: Grenzüberschreitende Forderungen und Probleme bei Banken oder Geschäftspartnern im Ausland führten zu Insolvenz- oder Liquiditätsproblemen im Inland (Bordo/Meissner 2016).

In den Jahrzehnten nach dem 2. Weltkrieg ist in den betrachteten Ländern lange Zeit keine einzige systemische Bankenkrise zu beobachten. In dieser Zeit der *Trente Glorieuses* erlebten insbesondere die großen Industrienationen robustes Wirtschaftswachstum bei moderaten Inflationsraten. Gleichzeitig unterlagen die heimischen Finanzmärkte diversen staatlichen Beschränkungen und die internationalen Kapitalverkehrskontrollen während des Bretton-Woods-Regimes verringerten das Potenzial der zuvor häufig beobachteten grenzüberschreitenden Ansteckungseffekte deutlich (Taylor 2014; Reinhart/Rogoff 2009b; Monnet et al. 2019). Der Verschuldungsgrad bei Haushalten und Unternehmen relativ zum Bruttoinlandsprodukt hatte sich seit Mitte der 1930er-Jahre substanziell verringert, stieg nach Ende des 2. Weltkriegs zwar wieder an, war aber im langfristigen historischen Vergleich während dieser Periode relativ niedrig (Jordà et al. 2016b). In diesem Umfeld waren die vormals regelmäßigen und ausgeprägten Schwankungen in Vermögenspreisen und Kreditwachstum, die zuvor häufig in Verbindung mit systemischen Bankenkrisen standen, über lange Zeit nicht zu beobachten. Zudem reduzierte die zunehmende Verbreitung von Einlagensicherungssystemen (ESS) die Wahrscheinlichkeit für klassische Bankenstürme, die ebenso ein typisches Charakteristikum früherer systemischer Bankenkrisen gewesen waren (Demirgüc-Kunt et al. 2005; Bordo/Meissner 2016). All diese Faktoren mögen dazu beigetragen haben, dass es während dieser knapp drei Jahrzehnte derartig still war in Bezug auf Finanzkrisen.

Nach dieser langen Ruhephase kehren Finanzkrisen in den betrachteten Ländern wieder zurück – etwa zeitgleich mit dem Ende des Bretton Woods Regimes und damit einer Zunahme der internationalen Kapitalmobilität sowie dem Beginn einer zunehmenden Liberalisierung der Finanzmärkte (Reinhart/Rogoff 2013; Schularick 2011). Während der 1970er- und 1980er-Jahre traten systemische Bankenkrisen in den in Abbildung 1.2 betrachteten Ländern nur vereinzelt auf, darunter war auch die *Savings-and-Loan-Krise* in den USA der frühen 1980er-Jahre (Grossmann 2010). Eine erste größere Welle systemischer Bankenkrisen ist in den frühen 1990er-Jahren zu beobachten. So sind in dieser Zeit vor dem Hintergrund der umfassenden Transformation des Wirtschafts- und Finanzsystems und damit verbundenen Schwierigkeiten im Unternehmenssektor bei gleichzeitigem Fehlen eines wirksamen regulatorischen und rechtlichen Rahmens einige Finanzkrisen in mittel- und osteuropäischen Ländern zu verzeichnen (Nord 2000). Doch auch in den skandinavischen Ländern und in Japan stand das Finanzsystem in den 1990er-Jahren nach dem Ende eines Immobilien- und Aktienpreisbooms vor gravierenden Schwierigkeiten (Okina et al. 2001; Hoshi/Kashyap 1999; Eitrheim/Erlandsen 2004; Kindleberger 1978).

Im Zuge der globalen Finanzkrise 2007/2008 ist eine internationale Häufung systemischer Bankenkrisen zu beobachten, die der während der Weltwirtschaftskrise der 1930er-Jahre nahezu ebenbürtig ist. Von den in Abbildung 1.2 betrachteten Ländern begann in 16 Ländern in den Jahren 2007 oder 2008 eine systemische Bankenkrise, gefolgt von einer schweren Rezession[1]. Ebenso wie nach der Großen Depression befassten sich im Nachgang sowohl Wissenschaftler als auch politische Entscheidungsträger verstärkt mit Fragen nach Treibern und Implikationen systemischer Bankenkrisen.

1 2008: Schweden (vgl. IMF 2012b), Portugal (vgl. Pedroso 2014), Niederlande (vgl. Masselink/van den Noord 2009), Lettland (vgl. Zasova 2015; Purfield/Rosenberg 2010), Litauen (vgl. Purfield/Rosenberg 2010), Luxemburg (vgl. Efstathiou et al. 2018), Irland (vgl. Barrett/McGuinness 2012), Ungarn (vgl. Dizikes 2022).
2007: Deutschland (vgl. Scholtes 2017), Großbritannien (vgl. Allen 2010), USA (vgl. Weinberg 2013), Kroatien (vgl. Bokan et al. 2009).

1.1.3 Finanzkrisen als Folge exogener Schocks oder endogen aufgebauter Verwundbarkeiten?

Sind Finanzkrisen zufällige Ereignisse, die eine ansonsten stabile Wirtschaft unerwartet treffen? Auf diese Weise – als plötzlicher, exogen getriebener Anstieg von Friktionen im Finanzsystem – wurden systemische Bankenkrisen bis zur Finanzkrise 2007/2008 in den meisten ökonomischen Modellen formuliert. Im Widerspruch zu diesem Denkansatz legt die vorhandene empirische Evidenz, basierend auf Daten für viele Länder und lange Zeiträume, jedoch nahe, dass bestimmte endogene Entwicklungen im Finanzsystem die Wahrscheinlichkeit für Finanzkrisen deutlich erhöhen (siehe Kap. 2.1.2 und 2.2.2). So war im Vorfeld von Finanzkrisen häufig ein außergewöhnlich starker Anstieg der Kreditvergabe, insbesondere der Immobilienkreditvergabe, an Haushalte und nichtfinanzielle Unternehmen zu beobachten (Borio/White 2004; Schularick/Taylor 2012; Gourinchas/Obstfeld 2012; Schularick et al. 2013; Mian et al. 2017; Jordà et al. 2016b). Dennoch reichen die Informationen aus Kreditwachstumsraten nicht aus, um Finanzkrisen mit großer Genauigkeit zu prognostizieren – nicht zuletzt, weil das internationale Wirtschafts- und Finanzsystem überaus komplex ist und die möglichen Ursachen und Auslöser systemischer Bankenkrisen vielfältig und zeitvariabel sind (siehe Kap. 2.1.2.1). Der umgekehrte Zusammenhang gilt nicht zwingend, denn starkes Kreditwachstum kann auch eine Reaktion auf einen positiven Produktivitätsschock und in diesem Sinne vorteilhaft für die gesamtwirtschaftliche Entwicklung sein. In der Vergangenheit waren Finanzkrisen dennoch in vielen Fällen »credit booms gone bust« (Schularick/Taylor 2012) und nicht die Folge exogener Schocks.

Eine Ausweitung des Kreditangebots beförderte häufig steigende Bewertungen von Vermögenswerten. Dadurch erklärt sich auch, dass vor Finanzkrisen häufig erhöhte Bewertungen oder Überbewertungen von Immobilien- und Aktienpreisen zu beobachten waren, die im Zuge der Krise substanziell nach unten korrigiert wurden (Sufi/Taylor 2022). Die wissenschaftliche Literatur zeigt, dass ein anhaltend schnelles Kreditwachstum in Verbindung mit einem starken Anstieg der Vermögenspreise die Wahrscheinlichkeit einer Phase finanzieller Instabilität erhöht (Borio/Lowe 2002; Jordà et al. 2015; Greenwood et al. 2022). Nicht-kreditfinanzierte, d.h. eigenkapitalfinanzierte »irrational Exuberance« Blasen platzten hingegen in der Regel, ohne dass es zu einer schweren Krise mit deutlichen realwirtschaftlichen Implikationen kam (Deutsche Bundesbank 2018; Jordà et al. 2015b). Ein konkretes Beispiel für unterschiedlich starke Auswirkungen von Preiskorrekturen je nach Beteiligung des Finanzsystems liefert der historische Vergleich zwischen der Korrektur am US-Aktienmarkt im Jahr 2000 und der Korrektur am US-Immobilienmarkt 2007/2008. So verloren durch das Platzen der Dotcom-Blase US-Haushalte zwischen den Jahren 2000 und 2002 etwa 6 Billionen US-Dollar an finanziellen Vermögenswerten. Der Verlust von Immobilienvermögen der Haushalte während der Finanzkrise 2007/2008 war mit 6,2 Billionen US-Dollar ähnlich hoch (Roosevelt Institute 2010). Dennoch waren die gesamtwirtschaftlichen

Folgen der Immobilienblase 2007/2008 ungleich substanzieller. Ein gewichtiger Grund für die unterschiedlich starken Auswirkungen dieser beiden Episoden dürfte insbesondere der jeweilige Grad der Verwundbarkeit des Finanzsystems gewesen sein[2]. Finanzinstitute hatten in den Jahren vor 2007 in großem Umfang Kredite zum Kauf von Eigenheimen vergeben oder verbriefte Immobilienkredite erworben. Dadurch waren sie anfällig gegenüber einer Preiskorrektur am Immobilienmarkt. In die Finanzierung des Aktienmarktbooms war das Finanzsystem in deutlich geringerem Maße involviert und dementsprechend weniger anfällig gegenüber Aktienpreiskorrekturen. Nicht aus jeder Preisdynamik ergibt sich Gefährdungspotenzial für die Finanzstabilität. Dieses Potenzial wird vorrangig dadurch bestimmt, ob und in welchem Maße das Finanzsystem gegenüber einer solchen Korrektur verwundbar ist.

1.1.4 Theorien von Finanzkrisen

Auch wenn der Ansatz der quantitativen Evidenz vergleichsweise jung ist, gibt es eine lange Tradition von Ökonomen, die der Kreditvergabe im Vorfeld finanzieller Instabilität und von Finanzkrisen eine zentrale Rolle einräumen (Minsky 1986; Kindleberger 1978; Fisher 1933). Gemein ist diesen Autoren die Beobachtung, dass Kreditvergabe prozyklisch ist. Das heißt, die Kreditvergabe nimmt im Aufschwung tendenziell zu und im Abschwung tendenziell ab. Kindleberger (1978) argumentiert, dass diese prozyklischen Veränderungen des Kreditangebots Finanzsysteme von Natur aus anfällig machen für »Manie, Panik, und Crashs« (Kindleberger 1978). Im Aufschwung des Finanzzyklus (siehe Kap. 2.1.1) steigen Vermögenspreise und Kreditvergabe stark an. Anleger werden zunehmend optimistisch, die Kreditgeber weniger risikoscheu. Kreditnehmer und -geber gleichermaßen beginnen Risiken zu unterschätzen. Die Ausweitung der Kreditvergabe kann so letztlich einer spekulativen »Manie« Vorschub leisten (Kindleberger 1978). Durch die steigende Verschuldung sowie eine zunehmende Überbewertung von Vermögenswerten wird das Finanzsystem verwundbar gegenüber adversen Entwicklungen (siehe Kap. 1.3) und die Gefahr finanzieller Instabilität steigt. Führen Störungen im Finanzsystem und der Realwirtschaft zu einem deutlichen und abrupten Anstieg der Risikoaversion und fallenden Vermögenspreisen, können Kreditgeber gezwungen sein, ihre Bilanzen zu schrumpfen und die Kreditvergabe zu verknappen. Notverkäufe können den Vermögenspreisrückgang weiter verstärken (Brunnermeier 2009; Kiyotaki/Moore 1997). Ein realwirtschaftlicher Abschwung kann so durch Entwicklungen im Finanzsystem verursacht oder verstärkt werden.

2 Ein weiterer zentraler Aspekt dürfte die Verteilung des Aktien- und Immobilienvermögens sein. Die Wohneigentumsquote in den USA betrug im 4. Quartal 2007 67,8 %. Im Gegensatz dazu besaßen die 20 % vermögendsten Haushalte 2001 fast 90 % aller Aktien. Auch die marginale Konsumneigung und damit das Ausmaß potenzieller Nachfrageeffekte unterscheiden sich substanziell zwischen vermögenden und weniger vermögenden sowie verschuldeten und weniger verschuldeten Haushalten (vgl. Mian/Sufi 2014; Kuhn 2018).

Minsky (1986) unterschied in der Aufschwungphase eines Finanzzyklus, der in finanzieller Instabilität endet, zwischen drei Zuständen in der Finanzierungsstruktur von Unternehmen oder Personen: Im frühen Stadium des Aufschwungs erwirtschaften die Schuldner einen ausreichenden Cashflow, um sowohl die Kreditzinsen zu bedienen als auch die Schulden zu tilgen. Im zweiten Stadium werden Investoren zunehmend optimistisch, die Finanzierungen zunehmend spekulativ. Es können durch den Cashflow lediglich noch die Zinsen bedient werden. Das heißt, der Schuldner ist bei Endfälligkeit des Kredites auf eine Refinanzierung zu vergleichbaren Finanzierungskosten angewiesen. Im letzten Stadium dieser Entwicklung können auch die Kreditzinsen nicht mehr mit dem erarbeiteten Cashflow bedient werden (sog. Ponzi-Finanzierung). Das heißt, der Schuldner ist darauf angewiesen, dass sich die Preise seiner als Sicherheiten dienenden Vermögenswerte immer weiter erhöhen. Das System insgesamt ist fragil, denn die Bilanzen einer zunehmenden Zahl an Gläubigern und Schuldnern sind verwundbar gegenüber einem Anstieg der Finanzierungskosten, gegenüber Verwerfungen in der Realwirtschaft oder auf den Finanzmärkten. Ausgehend von dieser Beschreibung, bezeichnete Tobin (1989) Kredit als »Achillesferse des Kapitalismus« (Tobin 1989).

Die hohe Verschuldung der privaten Haushalte, die sich in den 1920er-Jahren aufgebaut hatte, war auch im Fokus von Irving Fishers Konzept einer sich selbst verstärkenden Deflationsspirale, die einen anfänglichen wirtschaftlichen Schock verstärkt (Fisher 1933). Wenn die Verschuldung der privaten Haushalte entweder von Gläubigern oder Schuldnern als zu hoch wahrgenommen wird und/oder Marktteilnehmer realisieren, dass die Vermögenspreise überbewertet sind und nicht weiter steigen, kehrt sich der beschriebene Aufschwung um. Ein solcher Moment, auch als »Minsky Moment« bezeichnet, kann durch die Signalwirkung eines bestimmten Ereignisses ausgelöst werden, wie beispielsweise eine prominente Insolvenz. Kreditvergabe und Finanzierungskonditionen werden restriktiver und zwingen die Gläubiger zur Konsolidierung durch die Liquidation ihrer Vermögenspositionen. Der darauf folgende Fall der Vermögenspreise erhöht den realen Wert der Verschuldung, was einen weiteren Zyklus von Notverkäufen und eine Schuldendeflationsspirale erzwingt (Minsky 1989).

Episoden übermäßig starken Kreditwachstums vor Finanzkrisen waren in der Vergangenheit häufig Zeiten vergleichsweise niedriger Finanzierungskosten. Finanzintermediäre waren eher als in einem anderen Umfeld bereit, Kredite zu geringeren Kosten zu vergeben oder verlängern, auch für risikoreichere Investitionen (Greenwood et al. 2022; Krishnamurthy/Muir 2017). Die niedrigen Kosten der Fremdfinanzierung beförderten eine steigende gesamtwirtschaftliche Verschuldung. Dadurch sank in adversen Szenarien die Schuldentragfähigkeit von Schuldnern. Ihre Bilanzen wurden anfälliger für steigende Finanzierungskosten, Einkommenseinbußen und/oder fallende Vermögenswerte.

Was aber kann eine derartige Ausweitung des Kreditangebots treiben – jenseits von Erwartungen, Optimismus oder Überschwang mit Blick auf künftige Entwicklungen (Bordalo et al. 2018; Greenwood et al. 2016; Krishnamurthy/Li 2020)? Ein Kanal ist, dass ein Umfeld niedriger Zinsen Finanzintermediäre veranlassen könnte, auf der Suche nach Rendite (»Search for Yield«) ihr Kreditangebot auszuweiten und/oder mehr Risiken einzugehen (Rajan 2005). Mehrere empirische Studien auf Mikroebene zeigen, dass Finanzinstitute bei niedrigen Zinsen risikoreichere Anlageentscheidungen treffen[3]. Erhöhen also Phasen anhaltend lockerer Geldpolitik die finanzielle Fragilität und die Wahrscheinlichkeit einer Finanzkrise?

Cantillon (1755) beschrieb bereits vor mehr als 250 Jahren einen Mechanismus, über den expansive Geldpolitik den Aufbau von Vermögenspreisblasen befördern kann (»Cantillon Effekt«): Ausgangspunkt ist die Beobachtung, dass Inflation asymmetrisch ist und diese Asymmetrie abhängig davon, wo und wie die Geldschöpfung vonstattengeht. Cantillon weist darauf hin, dass, wenn Geld durch Kreditvergabe in Umlauf gebracht wird, zunächst die Güter, die überproportional mithilfe von Krediten erworben werden, zusätzlich nachgefragt werden. Im Ergebnis steigen die Preise bestimmter Vermögenswerte im Vergleich stärker als die Preise anderer Güter. Die Geldschöpfung auf dem Kreditweg kann auf diese Weise zur Entstehung von Ungleichgewichten in einer Volkswirtschaft beitragen (Bordo 1983). Komplementär und potenziell verstärkend kann expansive Geldpolitik darüber hinaus die aggregierte Risikobereitschaft erhöhen, indem im Aufschwung das Vermögen von relativ risikoaversen Haushalten hin zu verschuldeten Haushalten mit einer höheren Risikotoleranz umverteilt wird (Kekre/Lenel 1997).

Insgesamt legt die wirtschaftshistorische Evidenz nahe, dass akkommodierende Zinsschocks eine Ausweitung des Kreditwachstums und eine Zunahme von Vermögenspreisen begünstigen können (Jiménez et al. 2022; Jordà et al. 2015a). Kreditwachstum und der Auftrieb von Vermögenswerten erhöhten sich in der Vergangenheit häufig, wenn die Zinsen über einen längeren Zeitraum unter dem natürlichen Zinssatz blieben. Diese Beobachtung impliziert, dass ein expansives geldpolitisches Regime mit höheren Risiken für die Finanzstabilität verbunden sein kann (Grimm et al. 2023). Zudem können sich die während der Niedrigzinsphase aufgebauten Verwundbarkeiten im Zuge einer nachfolgenden geldpolitischen Kehrtwende, d. h. einer Erhöhung der Zinsen, materialisieren. Dies wiederum verstärkt den zyklischen Rückgang von Kreditwachstum, Vermögenspreisen und realer Wirtschaftsaktivität im Abschwung.

3 Für Banken: vgl. Maddaloni/Peydro 2011; Jimenez et al. 2014; Altunbas et al. 2014; Ioannidou et al. 2015; Dell'Ariccia et al. 2017; Paligorova/Santos 2017.
Für offene Investmentfonds: vgl. Choi/Kronlund 2018.
Für Geldmarktfonds: vgl. Chodorow-Reich 2014; Di Maggio/Kacperczyk 2017.
Für Rentenfonds: vgl. Chodorow-Reich 2014.
Für Privatanleger: vgl. Hau/Lai 2016.

Doch nicht nur über die Zinsentwicklung können geldpolitische Regime zu Kreditbooms beitragen und dadurch mitunter die Wahrscheinlichkeit einer Finanzkrise erhöhen. Notenbanken haben in der Vergangenheit die Wirtschaft in Krisenzeiten durch die Bereitstellung von Zentralbankliquidität an die Finanzmärkte deutlich stabilisiert – sei es in Kriegszeiten oder während Finanzkrisen. Diese Ausweitung der Zentralbankbilanzen war wiederholt aber auch der Ausgangspunkt für neue Krisen. Analysen historischer Episoden zeigen, dass die Wahrscheinlichkeit einer (erneuten) Finanzkrise nach einer substanziellen Ausweitung der Zentralbankbilanz ansteigt (Ferguson et al. 2023). Das heißt auch, dass Geldpolitik mit Blick auf Risiken für die Finanzstabilität in vielen Situationen mit einem Dilemma konfrontiert ist (siehe Kap. 3.1).

1.2 Motive für die Stärkung der Finanzstabilität

1.2.1 Gesamtwirtschaftliche Kosten von Finanzkrisen

Finanzkrisen sind aus gesamtwirtschaftlicher und gesellschaftlicher Perspektive schmerzhafte Ereignisse. Die Schätzungen der gesamtwirtschaftlichen Kosten variieren je nach Methodik, dem betrachteten Zeitraum und Ländersample.[4] In der Summe zeigen die vorhandenen Studien übereinstimmend, dass Finanzkrisenrezessionen mit substanziellen konjunkturellen Abschwüngen und negativen Abweichungen des Wirtschaftswachstums und anderen gesamtwirtschaftlichen Indikatoren von langfristigen Trends verbunden sind (Cerra/Saxena 2008; Reinhart/Rogoff 2009a; IMF 2012a). Dabei bilden die beobachteten Verluste die gesamtwirtschaftlichen Kosten von Finanzkrisen jedoch nur partiell ab. Insbesondere in der Zeit seit den 1930er-Jahren wurden in den in diesem Buch betrachteten Industrienationen unter anderem durch automatische Stabilisatoren, außerordentliche fiskalpolitische Maßnahmen und Liquiditätshilfen die durch Finanzkrisen verursachten Wachstumsverluste abzumildern versucht (Bordo/Meissner 2016). Die fiskalischen Kosten von Finanzkrisen waren in der Vergangenheit dementsprechend hoch und die Staatsverschuldung stieg im Nachgang von Finanzkrisen an (Schularick 2014; Laeven/Valencia 2012; Jordà et al. 2016a).

Auch »normale« Rezessionen, das heißt Rezessionen, die nicht mit Finanzkrisen einhergehen, implizieren naturgemäß Wachstumsverluste und zunehmende Arbeitslosigkeit. Ebenso wächst auch die Staatsverschuldung in Rezessionen schneller als in Expansionen (Jordà et al. 2016a). Dennoch zeigt die Literatur, dass Finanzkrisenrezessionen schwerwiegender sind als Rezessionen, die nicht in Verbindung mit Finanzkrisen stehen (Jordà et al. 2013). Auch die wirtschaftliche Wiederbelebung scheint nach Finanzkrisen vergleichsweise langsamer voranzugehen (Gärtner 2013).

4 Vgl. Tabelle 3 in Bordo/Meissner 2016.

Das Ausmaß der Kosten von Finanzkrisen hängt dabei sowohl vom Aufbau von Verwundbarkeiten vor der Krise ab (siehe Kap. 1.1) als auch von Verstärkungseffekten in der Krise selbst (Sufi/Taylor 2022). Tendenziell sind die gesamtwirtschaftlichen Kosten umso höher, je deutlicher der Anstieg der Kreditvergabe vor der Krise war (Jordà et al. 2013; Jordà et al. 2016b). Dieser Effekt wird verstärkt, wenn der Anstieg der Kreditvergabe mit Vermögenspreisblasen einherging. Insbesondere kreditfinanzierte Immobilienpreisblasen erhöhen nicht nur die Wahrscheinlichkeit einer Finanzkrise, sondern sind auch mit deutlichen und lang anhaltenden Wachstumsverlusten während und nach der Krise verbunden (Jordà et al. 2015b).

1.2.2 Verstärkungsmechanismen

Warum jedoch sind Finanzkrisenrezessionen so viel tiefgreifender als normale Rezessionen? Ein erster Kanal, über den Verwerfungen im Finanzsystem realwirtschaftliche Effekte verstärken können, ist der **Kreditkanal** (siehe Abb. 1.3). Wenn durch einen realwirtschaftlichen Abschwung Verluste bei Banken entstehen, sinkt auch deren Eigenkapitalquote – entweder aufgrund der entstandenen Verluste und/oder aufgrund einer Anpassung in der Einschätzung von Kreditrisiken, das heißt durch einen Anstieg der Risikogewichte. Wollen Banken diese Quote wieder erhöhen, können sie dies über drei Kanäle erwirken:

- Interne Erhöhung der Eigenmittel, beispielsweise durch die Einbehaltung von Gewinnen
- Aufnahme von Kapital am Markt
- Verkürzung der Bilanz und Abbau von Kreditrisiken (sog. *Deleveraging*)

Die beiden ersten Möglichkeiten dürften während einer schwerwiegenden Rezession nur bedingt zur Verfügung stehen. Eine schlechte Gewinnsituation angesichts von Verlusten mag eine interne Erhöhung der Eigenmittel nicht erlauben und eine Aufnahme von Kapital ist in schwerwiegenden Rezessionen tendenziell schwieriger als in anderen Zeiten. Die wahrscheinlichste Reaktion einer eigenkapitalbeschränkten Bank ist daher das Deleveraging, was aus einzelwirtschaftlicher Perspektive sinnvoll ist. In der Summe des Deleveragings vieler einzelner Banken im Finanzsystem kann die gesamtwirtschaftliche Kreditvergabe jedoch übermäßig eingeschränkt werden. Eine solche *Kreditklemme* kann die Rezession weiter verschärfen.

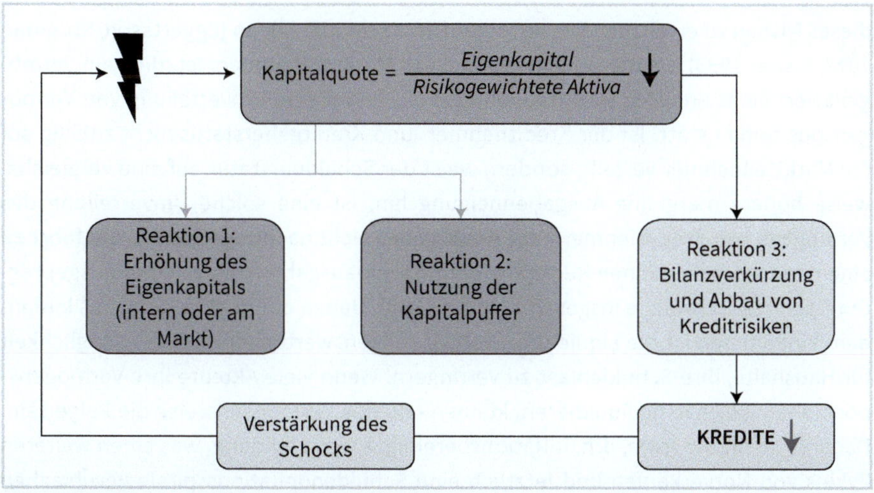

Abb. 1.3: Der Kreditkanal (Quelle: Eigene Darstellung)

Die adversen Effekte einer Kreditklemme wurden für viele Finanzkrisen in der Vergangenheit beschrieben. Ein Beispiel ist die Bankenkrise in den 1930er-Jahren in Deutschland. So findet sich im Jahresbericht der Berliner Sparkasse von 1931 folgende Darstellung:

> Die Entwicklung der Sparkasse der Stadt Berlin stand im Jahre 1931, wie die aller anderen Geldinstitute Deutschlands, im Zeichen der großen Wirtschaftsnot und der im Juli offen zu Tage getretenen Vertrauenskrise im deutschen Geldwesen. Die Vertrauenskrise führte zu überstürzten und übermäßig starken Abzügen von Spareinlagen. […] Aber auch die Folgen der Vertrauenskrise selbst, die eine Verringerung der Kreditbasis und damit eine weitere Schrumpfung des Wirtschaftslebens durch Erhöhung der Arbeitslosigkeit, Abbau von Gehältern und Löhnen usw. verursachten, beeinflußten die Spareinlagenbewegung […] besonders stark […].

Ein weiterer Kanal ist das **Deleveraging von Haushalten oder Unternehmen** (Eggertsson/Krugman 2012; Guerrieri/Lorenzoni 2017) **angesichts eines Verschuldungsüberhangs** (engl. Debt Overhang). Auch für diesen Kanal findet sich für verschiedene vergangene Finanzkrisen narrative oder quantitative Evidenz. Eine umfangreiche Literatur diskutiert die Mechanismen rund um einen Verschuldungsüberhang von privaten Haushalten und dessen Implikationen (Mian et al. 2013; King 1994; Mian/Sufi 2011; Jones et al. 2018; Gärtner 2013; Koo 2008; Mishkin 1977; Mishkin 1978; Hall 2011). Ausgangspunkt ist die Hypothese, dass sich die Überschuldung (auch genannt *Verschuldungsüberhang*) von Haushalten erst in der Krise offenbart. Das heißt, dass das, was als »akzeptable« Verschuldungsniveaus wahrgenommen wird, fällt. In der Folge beginnen die betroffenen privaten Haushalte, ihre Bilanzen zu sanieren, um dieses Niveau zu erreichen. Sie verringern ihre Schuldenlasten (Eggertsson/Krugman 2012; Fisher 1933). Da die Verschuldung eines Marktteilnehmers letztlich ein Vermögenswert eines anderen Marktteilnehmers ist, findet eine Umverteilung von Vermögenspositionen statt. Ist der Kreditnehmer- und Kreditgeberstatus nicht zufällig auf die Marktteilnehmer verteilt, sondern weist der Schuldnerstatus auf eine vergleichsweise höhere marginale Ausgabenneigung hin, ist eine solche Umverteilung des Vermögens von Kreditnehmern auf Kreditgeber nicht nachfrageneutral. Sie führt zu einem mitunter deutlichen Rückgang der Konsumausgaben und zu einer ausgeprägten Nachfrageschwäche insgesamt (Tobin 1980). Neben der Rückzahlung aus laufendem Einkommen ist die Liquidation von Vermögenswerten eine weitere Möglichkeit für Haushalte, ihre Schuldenlast zu verringern. Wenn viele Akteure ihre Vermögenspositionen gleichzeitig liquidieren, können fallende Vermögenspreise die Folge sein. Dadurch steigt die reale, d. h. inflationsbereinigte, Verschuldung, was einen weiteren Zyklus von Notverkäufen und letztlich eine Schuldendeflationsspirale verursachen kann (vgl. Kap. 1.1) (Fisher 1933).

Auch Unternehmen können unter einem Verschuldungsüberhang leiden. Die Folge könnten Unterinvestitionen durch die betroffenen Unternehmen sein (Myers 1977). Ebenso könnte der Anteil von sogenannten *Zombie-Unternehmen* in einer Volkswirtschaft steigen, welche eigentlich nicht überlebensfähig sind und aus dem Markt ausscheiden müssten (Acharya et al. 2020; Peek/Rosengren 2005, Schivardi et al. 2022). Die vorhandene empirische Evidenz legt jedoch nahe, dass die Folgen eines starken Anstiegs von Unternehmensverschuldung und eines potenziellen Verschuldungsüberhangs in der Vergangenheit deutlich weniger advers waren als im Falle eines Verschuldungsüberhangs von Haushalten. Die nachfolgenden Rezessionen waren weder systematisch schärfer noch lang anhaltend (Schularick 2021; Jordà et al. 2022).

Eine bereits erwähnte Dimension der Kosten von Finanzkrisen ist der Anstieg von Staatsverschuldung im Nachgang. Auch über diesen dritten Kanal, **einen unerwarteten Anstieg der Staatsverschuldung**, lässt sich eine Verstärkung des ursprünglichen realwirtschaftlichen Abschwungs rationalisieren. Sowohl die theoretische als auch die empirische wirtschaftswissenschaftliche Literatur liefern eine Reihe von Erklärungsansätzen und Evidenz für unterschiedliche Länder und Zeiträume, die einen negativen Einfluss eines solchen Verschuldungsanstiegs auf die gesamtwirtschaftliche Entwicklung rationalisieren und dokumentieren.[5] Treiber eines solchen Anstiegs öffentlicher Verschuldung sind steigende Kosten für automatische Stabilisatoren, diskretionäre fiskalische Maßnahmen als Reaktion auf eine Finanzkrisenrezession sowie gegebenenfalls fiskalische Kosten der Bankenrettungen. Daneben kann auch die Umwandlung der Verschuldung des privaten Haushaltssektors oder die nichtfinanzieller Unternehmen in öffentliche Schulden ein Faktor sein, der zu einem zusätzlichen und unerwarteten

5 Für eine umfangreiche Literaturübersicht vgl. de Soyres et al. 2022.

Anstieg der Staatsverschuldung beiträgt (Mbaye at al. 2018). Dies kann zum Beispiel der Fall sein, wenn öffentliche Kreditgarantien für Unternehmen oder Haushaltsverschuldung gegeben werden, aber auch bei direkter Kreditvergabe an Unternehmen oder einer Anpassung von Kreditkonditionen.[6] Dies kann aber auch der Fall sein, wenn ein initialer Verschuldungsüberhang entweder direkt oder indirekt zu Kreditausfällen bei Haushalten oder Unternehmen führt. Deutliche Verluste bei Finanzinstitutionen und potenziell entsprechende Rettungsmaßnahmen für diese Finanzinstitutionen könnten dann die Folge sein. Letztlich legt die Bedeutung der genannten antizyklischen fiskalischen Maßnahmen auch nahe, dass bei einer hohen öffentlichen Verschuldung und einem entsprechend geringen Spielraum für makroökonomische Stabilisierung durch den öffentlichen Sektor die beobachtbaren gesamtwirtschaftlichen Kosten von Finanzkrisen tendenziell höher ausfallen (Jordà et al. 2016a).

1.2.3 Weitere Dimensionen der Kosten von Finanzkrisen

Ein langsameres Wirtschaftswachstum, fallende Vermögenspreise und eine steigende Arbeitslosigkeit implizieren, dass Finanzkrisen unmittelbar auch soziale Effekte entfalten. Fallende Vermögenswerte können zwar Verluste für Haushalte in den oberen Prozent der Einkommensverteilung bedeuten, welche typischerweise hohe Vermögen besitzen. Diese Verluste würden die Einkommensungleichheit verringern (Kumhof et al. 2015; Atkinson/Morelli 2011; Roine et al. 2009). Ausgehend von historischen Daten, weist die vorhandene Literatur jedoch nicht auf persistente Effekte dieser Art hin (Morelli 2018; Funke 2017). Stattdessen scheinen Finanzkrisen Einkommensungleichheit tendenziell zu erhöhen (Bodea et al. 2021; Woo 2023).

Die Auswirkungen von Finanzkrisen sind auch politischer Natur. Die wirtschaftshistorische Forschung zeigt, dass in der Vergangenheit nach Finanzkrisen die politische Polarisierung zunahm (Mian et al. 2014). Regierungsmehrheiten sind tendenziell geschwunden, die Zahl der Parteien in den Parlamenten stieg, und rechtspopulistische Parteien gewannen deutlich an Bedeutung. So stieg der Stimmanteil von Rechtsaußenparteien in den fünf Jahren nach einer Finanzkrise in einem Sample von 20 Industrienationen zwischen 1870 und 2014 im Durchschnitt um rund 30 % im Vergleich zum Vorkrisenniveau (Funke et al. 2016). Für diese empirische Beobachtung gibt es verschiedene Erklärungsansätze. Eine Möglichkeit ist, dass Finanzkrisen – im Gegensatz zu Rezessionen, die nicht mit Finanzkrisen im Zusammenhang stehen – von Wählern als unentschuldbare Ereignisse angesehen werden, die das Ergebnis von Politikversagen und mangelnder Regulierung seien. Diese Einschätzung führe zu generellem Misstrauen gegenüber Regierungen und der »Mainstream-Politik« (Funke et

6 Die Homeowners‹ Loan Corporation (HOLC) ist ein Beispiel einer »bad bank« für Immobilienkredite. Gleichzeitig wurden die Kreditkonditionen der durch die HOLC übernommenen Kredite angepasst (Fishback et al. 2013).

al. 2016). Eine andere Erklärung könnte sein, dass Finanzkrisen in der Vergangenheit die Konflikte zwischen Gläubigern und Schuldnern verschärften und die Schere zwischen Arm und Reich bei Einkommen und Vermögen vergrößerten (Halac/Schmukler 2004; Mian et al. 2014; Doerr et al. 2022). Ein dritter Ansatzpunkt ist, dass im Zuge von Finanzkrisen vielfach eher unpopuläre Banken-Rettungsmaßnahmen ergriffen wurden, was eine Abkehr von der bestehenden Regierung befördern könnte. Zwar ist der Hintergrund für den Anstieg populistischer Mehrheiten nach einer Finanzkrise weder umfassend noch abschließend geklärt, die negativen gesamtwirtschaftlichen Folgen populistischer Regierungen zeigt die empirische Literatur jedoch auf (Funke et al. 2023; Acemoglu 2013).

Die substanziellen gesamtwirtschaftlichen und gesellschaftlichen Kosten von Finanzkrisen begründen die gesellschaftliche Relevanz der Wahrung eines stabilen Finanzsystems. Die Vermeidung dieser Kosten ist letztlich das zentrale Motiv für die Stärkung der Finanzstabilität und damit Ausgangspunkt des makroprudenziellen Mandats.

1.3 Finanzstabilität aus makroprudenzieller Perspektive

Die Grundlage der Definition von Finanzstabilität (siehe Kap. 1.1) ist ein theoretischer Bezugsrahmen, der die wesentlichen Elemente der Definition konzeptionell einordnet: **systemische Risiken, Schocks, Verwundbarkeiten** sowie **Resilienz** (siehe Abb. 1.4). Dieser Bezugsrahmen dient als Ausgangspunkt für die makroprudenzielle Analyse (siehe Kap. 2), ist Grundlage für das Verständnis der Konzeption makroprudenzieller Instrumente sowie für die Gestaltung makroprudenzieller Politik (siehe Kap. 3.2).

1.3.1 Konzeptioneller Rahmen: Schocks, Verwundbarkeiten und Resilienz

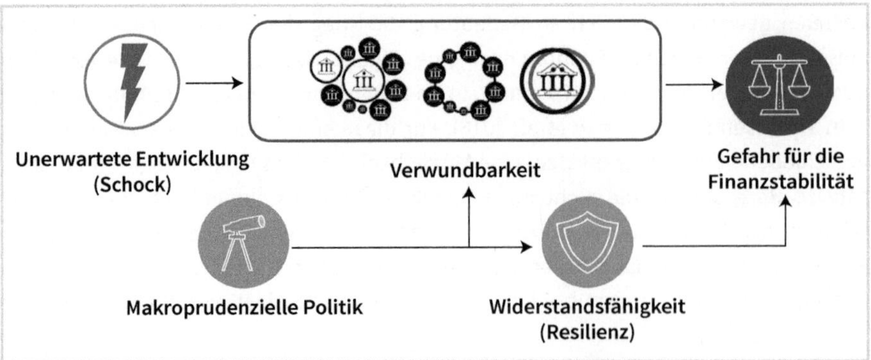

Abb. 1.4: Schematische Darstellung des konzeptionellen Rahmens (Quelle: Eigene Darstellung)

Gefahren für die Finanzstabilität (siehe Kap. 1.1) ergeben sich aus **systemischen Risiken**. Der Begriff ist in der wissenschaftlichen Literatur nicht eindeutig definiert (Hartwig et al. 2021; Hanson et al. 2011; Brunnermeier/Oehmke 2013; Acharya 2009; Danielsson 2013; Allen et al. 2012; Acharya et al. 2010). Mit makroprudenzieller Überwachung betraute Institutionen verwenden den Begriff ebenfalls nicht einheitlich (Gerlach 2009; BIS 2001; FSB 2021). Vielen Überlegungen ist jedoch gemein, dass die Materialisierung systemischen Risikos zu Schwierigkeiten eines oder mehrerer Marktteilnehmer und/oder Anpassungsreaktionen führt, die die Funktionsfähigkeit weiter Teile des Finanzsystems beeinträchtigen – mit potenziell schwerwiegenden Konsequenzen für die Realwirtschaft (siehe Kap. 1.2). Sind systemische Risiken hinreichend begrenzt, bedeutet dies, dass das Finanzsystem selbst bei Eintreten von Schocks seine kritischen Funktionen erfüllen kann (siehe Kap. 1.1).

Ein **Schock** bezeichnet abrupte, unerwartete Entwicklungen einzel- oder gesamtwirtschaftlicher Natur, die zu Störungen und/oder zum Ausfall eines Teils des Finanzsystems führen können, beispielsweise aufgrund von unerwarteten Verlusten oder Liquiditätsabflüssen (siehe auch Kap. 2.4). Schocks können **endogen** aus dem Finanzsystem hervorgehen, beispielsweise in Form einer plötzlichen Vertrauenskrise. Sie können die Realwirtschaft und das Finanzsystem aber auch **exogen** treffen, wie beispielsweise eine Naturkatastrophe, geopolitische Ereignisse oder die Corona-Pandemie.

Treffen derartige Schocks auf **Verwundbarkeiten** im Finanzsystem, können sich systemische Risiken materialisieren. Die Verwundbarkeiten und deren Ausmaß bestimmen – unter Berücksichtigung der Resilienz des Finanzsystems – die Anfälligkeit des Finanzsystems gegenüber unerwarteten Entwicklungen. Konzeptionell wird dabei zwischen zyklischen Verwundbarkeiten und strukturellen Verwundbarkeiten unterschieden. **Strukturelle Verwundbarkeiten** beziehen sich auf Eigenschaften des Finanzsystems, die direkte oder indirekte Ansteckungseffekte innerhalb des Finanzsystems begünstigen (siehe Kap. 2.2) (IMF et al. 2016):

- **Systemrelevanz einzelner Marktakteure**, das heißt, dass diese aufgrund ihrer Größe und/oder kritischer Funktionen schwer ersetzbar sind, was im Fall einer Schieflage systemrelevanter Institute deren Abwicklung erschwert (»**too big to fail**«, **TBTF**).
- Direkte oder indirekte **Vernetzung im Finanzsystem**, die Ansteckungseffekte begünstigt (»**too connected to fail**«, **TCTF**).
- **Ähnlichkeit oder Korrelation** übernommener Risiken vieler Marktakteure, z.B. aufgrund ähnlicher Geschäftsmodelle (»**too many to fail**«, **TMTF**).

Zyklische Verwundbarkeiten bauen sich typischerweise in Aufschwung-Phasen des Finanzzyklus auf (siehe Kap. 2.1). Beispielsweise kann eine lange Boom-Phase dazu führen, dass Risiken unterschätzt werden und Modellberechnungen zu optimistisch sind. Da bestimmte Verwundbarkeiten sowohl eine zyklische als auch eine strukturelle Dimension aufweisen, ist eine konzeptionelle Trennung nur begrenzt möglich. Beispiele hierfür sind eine systematische Unterschätzung von Risiken, eine systematische Überbewertung von Sicherheiten oder eine übermäßige Fristen-, Währungs- oder Liquiditätstransformation. Zyklische und strukturelle Verwundbarkeiten können ineinandergreifen. So können sich beim Eintreten eines Schocks zyklische Verwundbarkeiten bei mehreren Marktteilnehmern materialisieren, sich die so entstandenen unerwarteten Verluste aber über die Vernetzung dieser Marktteilnehmer – also aufgrund einer bestehenden strukturellen Verwundbarkeit – auf das gesamte System auswirken.

Marktteilnehmer in einem Finanzsystem reagieren laufend auf veränderte Rahmenbedingungen. Sie entscheiden über Höhe und Struktur ihrer Finanzierung und ihres Vermögens. Sie passen ihre Erwartungen zur Entwicklung von Preisen, zur makroökonomischen Entwicklung und ihre Risikoeinschätzung an und reagieren auf erwartete oder unerwartet auftretende Verluste. Einzelne Marktteilnehmer berücksichtigen dabei nicht notwendigerweise, wie sich ihr individuelles Verhalten auf das Finanzsystem insgesamt auswirkt. Das heißt auch, dass – gegeben die bestehenden Verwundbarkeiten – die sich aus einem Schock ergebenden Schwierigkeiten eines oder mehrerer Marktteilnehmer oder deren Anpassungsreaktionen die ursprünglichen gesamtwirtschaftlichen Auswirkungen des Schocks übermäßig verstärken können. Zu einer solchen Verstärkung (auch: **Rückkopplungseffekt**) kann es beispielsweise kommen, wenn viele Banken aufgrund hoher unerwarteter Verluste gleichzeitig ihre Kreditvergabe an die Realwirtschaft einschränken (siehe Kap. 1.2), es also zu einer Kreditklemme kommt. Oder es kann gerade dann zu systemweiten Liquiditätsengpässen kommen, wenn viele Marktteilnehmer gleichzeitig versuchen, liquide Mittel aufzubauen und/oder zu halten, und die vorhandene Liquidität nicht weitergeben, z.B. in Form von Krediten an die Realwirtschaft. Die Finanzstabilität ist in solchen Situationen nicht mehr gewährleistet.

Wie stark sich Schocks auf das Finanzsystem auswirken, hängt nicht nur vom Ausmaß der Verwundbarkeiten ab, sondern auch von der **Widerstandsfähigkeit** (oder: **Resilienz**) des Finanzsystems. Je besser zum Beispiel einzelne Marktakteure mit Eigenkapital und Liquidität ausgestattet sind, desto besser können sie Schocks abfedern und desto geringer sind die Rückwirkungen auf andere Marktakteure. Zudem kann eine ausreichende Widerstandsfähigkeit die Wahrscheinlichkeit von Rückkopplungseffekten mindern und damit eine Verstärkung des Schocks durch das Finanzsystem verhindern. Ob das Finanzsystem *ausreichend* widerstandsfähig ist, hängt damit maßgeblich von der Höhe und Art der bestehenden Verwundbarkeiten ab.

Die globale Finanzkrise 2008/2009 verdeutlichte, dass eine ausschließlich auf die Solvenz und Liquidität einzelner Finanzinstitute ausgerichtete sogenannte mikroprudenzielle Aufsicht allein nicht ausreicht, um die Stabilität des gesamten Finanzsystems zu gewährleisten. Eine adäquate **mikroprudenzielle Aufsicht** und Regulierung ist eine notwendige Voraussetzung für ein stabiles und widerstandsfähiges Finanzsystem, aber sie kann systemische Entwicklungen und Interdependenzen im Finanzsystem nicht hinreichend berücksichtigen (siehe Kap. 3.1). Als Reaktion wurde die mikroprudenzielle Aufsicht daher um eine **makroprudenzielle Perspektive** ergänzt, die es ermöglicht, Risiken für das Finanzsystem als Ganzes zu identifizieren und ihnen durch den Einsatz makroprudenzieller Instrumente entgegenwirken soll.

1.3.2 Der makroprudenzielle Politikzyklus

Die makroprudenzielle Aufsicht ist in Europa und weltweit auf unterschiedliche Weise institutionell verankert. In Deutschland ist der Ausschuss für Finanzstabilität (AFS) die makroprudenzielle Behörde (siehe Kap. 3.3). Dort wird die deutsche makroprudenzielle Politik im sogenannten **makroprudenziellen Politikzyklus** umgesetzt (siehe Abb. 1.5). Dieser Politikzyklus besteht aus drei Schritten: der Analyse von systemischen Risiken (siehe Kap. 2), makroprudenziellen Maßnahmen zur Verringerung oder Prävention systemischer Risiken (siehe Kap. 3.2) und der Evaluierung der makroprudenziellen Politik.

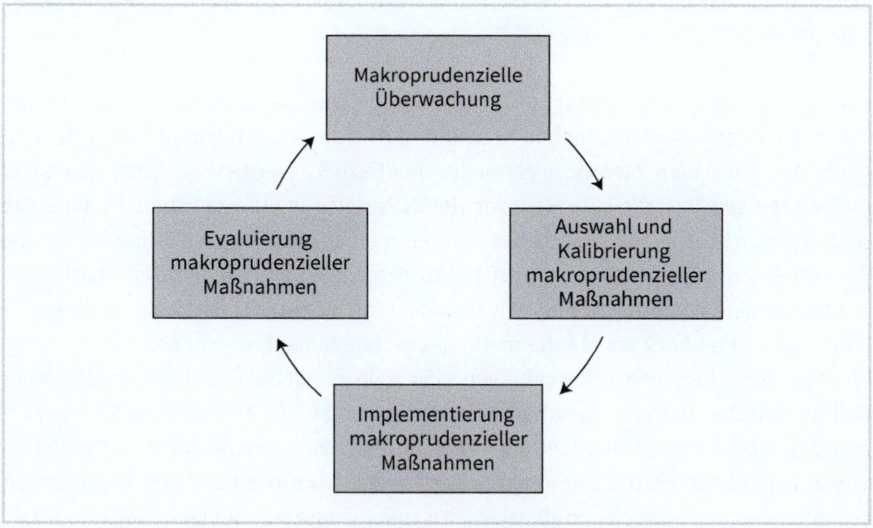

Abb. 1.5: Der makroprudenzielle Politikzyklus (Quelle: Eigene Darstellung)

Der erste Schritt makroprudenzieller Politik ist **die Identifikation und Einschätzung systemischer Risiken** im Rahmen der makroprudenziellen Überwachung. Dazu gehört die Analyse von möglichen Schocks und der Kanäle, über die diese Schocks auf das Finanzsystem wirken können, das Monitoring bestehender und die Identifikation neuer, sich aufbauender Verwundbarkeiten sowie das Monitoring der Widerstandsfähigkeit des Finanzsystems gegenüber den identifizierten Verwundbarkeiten. Schocks lassen sich nicht prognostizieren. Dennoch kann im Rahmen der makroprudenziellen Überwachung versucht werden, Wahrscheinlichkeitsverteilungen von Schocks zu schätzen. So können bspw. Rückschlüsse über mögliche Schocks aus dem Aufbau oder der Existenz vorhandener makroökonomischer Ungleichgewichte gezogen werden, da diese potenziell die Wahrscheinlichkeit und das Ausmaß von Schocks erhöhen. Deswegen spielt die Analyse der makrofinanziellen Entwicklung und des Finanzzyklus eine wichtige Rolle in der makroprudenziellen Überwachung (siehe Kap. 2.4).

Der zweite Schritt makroprudenzieller Politik liegt in der Bewertung ihrer Analysen mit Blick auf die **Auswahl und Kalibrierung notwendiger makroprudenzieller Maßnahmen**. Makroprudenzielle Instrumente können die Widerstandsfähigkeit steigern und/oder identifizierte Verwundbarkeiten begrenzen (siehe Kap. 3.2). Auch wenn diese Trennung von Steigerung der Widerstandsfähigkeit und Begrenzung von Verwundbarkeiten eine breite Anwendung unter Regulatoren und Aufsehern findet (siehe IMF/FSB/BIS 2016), dürfte eine klare Trennung in der Praxis nicht immer möglich sein: Faktoren, welche die Resilienz des Finanzsystems erhöhen, können gleichsam die Verwundbarkeit des Finanzsystems gegenüber Schocks reduzieren. Dennoch ist es hilfreich, beide Begriffe zu verwenden, da Maßnahmen, welche die Resilienz des Finanzsystems erhöhen, nicht notwendigerweise zum Abbau bestehender Verwundbarkeiten beitragen – und umgekehrt.

Vor der Ergreifung spezifischer Maßnahmen liefert die Ex-ante-Evaluierung Informationen zu deren wahrscheinlichen Kosten und Nutzen. Ausgehend von einer Bestimmung der konkreten makroprudenziellen Politikziele, werden zunächst geeignete Indikatoren gewählt, die eine Messung der Zielerreichung ermöglichen. In der Folge wird untersucht, wie sich alternative Maßnahmen sowie deren Kalibrierung auf die Wahrscheinlichkeit auswirken, dieses Ziel zu erreichen. Der Vergleich der Alternativen ermöglicht eine Kosten-Nutzen-Analyse und letztlich eine Entscheidung für eine konkrete Maßnahme oder ein Maßnahmenpaket sowie die entsprechende Kalibrierung. Künftige wirtschaftliche Entwicklungen sind jedoch nur begrenzt prognostizierbar und empirische Analysen beruhen notwendigerweise auf historischen Daten. Aufgrund der präventiven Ausrichtung makroprudenzieller Politik müssen Politikentscheidungen letztlich trotz umfangreicher Analysen unter erheblicher Unsicherheit getroffen werden, aber gleichzeitig verhältnismäßig ausgerichtet sein (siehe Kap. 3.3). Im dritten Schritt des Politikzyklus wird die beschlossene makroprudenzielle Maßnahme oder das Maßnahmenpaket **implementiert**.

Der vierte Schritt makroprudenzieller Politik ist ihre **Evaluierung**. Angesichts der dynamischen Entwicklung des Finanzsystems ist eine kontinuierliche und kritische Reflexion der analytischen Ansätze sowie der ergriffenen Maßnahmen und deren Kalibrierung erforderlich. Darunter fällt insbesondere die Evaluierung, ob die ergriffenen

Maßnahmen das gewünschte Politikziel erreicht haben und ob sie gegebenenfalls unerwünschte Effekte entfalten (Deutsche Bundesbank 2022, S. 62 ff.). Ähnlich wie bei einer Ex-ante-Evaluierungsstudie sind auch in der Ex-post-Evaluierung die Bestimmung der konkreten Politikziele der makroprudenziellen Maßnahmen und geeigneter Indikatoren zentrale Ausgangspunkte. Anders als in der Ex-ante-Evaluierung kann ex post in der Analyse jedoch auf tatsächlich beobachtete Entwicklungen zurückgegriffen werden, um die tatsächlichen Auswirkungen von Maßnahmen zu messen und zu bewerten. Eine Ex-post-Evaluierung legt damit gleichzeitig die Grundlage für eine möglicherweise notwendige Anpassung der makroprudenziellen Politik, beispielsweise in der Auswahl der Maßnahmen und deren Kalibrierung.

Makroprudenzielle Politik steht in Wechselwirkung mit anderen Politikfeldern, orientiert sich jedoch nicht an deren Zielsetzungen (siehe Kap. 3.1). Maßnahmen verschiedener Politikbereiche können dabei die makroprudenzielle Politik unterstützen, unter Umständen aber auch im Konflikt zu ihren Zielen stehen, da in anderen Politikfeldern ergriffene Maßnahmen zum Aufbau oder zur Verminderung systemischer Risiken beitragen können. Sie kann aber die potenziellen Wirkungen anderer Politikmaßnahmen in Bezug auf die Finanzstabilität kommunizieren und bei Bedarf in geeigneter Weise auf mögliche Wechselwirkungen reagieren.

2 Grundlagen der makroprudenziellen Überwachung

Episoden finanzieller Instabilität und Krisen, dies haben die Ausführungen in Kapitel 1 deutlich gemacht, können massive gesamtwirtschaftliche und gesellschaftliche Auswirkungen haben. Hieraus folgen zahlreiche Motive für die Stärkung der Finanzstabilität. Im Zuge der globalen Finanzkrise wurden Mandate, Institutionen und Instrumente der makroprudenziellen Politik geschaffen. Ihre Aufgabe ist es, eine systemweite Perspektive einzunehmen, um Finanzstabilität zu stärken.

Zur Erinnerung

Unter **Finanzstabilität** wollen wir einen Zustand des Finanzsystems verstehen, in dem es seine volkswirtschaftlich bedeutenden Funktionen erfüllt und die Marktteilnehmer sich stetig an sich verändernde Rahmenbedingungen anpassen können. Ein stabiles Finanzsystem kann sowohl idiosynkratische als auch makroökonomische Schocks absorbieren, federt Verluste aus unerwarteten Entwicklungen ab und verringert Ansteckungs- oder Rückkopplungseffekte.

Das Interesse, den Zustand des Finanzsystems unter dem Gesichtspunkt »Stabilität« zu analysieren, erscheint angesichts der gesamtwirtschaftlichen und gesellschaftlichen Bedeutung von Finanzstabilität offenkundig. Eine fundierte Analyse der Finanzstabilität ist jedoch auch eine wesentliche Voraussetzung dafür, dass makroprudenzielle Politik entsprechend ihrem Mandat tätig werden kann. Zum einen benötigt sie ein aussagekräftiges Lagebild, um nötigenfalls Maßnahmen zur Stärkung der Finanzstabilität ergreifen zu können. Zum anderen sind Informationen über den Zustand des Finanzsystems eine notwendige Bedingung dafür, dass mit Finanzstabilität betraute Institutionen dem Gebot der Rechenschaftspflicht nachkommen können (vgl. Borio/Drehmann 2009).

Der Fokus des zweiten Kapitels liegt darauf, Ansätze zur Identifizierung und Beurteilung von Risiken für die Finanzstabilität vorzustellen, welche in der makroprudenziellen Praxis zur Gewinnung eines Lagebilds über den gegenwärtigen Zustand des Finanzsystems genutzt werden. Dabei wird der diesem Buch zugrunde liegende Rahmen aus »Schocks, Verwundbarkeiten und Resilienz« konkretisiert. Dieser geht davon aus, dass Risiken für die Finanzstabilität – im Sinne eines systemischen Risikos – sich aus einem Zusammenspiel aus Schocks, Verwundbarkeiten und Widerstandsfähigkeit (Resilienz) des Finanzsystems ergeben: Treffen Schocks das Finanzsystem, hängen die Folgen für die Funktionsfähigkeit des Finanzsystems maßgeblich von den bestehenden Verwundbarkeiten und seiner Resilienz ab.

Kapitel 2.1 und 2.2 konkretisieren den Begriff »Verwundbarkeiten«, indem sie analytische Grundlagen zur Identifizierung und Beschreibung von Verwundbarkeiten liefern, und stellen konkrete Surveillance-Tools aus der Praxis vor. Wir folgen der üblichen Unterscheidung zwischen zyklischen (Kapitel 2.1) und strukturellen Verwundbarkeiten (Kapitel 2.2), wenngleich erneut betont sei, dass eine solche Unterscheidung zuweilen schwer möglich ist und zyklische und strukturelle Verwundbarkeiten in Wechselwirkung miteinander stehen können. Kapitel 2.3 konkretisiert den Begriff »Resilienz« und leitet Implikationen für die Beurteilung von Resilienz her. Kapitel 2.4 beschreibt zunächst Möglichkeiten, »Schocks« in Analysen zur Finanzstabilität einzubeziehen. Sodann verbindet es die vorherigen Kapitel, indem es darstellt, wie die einzelnen Elemente Schocks, Verwundbarkeiten und Resilienz zu einem Gesamtbild verdichtet werden können.

2.1 Zyklische Verwundbarkeiten: Aufbau von Verwundbarkeiten im Zeitablauf

Sebastian Breuer/Niklas Gadatsch/Tobias Körner

2.1.1 Das Konzept des Finanzzyklus

So wie die Aktivität in der Realwirtschaft ist auch die Aktivität im Finanzsystem von Schwankungen geprägt. Diese betreffen zum Beispiel Angebot und Nachfrage nach Krediten sowie Finanzanlagen und spiegeln sich etwa in der Entwicklung von Vermögenspreisen und Kreditvolumina wider (siehe Abb. 2.1).

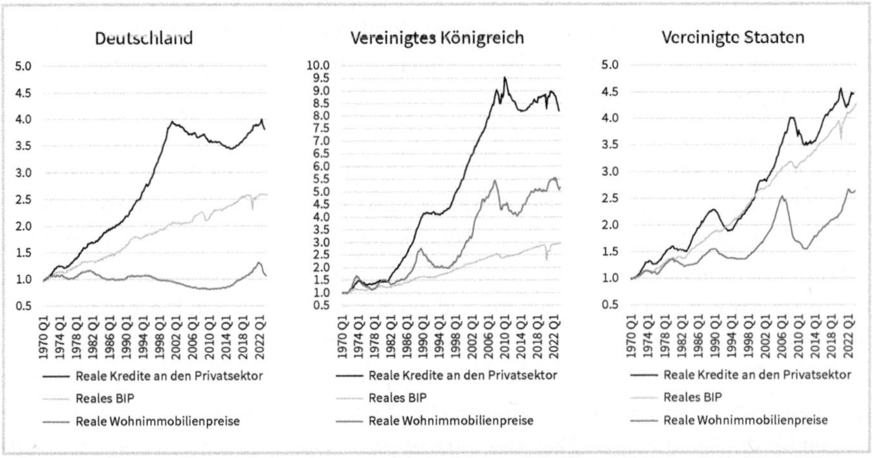

Abb. 2.1: Indikatoren finanzieller und gesamtwirtschaftlicher Aktivität in DE, UK und US, 1970–2023, 1970 = 1 (Quelle: Eigene Darstellung auf Basis von Daten der BIS, Deutscher Bundesbank und nationaler statistischer Ämter)

Für lang anhaltende Phasen des Aufschwungs und Abschwungs finanzieller Aktivität hat sich der Begriff des »Finanzzyklus« – analog zum Konjunkturzyklus – etabliert. Dieser ist von hohem Interesse für die makroprudenzielle Analyse, weil Hochpunkte von Aufschwungphasen in der Vergangenheit sehr häufig mit Finanzkrisen einhergingen (Drehmann/Borio/Tsatsaronis 2012).

Eine allgemein in der Literatur anerkannte **Begriffsbestimmung des Finanzzyklus** gibt es nicht. Der Begriff wird nicht einheitlich gebraucht. Häufig werden auch die Begriffe »Kreditzyklus« und »Verschuldungszyklus« verwendet, ohne dass eine klare Abgrenzung erkennbar ist. Dies ist nicht überraschend, denn mit dem Begriff des Finanzzyklus ist eine Vielzahl komplexer und vielschichtiger Phänomene verbunden. Deskriptiv empirische Arbeiten stellen häufig auf »mittelfristige, das heißt über die Dauer von Konjunkturzyklen hinausgehende gemeinsame Auf- und Abwärtsbewegungen von Kreditaggregaten und Vermögenspreisen« ab (Deutsche Bundesbank 2019b). Anders als bei der Messung des Konjunkturzyklus, bei dem die Schwankung des gesamtwirtschaftlichen Outputs (Bruttoinlandsprodukt – BIP) um den Wachstumstrend im Vordergrund steht, werden bei der Beschreibung des Finanzzyklus stets mehrere Variablen betrachtet. Theoretisch motivierte Größen, um welche diese Variablen schwanken, sind in der Literatur nicht bekannt. Dies lässt die Messung von Finanzzyklen weniger greifbar, mithin auch komplexer erscheinen.

Eine mögliche konzeptionelle, analytisch geprägte und hilfreiche Definition des Finanzzyklus liefert Borio (2014).

Finanzzyklus

Self-reinforcing interactions between perceptions of value and risk, attitudes towards risk and financing constraints, which translate into booms followed by busts (Borio 2014).

In dieser Definition werden Aspekte angesprochen, die in verschiedenen Strängen der akademischen Literatur und Veröffentlichungen von Entscheidungsträgern und Institutionen häufig angesprochen werden, welche für die Wahrung von Finanzstabilität Verantwortung tragen. Kennzeichnend sind hier Wahrnehmung von Risiken, Risikoeinstellungen und Finanzierungsbeschränkungen, welche sich im Zeitablauf verändern, sich dabei wechselseitig beeinflussen und zu Auf- und Abschwüngen in Finanzsystem und Realwirtschaft führen. Konzeptionell eng verbunden mit dieser Vorstellung des Finanzzyklus ist der Begriff »Prozyklizität« des Finanzsystems. Darunter versteht man üblicherweise, dass der Konjunkturzyklus durch das Finanzsystem verstärkt wird: Ein Aufschwung wird positiv verstärkt, ein Abschwung negativ (z. B. Adrian/Shin 2014).

2.1.1.1 Empirische Charakterisierung des Finanzzyklus

Um Finanzzyklen empirisch zu beschreiben, werden üblicherweise lange Zeitreihen von Volumina und Preisen in Finanz- und Immobilienmärkten herangezogen. Die Bandbreite der in der Literatur verwendeten Größen hängt von der statistischen Methodik und der Datenverfügbarkeit ab. Ein allgemein akzeptiertes Vorgehen gibt es nicht. Ein Konsens besteht jedoch darin, dass Kreditaggregate und Immobilienpreise grundsätzlich gut geeignet sind, um den Finanzzyklus zu beschreiben (Borio 2014). Die Literatur greift häufig auf Methoden der Frequenzanalyse zurück (siehe Deutsche Bundesbank (2019b) für eine intuitive methodische Einführung). Diese basiert auf der Idee, dass sich eine Zeitreihe aus einer Vielzahl von Zyklen unterschiedlicher Längen zusammensetzt. Zum Beispiel folgen Immobilienpreise über mehrere Jahrzehnte einem Aufwärtstrend, um den die Preise auf mittlere Sicht, etwa von einigen Jahren, deutlich schwanken (siehe vorstehende Abb. 2.1).

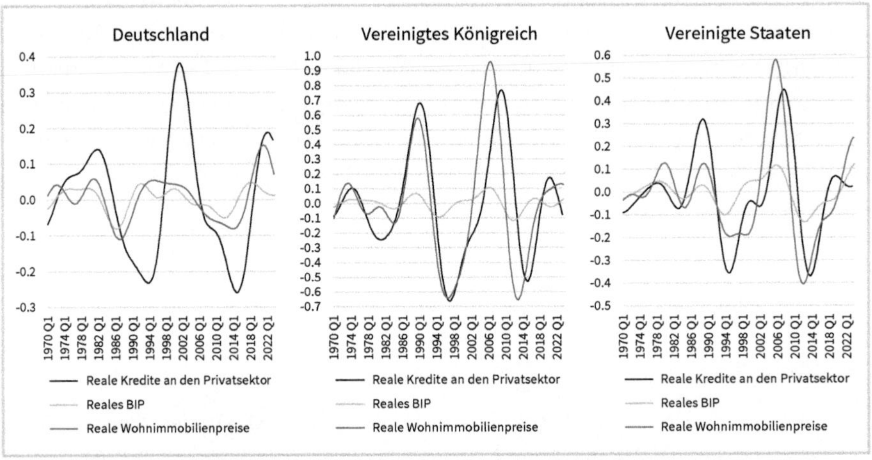

Abb. 2.2: Gefilterte Indikatoren finanzieller und gesamtwirtschaftlicher Aktivität in DE, UK und US, 1970–2023, Zykluslänge 32 bis 120 Quartale (Quelle: Eigene Darstellung auf Basis von Daten der BIS, Deutscher Bundesbank und nationaler statistischer Ämter)

Betrachtet man diese Schwankungen genauer, stellt man fest, dass die Preise in kurzer Frist um diese Schwankungen herum ausschlagen. Ziel der Frequenzanalyse ist es, diejenigen Komponenten herauszufiltern, welche für gewisse Zykluslängen die größte Bedeutung haben. Ein Beispiel für eine Zykluslänge von 32 bis 120 Quartalen zeigt Abbildung 2.2. Zu beachten ist, dass die Zykluslänge hier im Vorhinein festgelegt wurde. Andere, flexiblere Verfahren leiten empirisch relevante Zykluslängen aus den beobachteten Daten ab (vgl. Schüler et al. 2015, Scharnagl/Mandler 2019).

Im Beispiel zeigen sich ausgeprägte gemeinsame Schwankungen von Kreditvolumina und Immobilienpreisen in den Vereinigten Staaten und im Vereinigten Königreich, nicht jedoch in Deutschland (siehe für Deutschland auch Deutsche Bundesbank 2019b). Häufig treten Auf- und Abwärtsbewegungen des realen BIP in zeitlicher Nähe zu diesen Schwankungen auf, ein Hinweis auf Wechselwirkungen zwischen finanzieller und realwirtschaftlicher Aktivität. Gleichwohl weist das BIP tendenziell eine geringere Zykluslänge als die übrigen Variablen auf (siehe auch Claessens/Kose/Terrones 2012 für ein großes Ländersample und WGEM 2018 für Mitgliedstaaten der EU).

Für die makroprudenzielle Analyse und Politik in Deutschland und in der Europäischen Union (EU) ist es wichtig einzuschätzen, ob Finanzzyklen eher länderübergreifende oder eher länderspezifische Phänomene sind (siehe Kap. 3.5). Evidenz für einen einheitlichen Finanzzyklus der Mitgliedstaaten der EU oder des Euroraums gibt es nicht (vgl. WGEM 2018). Insgesamt legen die Daten nahe, dass Finanzzyklen der Länder deutlich weniger synchron als Konjunkturzyklen verlaufen. Auf- und Abschwungphasen bei Kreditvolumina und Immobilienpreisen liefen in der Vergangenheit nicht zeitgleich ab, und die Amplituden der Zyklen unterscheiden sich zum Teil sehr deutlich zwischen den Ländern. In einer Untersuchung mit den sechs größten Mitgliedstaaten des Euroraums Deutschland, Frankreich, Italien, Spanien, Niederlande und Belgien mit Daten seit 1980 finden sich kaum Hinweise für einen gemeinsamen Zyklus der Immobilienpreise (vgl. Deutsche Bundesbank 2019b). Gleichwohl können für einzelne Ländergruppen, einzelne Zeitabschnitte und Zykluslängen Ähnlichkeiten festgestellt werden (WGEM 2018; Deutsche Bundesbank 2019b). Zum Beispiel zeigt sich bei den sechs größten Euroländern ein ausgeprägter Gleichlauf in den Zyklen von Krediten an Unternehmen bei Zykluslängen von acht bis zehn Jahren und etwa 16 Jahren (Deutsche Bundesbank 2019b).

2.1.1.2 Makroökonomische Theorien des Finanzzyklus

Es gibt keine makroökonomischen Modelle, die das Konzept des Finanzzyklus, wie etwa von Borio 2014 beschrieben, umfassend aufgreifen. Die Komplexität der dem Finanzzyklus zugrunde liegenden vermuteten Mechanismen und Wirkungskanäle lässt ein umfassendes Modell auch nicht erwarten. Vielmehr hat sich die Forschung einzelnen Aspekten zugewandt, die für die Erklärung des Finanzzyklus relevant sind. Forschungsarbeiten, die hohe Beachtung in der wissenschaftlichen Literatur gefunden haben, werden im Folgenden vorgestellt.

Dabei liegt der Schwerpunkt auf jüngeren Entwicklungen in den vergangenen drei Jahrzehnten. Insbesondere sind viele Forschungsarbeiten durch die globale Finanzkrise Ende der 2000er-Jahre angeregt worden. Weiterhin haben sämtliche der hier vorgestellten Überlegungen einen gesamtwirtschaftlichen Fokus. Das heißt, dass zyklische Aktivität im Finanzsystem und in der Realwirtschaft gemeinsam betrachtet wird. Dahinter steht die Annahme, dass relevante zyklische Aktivität im Finanzsystem letztlich immer mit realwirtschaftlichen Entwicklungen in Zusammenhang steht. Das bedeutet jedoch nicht, dass Forschungsarbeiten, welche die Ausbreitung und Verstärkung von Schocks *innerhalb* des Finanzsystems untersuchen, von nachrangiger Bedeutung sind. Ganz im Gegenteil spielen Ausbreitung und Verstärkung von negativen Schocks auch in Abschwungphasen des Finanzzyklus eine wichtige Rolle. Ist die Verstärkung von negativen Schocks, beispielsweise durch Fire Sales oder Bank Runs, besonders gravierend, ergibt sich eine höhere Wahrscheinlichkeit, dass es zu einer Finanzkrise kommt. Diese Verstärkungsmechanismen, die auf strukturelle Eigenschaften des Finanzsystems zurückgehen, werden in Kapitel 2.2 detailliert besprochen.

Die Literatur zum Finanzzyklus ist Teil eines sehr viel weiteren Felds der ökonomischen Forschung, das sich mit sogenannten Macro-Financial Linkages befasst. Diese bestehen in Wechselwirkungen zwischen Realwirtschaft und Finanzsystem, die zu Schwankungen der gesamtwirtschaftlichen Aktivität führen können (siehe Claessens/Kose 2018 für einen umfassenden Überblick). Die im Folgenden betrachteten Aspekte stellen einen Ausschnitt dieses Forschungszweigs dar. Kennzeichnend für die hier betrachteten Aspekte ist der Aufbau von Verwundbarkeiten im Zeitablauf, welche ein wesentlicher Bestandteil des Konzepts des Finanzzyklus sind.

Theorien des Finanzzyklus können im Wesentlichen zwei Literatursträngen zugeordnet werden: Theorien basierend auf Friktionen im Finanzsystem und behaviorale Theorien (vgl. López-Salido et al. 2017). Kennzeichnend für die häufig zitierte und im Folgenden beschriebene makroökonomische Literatur ist, dass sie allgemeine Gleichgewichtsmodelle verwendet und mikrofundiert ist. Mikrofundierung bedeutet, dass Annahmen über das Verhalten der in der Modellwelt handelnden Akteure getroffen werden. Insbesondere handeln Akteure vorausschauend und folgen einem Optimierungskalkül. Einen Überblick über Literatur, die von Annahmen dieses Typus abweicht, geben Nikolaidi/Stockhammer (2017).

Friktionsbasierte Theorien gehen häufig auf Informations- und Anreizprobleme bei Kreditnehmern und Kreditgebern zurück. Zum Beispiel kann eine Bank, welche einem Unternehmen einen Kredit gewähren möchte, zum Zeitpunkt der Kreditvergabe nur schwer abschätzen, ob das Unternehmen oder der Haushalt in der Lage sein wird, den Kredit vollständig zurückzuzahlen. So hängt die Rückzahlung des Kredits vom unternehmerischen Erfolg bzw. von der beruflichen Entwicklung ab, mithin von Anstrengungen des Unternehmens bzw. Haushalts, erfolgreich zu sein. Diese Anstrengungen kann die Bank jedoch nur schwer kontrollieren. Im Ergebnis wird die Bank verschiedene Absicherungen fordern, welche die Kreditrisiken mindern oder kompensieren. Damit werden die Möglichkeiten für Unternehmen und Haushalte, Kredite aufzunehmen, beschränkt: Zum einen müssen sie höhere Kosten der Finanzierung in Kauf nehmen. Insbesondere sind die Kosten höher als bei einer Finanzierung aus eigenen Mitteln, sodass auch von einer externen Finanzierungsprämie gesprochen wird. Zum anderen wird dem Unternehmen oder Haushalt möglicherweise ein Kreditvolumen gewährt, das unter dem gewünschten Kreditvolumen liegt. Finanzierungsbeschränkungen dieser Art werden in der Literatur nicht nur für Unternehmen und Haushalte, sondern auch für Banken und andere Finanzmarktteilnehmer modelliert (siehe Gertler et al. 2016, Claessens/Kose 2018, S. 75 ff.).

Entscheidend für friktionsbasierte Theorien des Finanzzyklus ist, dass die Finanzierungsbeschränkungen über die Zeit schwanken, und damit auch das Kreditvolumen und die gesamtwirtschaftliche Aktivität (Abb. 2.3). Ereignisse, welche die wirtschaftliche Lage der Kreditnehmer oder den Wert der Sicherheit verbessern (positiver Schock), reduzieren ihre Finanzierungsbeschränkungen. So erhöht sich in wirtschaftlich guten Zeiten das Eigenkapital von Kreditnehmern (Bernanke/Gertler 1989) und damit das Vermögen, in das Kreditgeber im Falle eines Zahlungsausfalls vollstrecken können. Zudem steigen die Preise von Vermögensgegenständen, welche als Sicherheiten für Kredite zur Verfügung gestellt werden (Kiyotaki/Moore 1997). Dies gilt insbesondere für Häuserpreise, die den Wert der Sicherheit für einen Wohnimmobilienkredit darstellen (vgl. Iacoviello/Neri 2010). Kreditgeber tolerieren zudem einen höheren Verschuldungsgrad (Verhältnis von Schulden und Vermögen) bei Kreditnehmern, weil sie sich in wirtschaftlich guten Zeiten sicherer fühlen (Fostel/Geanakoplos 2014). Gelockerte Finanzierungsbeschränkungen führen zu einem höheren Kreditvolumen, höheren realwirtschaftlichen Investitionen und Konsum, mithin zu einer wirtschaftlich günstigeren Lage und zu einer weiteren Lockerung der Finanzierungsbeschränkungen. Hierdurch wird der Aufschwung weiter angetrieben. Mechanismen dieser Art führen somit zu einer Verstärkung und Ausbreitung von Schocks (*financial accelerator*). Umgekehrt erzeugen sie eine Abwärtsdynamik im Falle eines negativen Schocks.

Aufseiten der Kreditnehmer lässt sich der Verstärkungsmechanismus mithilfe einer einfachen Formel illustrieren. Etwa aufgrund der bereits diskutierten Informationsprobleme ist das Kreditvolumen, das Banken an Haushalte verleihen, durch den Wert des Hauses h_t begrenzt. Typischerweise ist das Kreditvolumen c_t nur ein Anteil m_t des Wertes des Hauses h_t:

$$c_t \leq m_t \cdot h_t \ \textit{mit}\ 0 \leq m_t \leq 1$$

Die Gleichung zeigt, dass mit steigenden Häuserpreisen das dem Haushalt zur Verfügung stehende Kreditvolumen steigt. Wird dieses nachfragewirksam am Immobilienmarkt eingesetzt, steigen die Häuserpreise weiter – eine sich selbst verstärkende Spirale aus steigenden Immobilienpreisen und Krediten. An der Gleichung wird zudem ein weiterer Verstärkungskanal deutlich: Wird das zugesagte Kreditvolumen nicht am aktuellen Wert des Hauses h_t, sondern am erwarteten Hauspreis $E_t\{h_{t+1}\}$

ausgerichtet, können auch überoptimistische Erwartungen einen Immobilienpreisboom begünstigen.

Doch die »Tür« schwingt nicht nur in eine Richtung: Ändert sich das Umfeld und kippen die Erwartungen, schränkt dies schnell die Finanzierungsmöglichkeiten der Haushalte ein. Mit sinkender Nachfrage am Immobilienmarkt kommt es zu einem Preisverfall. Die Spirale »entlädt« sich in umgekehrter Richtung.

In der Vergangenheit führten – insbesondere in den USA – steigende Immobilienpreise nicht nur zu steigender Nachfrage am Immobilienmarkt, sondern auch zu steigendem Konsum. Gleichermaßen sind aufgrund des Preisverfalls überschuldete Haushalte zum Konsumverzicht gezwungen. Somit können Haushalte über den Auf- und Abbau von Verschuldung die makroökonomische Entwicklung verstärken (vgl. bspw. Mian/Sufi 2010).

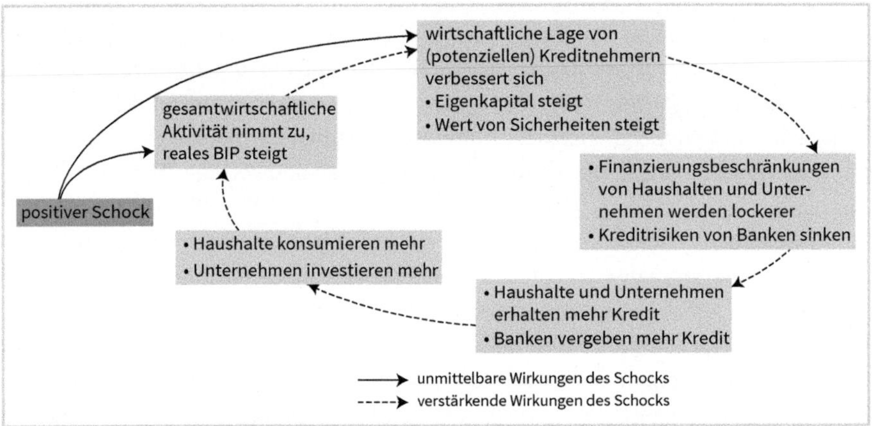

Abb 2.3: Financial Accelerator (Quelle: eigene Darstellung)

Zu beachten ist, dass Financial-Accelerator-Modelle keine kausale Verbindung zwischen Auf- und Abschwungphasen des Finanzzyklus aufzeigen. Vielmehr erklären sie, wie schon kleine Schocks eine größere gesamtwirtschaftliche Wirkung erzeugen können. Die Schocks können dabei das Finanzsystem selbst oder die Realwirtschaft betreffen. Gehen Aufschwungphasen mit einer Zunahme des Verschuldungsgrades einher, kann sich die Verwundbarkeit der Volkswirtschaft für negative Schocks erhöhen (vgl. Brunnermeier/Sannikov 2014, Ajello et al. 2022).

Behaviorale Theorien stellen das sogenannte Kreditmarktsentiment in den Mittelpunkt, um Auf- und Abschwungphasen des Finanzzyklus zu erklären. Unter Kreditmarktsentiment können allgemein Risikoeinschätzungen der Marktteilnehmer verstanden werden und ihre damit verbundene Bereitschaft, Risiken einzugehen. Stein (2021) präzisiert den Begriff wie folgt: Erhöhtes Kreditmarktsentiment bedeutet, dass die erwarteten Erträge aus dem Eingehen von Kreditrisiken niedrig sind. Erhöhtes Kreditmarktsentiment kennzeichnet Aufschwungphasen des Finanzzyklus, in denen Risikoeinschätzungen der Marktteilnehmer optimistisch sind und ihre Bereitschaft, Risiken einzugehen, hoch ist. Eine kausale Verbindung zwischen Auf- und nachfolgenden Abschwungphasen des Finanzzyklus besteht darin, dass die in Aufschwungphasen eingegangenen höheren Risiken irgendwann schlagend werden, zu unerwartet hohen Verlusten bei den Marktteilnehmern führen und diese sich gezwungen sehen, ihre Risikopositionen zu reduzieren. Zum Beispiel reduzieren Banken das Kreditangebot, sodass das Volumen im Kreditmarkt zurückgeht, mit möglichen negativen Wirkungen für die realwirtschaftliche Entwicklung.

Diese Überlegungen wurden insbesondere infolge der globalen Finanzkrise Ende der 2000er-Jahre in makroökonomische Modelle integriert (z.B. de Grauwe/Macchiarelli 2018; Bordalo et al. 2018). Dabei wird häufig auf frühere Krisennarrative von Kindleberger (1978) und Minsky (1977, 1986) Bezug genommen (siehe Kapitel 1.1). Die Modelle werden als behavioral bezeichnet, weil im Gegensatz zu gängigen makroökonomischen Modellen von der Annahme rationaler Erwartungen abgewichen wird. Anschaulich formuliert, bedeuten rationale Erwartungen, dass die Einschätzungen, welche ökonomische Akteure in Bezug auf zukünftige Entwicklungen treffen, sich im Mittel als zutreffend herausstellen. Behaviorale Modelle nehmen dagegen an, dass Akteure aufgrund kognitiver Beschränkungen nicht in der Lage sind, solche Erwartungen zu bilden. In der Folge können die Einschätzungen der Akteure in wirtschaftlich guten Zeiten systematisch zu optimistisch werden, in schlechten Zeiten dagegen zu pessimistisch. Zudem wird ein kausaler Zusammenhang zwischen Auf- und Abschwungphasen hergestellt, denn überoptimistische Erwartungen führen zwangsläufig zu Enttäuschungen. Anpassungsreaktionen der Marktteilnehmer führen dann zu einer Dämpfung finanzieller und realwirtschaftlicher Aktivität (vgl. Bordalo et al. 2018).

2.1.2 Monitoring des Aufbaus von zyklischen Verwundbarkeiten

Modellbasierte makroökonomische Theorien des Finanzzyklus sind hilfreich, um die Mechanismen besser zu verstehen, die Auf- und Abschwungphasen des Finanzzyklus zugrunde liegen können. Aus Sicht der makroprudenziellen Überwachung sind allerdings vor allem solche zyklischen Bewegungen von Interesse, die das Potenzial haben, gravierende Einbrüche des BIP nach sich zu ziehen, sei es in Form einer Rezession oder insbesondere in Form einer Finanzkrise.

Es lässt sich beobachten, dass in der Vergangenheit ein spürbarer Anteil von Auf- und Abschwungphasen des Finanzzyklus in einer Rezession oder Finanzkrise mündeten. Beispielsweise finden Richter et al. (2021), dass rund ein Viertel aller Kreditbooms in einer Finanzkrise endete. Der von ihnen betrachtete Datensatz umfasst 17 Industrienationen für den langen Zeitraum von über 150 Jahren. Dazu passend zeigt sich für europäische Volkswirtschaften in dem Zeitraum seit 1970, dass rund ein Viertel der beobachteten Kreditbooms mit einer Finanzkrise einherging. Für Immobilienpreisbooms lässt sich ein ähnliches Bild beobachten, hier liegt der Anteil bei rund einem Fünftel. Rezessionen ließen sich nach rund 60 % aller Kredit- und Immobilienpreisbooms für europäische Volkswirtschaften in dem Zeitraum seit 1970 beobachten.

Diese empirischen Fakten legen nahe, dass im Zuge von Auf- und Abschwungphasen des Finanzzyklus – oder konkreter: im Zuge von Kredit- und Vermögenspreisbooms – potenziell zyklische Verwundbarkeiten aufgebaut werden, die mit gravierenden realwirtschaftlichen Konsequenzen einhergehen können. Hierbei lassen sich oftmals breit angelegte gleichgerichtete Bewegungen von vielen Marktteilnehmern beobachten, denen konzeptionell die »TMTF«-Problematik zugrunde liegt (siehe Kap. 1.3). Ein in der Vergangenheit nicht seltenes Beispiel hierfür ist ein Boom am Wohnimmobilienmarkt, der eine erhöhte Verschuldung vieler Haushalte mit sich bringt und der von vielen Banken finanziert wird.

Um Hinweise auf den Aufbau zyklischer Verwundbarkeiten zu erhalten, beobachten makroprudenzielle Aufseher typischerweise eine Vielzahl von Indikatoren. Dabei hat sich die Literatur verstärkt darauf konzentriert, Indikatoren zu identifizieren, die mit dem Auftreten von Finanzkrisen assoziiert sind. Diese werden nachfolgend diskutiert. Die zugrunde liegende Annahme ist stets, dass Finanzkrisen immer wieder nach ähnlichen Mustern ablaufen.

Diese Annahme wirft gleichzeitig die Frage auf, warum Finanzkrisen in der Vergangenheit nicht verhindert werden konnten, obwohl die zugrunde liegenden Muster bekannt waren. Reinhart und Rogoff (2009) präsentieren eine Erklärung, die tief verwurzelt im menschlichen Verhalten ist: Menschen neigen dazu, in der Phase vor Finanzkrisen vielfältige Erklärungen dafür zu finden, warum der momentane Boom gerechtfertigt ist und die Ökonomie diesmal nicht auf eine Krise zusteuert. Reinhart und Rogoff (2009) prägten hierfür den Begriff »This-time-is-different«-Syndrom:

> The essence of the this-time-is-different syndrome is simple. It is rooted in the firmly held belief that financial crisis is something that happens to other people in other countries at other times; crises do not happen here and now to us. We are doing things better, we are smarter, we have learned from past mistakes. The old rules of valuation no longer apply. The current boom, unlike the many previous booms that preceded catastrophic collapses (even in our country), is built on sound fundamentals, structural reforms, technological innovation, and good policy. Or so the story goes ...
>
> Reinhart und Rogoff (2009)

In diesem Zusammenhang anschaulich ist der folgende Auszug aus einer Rede von Greenspan (2005), damaliger Vorsitzender der US-amerikanischen Notenbank Federal

Reserve. Das Zitat stammt aus dem Jahr 2005 kurz vor dem Ausbruch der globalen Finanzkrise 2007/08:

> Historically, banks have been at the forefront of financial intermediation, in part because their ability to leverage offers an efficient source of funding. But in periods of severe financial stress, such leverage too often brought down banking institutions and, in some cases, precipitated financial crises that led to recession or worse. But recent regulatory reform, coupled with innovative technologies, has stimulated the development of financial products, such as asset-backed securities, collateral loan obligations, and credit default swaps, that facilitate the dispersion of risk. [...] These increasingly complex financial instruments have contributed to the development of a far more flexible, efficient, and hence resilient financial system than the one that existed just a quarter-century ago. After the bursting of the stock market bubble in 2000, unlike previous periods following large financial shocks, no major financial institution defaulted, and the economy held up far better than many had anticipated.
>
> Greenspan (2005)

Diese Zeilen zeigen, wie schwierig es für alle Akteurinnen und Akteure einer Ökonomie ist, die Anzeichen einer Finanzkrise zu erkennen und richtig zu deuten. Umso wichtiger ist es für die makroprudenzielle Überwachung, robuste Signale für die Früherkennung von Finanzkrisen zu haben.

2.1.2.1 Frühwarnindikatoren für Finanzkrisen

Geeignete Kandidaten für die Früherkennung von Finanzkrisen sind insbesondere die im vorigen Abschnitt diskutierten Indikatoren, Kredite und Immobilienpreise. Denn diese sind integraler Bestandteil des Finanzzyklus, der im Zusammenhang mit Finanzkrisen steht. Tatsächlich zeigt sich, dass Kredit- und Immobilienpreiswachstum vor Finanzkrisen typischerweise erhöht sind (siehe Abb. 2.4).

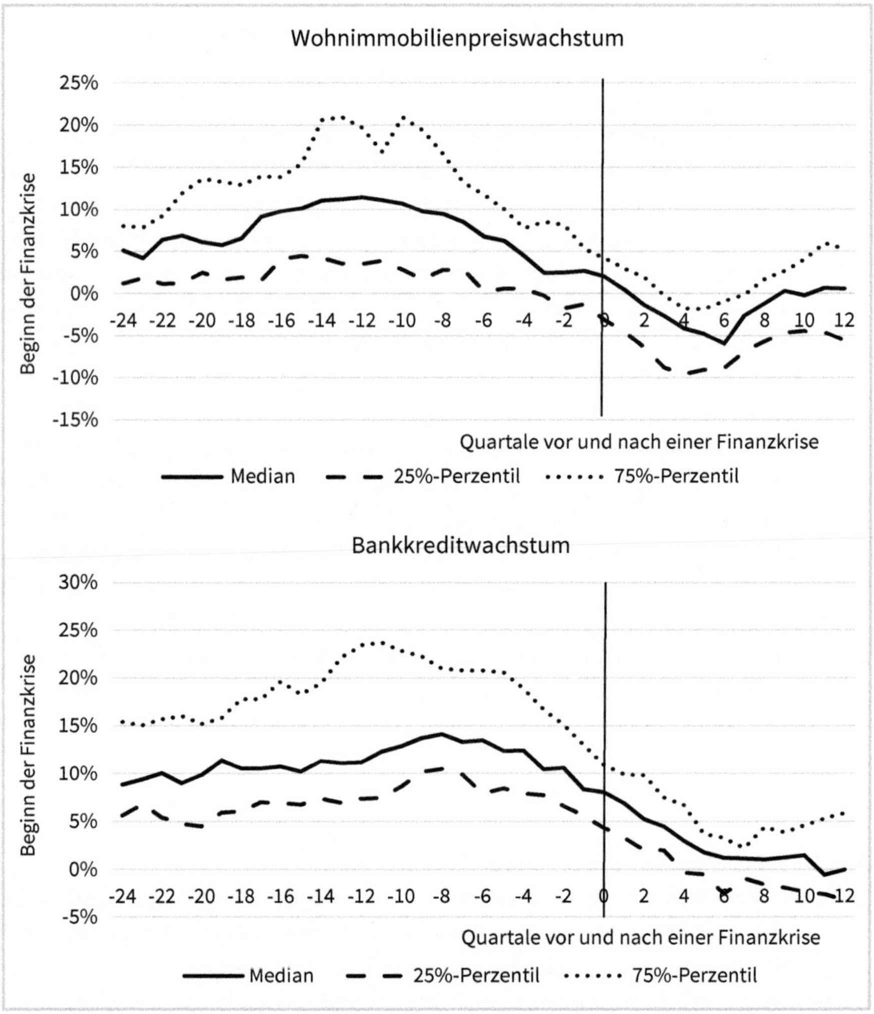

Abb 2.4: Kredit- und Wohnimmobilienpreiswachstum vor und nach Finanzkrisen (systemische Bankenkrisen) europäischer Länder seit 1970 (Quelle: Eigene Darstellung auf Basis von Daten der BIS)

Bei genauerer Betrachtung lässt sich eine weitere Beobachtung machen: Das Wachstum von Krediten und Immobilienpreisen ist zwar erhöht vor Finanzkrisen, reduziert sich aber typischerweise rund zwei bis drei Jahre vor dem Beginn einer Finanzkrise. Daher darf ein Rückgang der Wachstumsraten nach einem Hochpunkt nicht ohne Weiteres als ein entwarnendes Signal gewertet werden. Im Gegenteil kann die Ausbildung eines Hochpunkts eine deutlich erhöhte kurzfristige Krisenwahrscheinlichkeit anzeigen (vgl. Hartwig et al. 2021 oder Lang et al. 2019). Nach dem Erreichen eines Hochpunkts der Indikatoren besteht also erhebliche Unsicherheit darüber, ob sich das Finanzsystem auf eine Finanzkrise zubewegt oder ob es sich um eine Reduktion der zyklischen Verwundbarkeiten handelt.

Die empirische Frühwarnliteratur konzentriert sich in der Regel nicht auf solche Fragen des »Timings«, sondern betrachtet im Rahmen von Regressionsmodellen, welche Variablen einen signifikanten Effekt auf die Wahrscheinlichkeit einer Finanzkrise haben.[7] Dabei werden typischerweise mehrjährige Zeitfenster vor dem Beginn einer Krise betrachtet.

Die Finanzkrise 2007/08 hat die Forschung zu Frühwarnindikatoren stark stimuliert und es wurden in den folgenden Jahren eine Vielzahl von Papieren veröffentlicht. Eine systematische Literaturdurchsicht stützt insgesamt die in Kapitel 2.1.1 beschriebenen theoretischen Kanäle (siehe Abb. 2.5):[8] Es zeigt sich, dass die in der Literatur häufig identifizierten Einzelindikatoren im Einklang mit den theoretischen Kanälen sind.

Die private Kreditvergabe an den nichtfinanziellen Sektor ist ein zentraler Indikator bei der Vorhersage von Bankenkrisen. Sie wurde nicht nur am häufigsten getestet. Es wurde auch in der überwiegenden Zahl der Fälle ein signifikanter positiver Zusammenhang zwischen einer höheren Kreditvergabe und der Wahrscheinlichkeit für eine Finanzkrise gefunden. Dabei ist der Indikator nicht nur statistisch, sondern auch ökonomisch signifikant. Beispielsweise zeigen Schularick und Taylor (2012) in ihrer wegweisenden Studie, dass die Krisenwahrscheinlichkeit um 2,8 Prozentpunkte steigt, wenn das Kreditwachstum eine Standardabweichung höher ist. Dies ist eine beachtliche Steigerung vor dem Hintergrund, dass die durchschnittliche Krisenwahrscheinlichkeit im Datensatz bei rund 4% liegt. Die Ergebnisse könnten ein Hinweis darauf sein, dass in Aufschwungphasen des Finanzzyklus Finanzierungsbeschränkungen gelockert werden, das Kreditmarktsentiment und die Verschuldung zunehmen und die Volkswirtschaft verwundbarer für negative Schocks wird (siehe Kap. 2.1.1). Entsprechend würde die Kreditvariable als Proxy-Variable diese Entwicklungen in den Regressionen abgreifen.

Bei dem betrachteten Maß für private Kreditvergabe legt die Literatur nahe, dass es für die Frühwarneigenschaft relevant ist, dass die Kreditvariable ins Verhältnis zur ökonomischen Aktivität gesetzt wird. So ist die Frühwarneigenschaft von reinem Kreditwachstum in weniger Studien signifikant. Wird hingegen die Kreditentwicklung durch die BIP-Entwicklung normalisiert – also wie beim Kredit/*BIP*-Wachstum oder der Kre-

7 Hier werden insbesondere Logit/Probit-Ansätze genutzt. Daneben gibt es im Wesentlichen zwei weitere methodische Ansätze, um den Einfluss verschiedener Variablen auf die Wahrscheinlichkeit eines Krisenausbruchs zu messen: zum einen Arbeiten, die auf dem von Kaminsky et al. (1998) und Kaminsky und Reinhart (1999) basierenden Ansatz des »Signaling« beruhen, und zum anderen verschiedene Methoden maschinellen Lernens. Letztere werden bspw. in der Arbeit von Beutel et al. (2019) ausführlich beschrieben.

8 Bei der Literaturdurchsicht wurden nur Studien aufgenommen, die nach der Finanzkrise 2009 veröffentlicht wurden. Um die Vergleichbarkeit zu gewährleisten, wurde nur auf Studien abgestellt, die einen Logit/Probit-Ansatz zur Schätzung der Krisenwahrscheinlichkeit nutzen. Zudem wurden Studien ausgeschlossen, die einen Fokus nur auf Entwicklungsländer haben, damit sichergestellt ist, dass auch oder ausschließlich Industrieländer im betrachteten Länderkreis enthalten sind.

dit/*BIP*-Lücke (siehe Kap. 2.1.2.2) –, ist der signifikant positive Zusammenhang über fast alle in der Literaturdurchsicht betrachteten Studien signifikant (siehe Abb. 2.7).

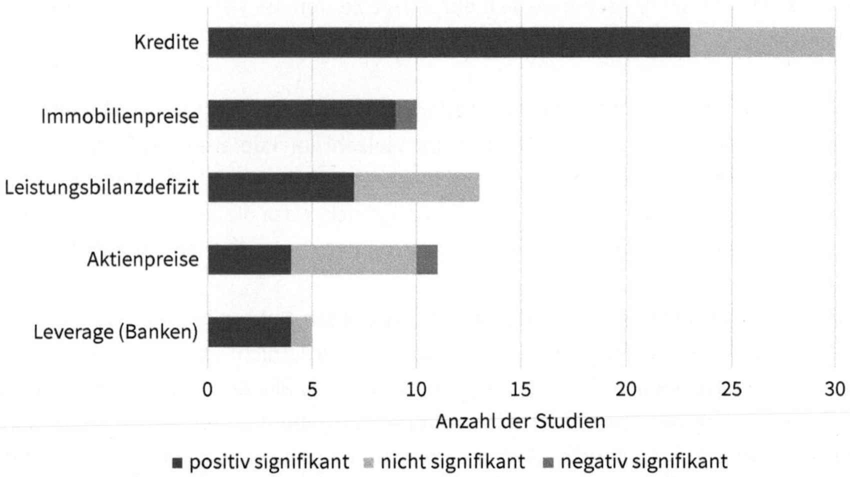

Hinweis: Alle Studien wurden nach 2009 veröffentlicht, nutzen einen Logit/Probit-Ansatz und haben auch oder ausschließlich Industrieländer im betrachteten Länderkreis.

Abb. 2.5: Signifikanz von Frühwarnindikatoren für Bankenkrisen in der Literatur (Quelle: Eigene Darstellung)

Bei **Krediten an die Sektoren nichtfinanzielle Unternehmen oder Haushalte** lassen sich hinsichtlich der Frühwarneigenschaft keine Unterschiede feststellen: Finanzkrisen gingen in der Vergangenheit mit Kreditbooms in beiden Sektoren einher (vgl. Jordà et al. 2016). Es zeigt sich jedoch, dass die Häufigkeit von Finanzkrisen, die mit Wohnimmobilienkreditbooms einhergingen, nach dem 2. Weltkrieg deutlich zugenommen hat. Diese Beobachtung geht Hand in Hand damit, dass die Bedeutung des Wohnimmobilienmarkts bei der Früherkennung von Finanzkrisen nach dem 2. Weltkrieg zugenommen hat.

Wohnimmobilienpreise werden – passend dazu – in vielen Studien als ein robuster Frühwarnindikator identifiziert, d. h., dass steigende Wohnimmobilienpreise mit einer signifikant höheren Krisenwahrscheinlichkeit einhergehen. Stark steigende Wohnimmobilienpreise könnten ein Anzeichen dafür sein, dass der Wert von Kreditsicherheiten überschätzt wird und in der Folge die Bereitschaft zum Eingehen von Risiken steigt, wie es behaviorale Theorien des Finanzzyklus nahelegen. Financial-Accelerator-Modelle bieten zudem eine plausible Erklärung dafür, dass sich eine Ausweitung der Kreditvergabe und der Anstieg von Wohnimmobilienpreisen wechselseitig verstärken können (siehe Kap. 2.1.1). Jordà et al. (2015) finden deutliche Evidenz dafür, dass Booms bei Wohnimmobilienpreisen dann besonders gefährlich sind, wenn die

Preise durch eine zunehmende Kreditfinanzierung getrieben werden (»Leveraged Bubble«). Die sich selbst verstärkende Spirale von steigenden Kreditvolumina, höherer Verschuldung und steigenden Wohnimmobilienpreisen ist hierbei zentral.

Aktienpreise werden als wichtige Vermögenspreise zwar häufig untersucht, besitzen aber weniger robuste Frühwarneigenschaften (siehe Abb. 2.5). Im Vergleich zu Wohnimmobilienpreisen sind Aktienpreise zwar deutlich volatiler und Aktienpreisbooms traten in der Vergangenheit häufiger auf. Sie bargen aber weniger Gefahren für die Finanzstabilität, da Aktienpreisbooms, anders als Immobilienpreisbooms, häufig nicht mit steigenden Kreditvolumina einhergingen. Die Gefahr für die Finanzstabilität steigt jedoch deutlich und macht eine Finanzkrise wesentlich wahrscheinlicher, sobald ein Boom bei Aktienpreisen mit einem Boom bei Unternehmenskrediten einhergeht – ähnlich wie bei Wohnimmobilienpreisen und -krediten (vgl. Greenwood et al. 2022).

Die Leistungsbilanz ist ein weiterer in der Frühwarnliteratur häufig diskutierter Indikator. Sie besitzt jedoch keine robuste Frühwarneigenschaft; nur rund die Hälfte der Studien findet einen signifikanten Zusammenhang. Eine mögliche Erklärung für einen signifikanten Zusammenhang ist, dass mit einem Leistungsbilanzdefizit einhergehende Kapitalströme zu einem inländischen Kreditboom führen können: Reichlicher Kapitalfluss aus dem Ausland drückt die heimischen Finanzierungskosten und lässt die Risikonahme steigen. Eine Erklärung für einen insignifikanten Zusammenhang hingegen ist, dass der Einfluss eines Leistungsbilanzdefizits auf die Krisenwahrscheinlichkeit indirekt über die heimische Kreditvergabe wirkt. In diesem Fall würde ein Leistungsbilanzdefizit nur die Frühwarneigenschaft von Kreditwachstum widerspiegeln. Der verlässlichere Indikator wäre die Kreditvergabe des Bankensystems, die durchaus von ausländischen Kapitalströmen gestützt sein kann, aber auch ohne ausländische Kapitalströme exzessiv sein kann.

Die Kapitalisierung – oder Verschuldung – der Banken ist ein weiterer relevanter Indikator. Es zeigt sich, dass eine höhere Kapitalisierung der Banken mit einer geringeren Wahrscheinlichkeit für Finanzkrisen einhergeht. Zwar lassen sich nur wenige Studien finden, welche die Kapitalisierung oder den Verschuldungsgrad der Banken untersuchen. Aber in fast allen Fällen zeigt sich ein signifikant negativer Zusammenhang zwischen Kapitalisierung der Banken und der Krisenwahrscheinlichkeit. Eine Erklärung hierfür ist, dass das Kapital von Banken unerwartete Verluste absorbiert und somit krisenhafte Entwicklungen vermieden werden können. In diesem Sinne ist die Kapitalisierung ein Indikator für die Resilienz (siehe Kap. 2.3). Eine komplementäre Erklärung ist, dass eine Zunahme des Verschuldungsgrades Banken anfälliger dafür macht, dass Finanzierungsbeschränkungen im Falle eines negativen Schocks bindend werden und das Kreditmarktsentiment kippt (siehe Kap. 2.1.1). Denn Banken müssen sich an den Finanzmärkten refinanzieren, und schlechter kapitalisierte Banken dürften in aufkeimenden Systemkrisen höhere Refinanzierungskosten haben. Zugleich führen vielfältige strukturelle Verwundbarkeiten dazu, dass Ansteckungsmechanismen im Finanzsystem ausgeprägter sind, wenn Finanzinstitute schlechter kapitalisiert und somit weniger widerstandsfähig sind (siehe Kap. 2.2)

Hinsichtlich der Liste der signifikanten Indikatoren ist zu bedenken, dass bei der Auswahl der Indikatoren die Datenverfügbarkeit eine sehr wichtige Rolle spielt. Es ist gut möglich, dass es weitere Indikatoren mit sehr guten Frühwarneigenschaften gibt. Aufgrund einer schlechten Datenverfügbarkeit über Zeit und Länder konnten diese aber womöglich noch nicht ausreichend in der Literatur getestet werden. Ein Beispiel sind Schuldendienstquoten, die von Aldasoro et al. (2018) hervorgehoben werden. Mit der Zeit und besser verfügbaren Daten dürfte die Frühwarnliteratur weitere hilfreiche Indikatoren erforschen und identifizieren.

2.1.2.2 Surveillance-Tools in der Praxis

In der makroprudenziellen Praxis werden viele der im vorigen Abschnitt diskutierten Indikatoren in verschiedenen Surveillance-Tools verwendet, die beim Monitoring von zyklischen Verwundbarkeiten unterstützen. Im Folgenden soll beispielhaft auf drei häufig verwendete Surveillance-Tools eingegangen werden: die Kredit/BIP-Lücke, Frühwarnmodelle sowie Verwundbarkeitsmatrizen. Für ein besseres Verständnis können diese drei Tools hinsichtlich zweier Dimensionen charakterisiert und unterschieden werden (siehe Abb. 2.6): zum einen hinsichtlich der Frage, wie eindeutig ein Surveillance-Tool Empfehlungen für die makroprudenzielle Politik bereitstellen kann, zum anderen hinsichtlich der Menge an zugrunde liegenden Indikatoren.

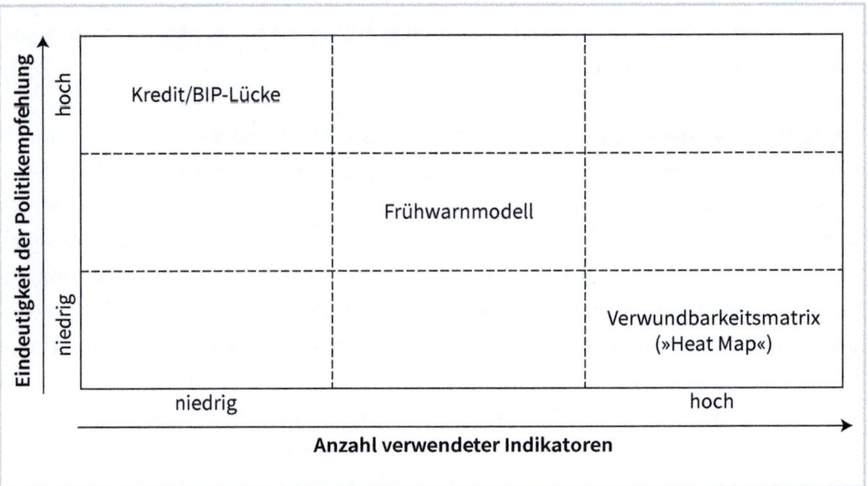

Abb. 2.6: Tools in der makroprudenziellen Überwachung (Quelle: Eigene Darstellung)

Bei der Kredit/BIP-Lücke handelt es sich um einen einzelnen Indikator, der auf der Relation von Kreditvolumen zur wirtschaftlichen Aktivität beruht (siehe Kasten »Kredit/BIP-Lücke«). Dabei kann eine große Kredit/BIP-Lücke ein Hinweis auf ein übermäßiges Kreditwachstum sein, das mit einer erhöhten Krisenwahrscheinlichkeit einhergeht. Tatsächlich zeigt die Frühwarnliteratur, dass die Kredit/BIP-Lücke eine robuste Frühwarneigenschaft aufweist (siehe Abb. 2.7).

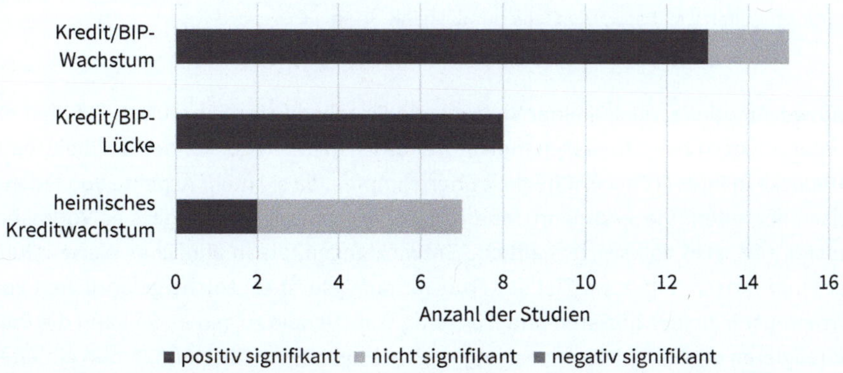

Hinweis: Alle Studien wurden nach 2009 veröffentlicht, nutzen einen Logit/Probit-Ansatz und haben auch oder ausschließlich Industrieländer im betrachteten Länderkreis.

Abb. 2.7: Kreditvariablen als Frühwarnindikatoren in der Literatur (Quelle: Eigene Darstellung)

Die Kredit/BIP-Lücke spielt beim Einsatz makroprudenzieller Instrumente eine wichtige Rolle. Insbesondere ist sie beim antizyklischen Kapitalpuffer (Countercyclical Capital Buffer, CCyB) zentral (siehe Kap. 3.2). So ist mit der Höhe der Lücke unmittelbar eine bestimmte Pufferhöhe verknüpft. Von dieser kann freilich abgewichen werden. Jedoch entfaltet sie eine gewisse Bindungswirkung, da eine Abweichung begründet werden muss. Insofern sind die Implikationen für die makroprudenzielle Politik recht eindeutig. Gleichzeitig aber liegt es in der Natur der Sache, dass ein einzelner Indikator nur einen sehr begrenzten Fokus hat. Insofern sollten in der Praxis der makroprudenziellen Überwachung stets mehrere Indikatoren einbezogen werden.

Kredit/BIP-Lücke

Die **Kredit/BIP-Lücke** ist ein prominentes Maß in der makroprudenziellen Überwachung. Für ihre Berechnung werden zwei Größen benötigt: das Verhältnis des gesamtwirtschaftlichen Kreditvolumens zum Bruttoinlandsprodukt (Kredit/BIP-Verhältnis) und dessen langfristiger Trend. Steigt der Zähler (Kredit) stärker als der Nenner (BIP), entsteht – vereinfacht formuliert – mehr Verschuldung als Einkommen und das Kredit/BIP-Verhältnis steigt. Dies ist bspw. der Fall, wenn ein Haus den Eigentümer wechselt und der neue Eigentümer einen Kredit dafür aufgenommen hat. Um einen Anstieg besser einordnen zu können, wird das Kredit/BIP-Verhältnis in Relation zu seinem Trend betrachtet. D.h., die Kredit/BIP-Lücke ist definiert als Abweichung des Kredit/BIP-Verhältnisses von seinem Trend. Ist die Abweichung groß und positiv, kann dies ein Hinweis auf übermäßiges Kreditwachstum sein, was mit einer erhöhten Krisenwahrscheinlichkeit einhergehen kann.

Eine häufig verwendete Methode zur Berechnung des langfristigen Trends ist der Hodrick-Prescott-Filter (HP-Filter). Diese ist allerdings nicht unproblematisch: So kann nach einem langen Kreditboom und einer anschließenden Korrekturbewegung die Kredit/BIP-Lücke durch den HP-Filter nach unten verzerrt sein. In der Praxis wird daher auch auf Alternativen zum HP-Filter – bspw. andere statistische Filterverfahren oder semistrukturelle Ansätze – zurückgegriffen (vgl. bspw. Deutsche Bundesbank 2019a).

Frühwarnmodelle, die auf einer Vielzahl von Einzelindikatoren beruhen, erfüllen die Forderung nach einer breiteren Indikatorenbasis. In der Regel können sie die Kredit/BIP-Lücke in ihrer Frühwarnfähigkeit übertrumpfen, da sie mehr Aspekte von Finanzkrisen abgreifen. Die Grundannahme von Frühwarnmodellen ist, dass es Vorkrisenmuster gibt, also volkswirtschaftliche Entwicklungen, die in ähnlicher Weise häufig vor Finanzkrisen auftreten. Ziel der Frühwarnanalyse ist es, solche gefährlichen Vorkrisenmuster zu identifizieren und frühzeitig Warnsignale zu geben. So kann die Politik reagieren und beispielsweise geeignete makroprudenzielle Maßnahmen einleiten (vgl. auch Deutsche Bundesbank 2018).

Frühwarnmodelle basieren auf einer allgemeinen Regression der folgenden Form:

$$P(Finanzkrise|x) = G(x\beta)$$

Dabei werden die Koeffizienten β geschätzt, um Aussagen über die Wahrscheinlichkeit P einer Finanzkrise machen zu können, bedingt auf die Ausprägung einzelner Frühwarnindikatoren, die in dem Vektor x gesammelt werden. Beispiele für Indikatoren sind Kreditwachstum oder Immobilienpreise. In der Praxis werden für die funktionale Form G häufig Logit- oder Probit-Modelle verwendet, aber auch ein einfaches Ordinary-Least-Squares-(OLS)-Modell ist denkbar. Bei einem OLS-Modell besteht der Vorteil, dass die berechnete Krisenwahrscheinlichkeit in Beiträge der einzelnen Inputvariablen aufgeteilt werden kann. Damit können jene Inputvariablen identifiziert werden, die im aktuellen Umfeld einen besonders starken Einfluss auf die Krisenwahrscheinlichkeit haben.

Um Frühwarnmodelle stärker handlungsorientiert zu gestalten, kann die makroprudenzielle Überwachung Schwellenwerte für Warnsignale ermitteln. Diese stellen auf Basis historischer Daten optimierte Entscheidungshilfen dar. So können beispielsweise Fehler erster Art (»verpasste Krisen«) und Fehler zweiter Art (»Fehlalarme«) minimiert werden. Dabei ist es eine Frage der Präferenzen, inwiefern Fehler erster oder zweiter Art vermieden werden sollen. Generell besteht also Spielraum hinsichtlich der Frage, wann ein Frühwarnmodell Warnsignale aussenden soll. Insofern sind die Implikationen für das makroprudenzielle Handeln bei einem Frühwarnmodell immer diskretionär und abhängig von den Präferenzen der makroprudenziellen Überwachung selbst. Beispiele für in der Praxis verwendete Frühwarnmodelle sind der Frühwarnindikator der Deutschen Bundesbank (vgl. Deutsche Bundesbank 2018) oder der Systemic Risik Indicator der Europäischen Zentralbank (EZB) (vgl. EZB 2018).

Die Grundannahme von Frühwarnmodellen, dass sich Vorkrisenmuster der Vergangenheit wiederholen, kann problematisch sein. Frühwarnmodelle liefern zwar wichtige Benchmarks, um die aktuelle Situation mit der Vergangenheit zu vergleichen. Doch es können auch neue Typen von Finanzkrisen auftreten. In diesem Fall sind Frühwarnmodelle, die auf Informationen der Vergangenheit beruhen, nicht in der Lage, Vorkrisenmuster zu identifizieren und Warnsignale zu geben (vgl. Deutsche Bundesbank 2018).

Vor diesem Hintergrund bilden Frühwarnmodelle in der makroprudenziellen Überwachung nur einen Aspekt der Surveillance ab. Sie liefern eine aggregierte Perspektive und können Hinweise geben, in welchem Bereich sich im aktuellen Umfeld zyklische Verwundbarkeiten aufbauen. In der Praxis sollten sie durch weitere Surveillance-Tools und/oder tiefer gehende Analysen ergänzt werden, die sich bspw. auf eine breitere Datenbasis stützen und/oder nicht nur auf Informationen der Vergangenheit basieren.

Verwundbarkeitsmatrizen sind Surveillance-Tools, die auf einer breiten Datenbasis beruhen. Hierbei wird eine Vielzahl von Indikatoren gesammelt und beobachtet, die mit Finanzkrisen in Verbindung stehen könnten. Auffälligkeiten in einzelnen Indikatoren geben bspw. Anlass für weitere, tiefer gehende Analysen in einzelnen Bereichen. Eine hilfreiche Visualisierung kann anhand einer Heat Map erfolgen, bei der die Indikatoren (oder ihre gewichteten Mittel) mithilfe der Perzentile der historischen Verteilung in ein Farbschema überführt werden (siehe Abb. 2.8 für eine beispielhafte Darstellung). Eine Heat Map kann einen raschen Überblick darüber geben, in welchen Bereichen im historischen Vergleich übermäßige oder gar exzessive Ausprägungen zu beobachten sind.

Ein Beispiel für eine Heat Map findet sich bei Aikman et al. (2017). Die Autoren unterscheiden die Überkategorien »Bewertungsdruck/Risikoappetit«, »Ungleichgewichte im nichtfinanziellen Sektor« und »Verwundbarkeiten im finanziellen Sektor«. Jede dieser Überkategorien wird durch weitere Unterkategorien mit Leben gefüllt, die wiederum mit einer Vielzahl von Indikatoren quantifiziert werden.

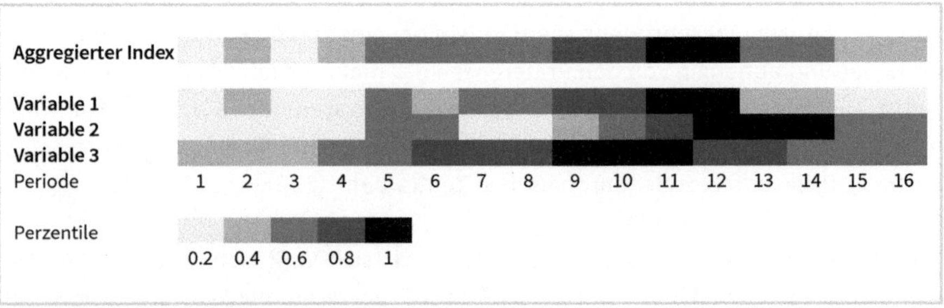

Abb. 2.8: Beispielhafte Heat Map (Quelle: Eigene Darstellung)

Eine weitere Taxonomie bietet das Financial Stability Board (FSB) (2021c). Hierbei werden die Indikatoren zu Verwundbarkeiten in zweierlei Hinsicht sortiert: Zum einen werden Arten von Verwundbarkeiten unterschieden, bspw. hinsichtlich Vermögenspreisen, Qualität der Assets oder Verschuldung. Zum anderen werden die Sektoren (Finanzmärkte, Banken und weitere Finanzinstitute) getrennt betrachtet. Die einzelnen Felder der so geschaffenen Matrix werden mit Indikatoren ähnlich zu Aikman et al. (2017) gefüllt. Der Vergleich der beiden Beispiele zeigt, dass auch bei unterschiedlichen Taxonomien von Verwundbarkeiten durchaus eine große Schnittmenge an betrachteten Indikatoren bestehen kann.

Vorsicht geboten bei der Verwendung von Verwundbarkeitsmatrizen oder Heat Maps ist in der Praxis der makroprudenziellen Überwachung aus zwei Gründen: Erstens muss mit der breiten Datenbasis zwangsläufig in Kauf genommen werden, dass der Ansatz weniger analytisch ist. So sind die in Verwundbarkeitsmatrizen oder Heat Maps verwendeten Indikatoren in der Regel keine ökonometrisch evaluierten Indikatoren wie bei einem Frühwarnmodell. Die Frühwarneigenschaft von Heat Maps wird oftmals nicht systematisch getestet oder optimiert – was aufgrund der Vielzahl an verwendeten Indikatoren auch kaum möglich ist. Die Auswahl der Indikatoren basiert typischerweise auf einer Experteneinschätzung und dem, »was üblich« ist sowie ökonomisch intuitiv erscheint. Insofern gibt eine Heat Map zwar Hinweise auf ungewöhnliche Bewegungen der Indikatoren, wenn sich Indikatoren in extremen Perzentilen ihrer historischen Verteilung bewegen. Dies muss aber nicht notwendigerweise mit einer erhöhten Wahrscheinlichkeit einer Finanzkrise in Verbindung stehen.

Zweitens könnte die Verwendung sehr vieler Indikatoren zu der falschen Annahme führen, dass das betrachtete Set von Indikatoren erschöpfend sei. Ausbleibende Auffälligkeiten bei den Indikatoren könnten die makroprudenzielle Überwachung in falscher Sicherheit wiegen. Insofern sollte ein mechanisches »Box-ticking« auf Basis einer Verwundbarkeitsmatrix vermieden werden. Stattdessen sollte sie als weitere Perspektive der makroprudenziellen Überwachung verstanden werden, die Hinweise auf notwendige weitere Analysen und Untersuchungen geben kann. Denn neue Typen von Finanzkrisen lassen sich nie ausschließen.

2.2 Strukturelle Verwundbarkeiten: Systemrelevanz, Vernetzung und Risikokonzentration

Uwe Schollmeyer

2.2.1 Das Konzept der Systemrelevanz

Systemrelevanz

Systemrelevanz beschreibt grundsätzlich die Bedeutung von Systembestandteilen zur Aufrechterhaltung von Systemen (Bundesamt für Bevölkerungsschutz und Katastrophenhilfe 2021). Der Ausfall eines Systembestandteils muss demzufolge mit hinreichender Wahrscheinlichkeit zu einer nicht unerheblichen Gefährdung oder Störung der Sicherheit bzw. Zuverlässigkeit des Gesamtsystems führen. Der Begriff wurde vor allem während der Finanzkrise 2008 bekannt, als einzelne Finanzinstitute – insbesondere Banken – sowie Finanzmärkte und Finanzinstrumente als systemrelevant erkannt wurden.

In der Regel treten dabei **negative Externalitäten** auf: Die einzelwirtschaftlichen entsprechen nicht den gesamtwirtschaftlichen Risiken. Eine Folge davon sind Moral-Hazard-Probleme und volkswirtschaftlich ineffiziente Abwägungen von Ertrag und Risiko: Das betreffende Finanzinstitut kann davon ausgehen, im Fall einer Schieflage vom Staat gestützt zu werden. Die gleiche Erwartungshaltung haben Investoren in Eigenkapital sowie Fremdkapital der systemrelevanten Institute, was die Risikoprämien dieser Wertpapiere senkt. Damit besteht ein Anreiz, besonders ertragreiche, aber daher auch mit einem höheren Risiko behaftete Geschäfte zu tätigen. Die Rendite fließt dem Institut bzw. den Investoren zu, während die Risiken implizit vom Staat übernommen werden. Insofern profitiert der Finanzsektor von versteckten Subventionen (Buch 2023). Außerdem kann es zu Auswirkungen auf andere Ebenen und Bereiche (Spillover-Effekten), vom Finanzsektor zur Realwirtschaft sowie von einem Land zu anderen Ländern, kommen. Auch diese Effekte spiegeln sich nicht angemessen in den Preisen von Finanzmarktprodukten wider.

Der Begriff der Systemrelevanz erhielt nach 2008 eine Bedeutungsverschiebung zu Tätigkeiten, die unmittelbar oder mittelbar an der Bereitstellung von kritischen Dienstleistungen beteiligt sind. **Kritische Infrastrukturen** sind Organisationen und Einrichtungen mit wichtiger Bedeutung für das staatliche Gemeinwesen, bei deren Ausfall oder Beeinträchtigung nachhaltig wirkende Versorgungsengpässe, erhebliche Störungen der öffentlichen Sicherheit oder andere dramatische Folgen eintreten würden (Bundesamt für Bevölkerungsschutz und Katastrophenhilfe 2021). Neben anderen Bereichen des öffentlichen Lebens ist auch das Finanz- und Versicherungswesen als kritisch eingestuft. Innerhalb des Finanzsektors wird weiter differenziert. Insbesondere die Dienstleistungen im baren und im unbaren Zahlungsverkehr sowie die Verrechnung (Clearing) und die Verbuchung (Settlement) von Wertpapier- und Derivategeschäften sind als systemrelevant definiert.

»Too big to fail« und verwandte Begriffe

Im englischen Sprachgebrauch wird statt des Begriffs »systemic importance« (also Systemrelevanz) häufig der Begriff »too big to fail« (TBTF) genutzt. Er deutet auf die häufig anzutreffenden strukturellen Verwundbarkeiten des Finanzsektors durch Großbanken und andere große Unternehmen im Versicherungsgewerbe bzw. im Bereich der sog. Schattenbanken hin. Dieser Begriff umfasst allerdings nicht den gesamten Umfang dessen, was mit dem Begriff der Systemrelevanz gemeint ist. Wesentliche Erweiterungen sind der Hinweis auf die Vernetztheit im Finanzsektor (»too connected to fail«, TCTF) sowie das Vorhandensein vieler kleinerer Kreditinstitute mit gleichem Geschäftsmodell (»too many to fail«, TMTF, siehe Kap. 1.3.1).

Daneben gibt es viele weitere »too ... to fail«-Wortschöpfungen, aber auch den Begriff »too big to rescue«. Er beschreibt die Situation großer Finanzinstitute in kleinen Ländern, wo die Finanzkraft des Staates nicht für eine Rettungsaktion ausreichen würde. Die Situation der drei isländischen Großbanken im Jahr 2008 kann hier als Beispiel dienen. Hier wurde aus einer Bankenkrise eine Zahlungsbilanzkrise, zu deren Überwindung die isländische Finanzwirtschaft mittels Kapitalverkehrskontrollen über einen längeren Zeitraum abgeschirmt werden musste.

2.2.2 Strukturelle Verwundbarkeiten bei exogenen und endogenen Schocks

Exogene Schocks

Banken, Versicherungen, Finanzdienstleister und Börsen sind vielen Gefährdungen ausgesetzt. Negative externe Einflüsse außerhalb des Finanzsektors können z. B. sein:

- Naturkatastrophen und Extremwetterereignisse (z. B. Überschwemmungen, Erdbeben, Pandemien etc.)
- Technisch bedingte Ausfälle (z. B. Hardware-Defekte, Software-Probleme etc.)
- menschliches Versagen (z. B. Bedienungsfehler)
- Cyberangriffe

Cyberrisiken

Cyberrisiken bestehen vor allem aufgrund von drei Möglichkeiten. Erstens können Angriffe durch Einzeltäter, private Gruppen oder staatliche Institutionen mit dem Ziel der (Wirtschafts-)Spionage oder der Zerstörung vorhandener IT-Systeme durchgeführt werden. Zweitens existiert die Möglichkeit missbräuchlicher Zugriffe (durch Externe oder Innentäter) auf IT-Systeme und die dort gespeicherten Daten. Drittens können auch unbeabsichtigte bzw. zufällige operative Vorfälle zu einer Störung oder Betriebsunterbrechung führen. Aus solchen Angriffen bzw. Vorfällen folgt eine Verletzung der Vertraulichkeit von Daten, eine Verletzung der Integrität der Systeme oder der Authentizität der Daten (z. B. Datenverfälschung) bzw. eine Verletzung der Verfügbarkeit der Systeme oder der Daten (z. B. interne Betriebsunterbrechungen, Ausfall der Kommunikationswege).

Ein weiterer Kanal liegt in der Möglichkeit, über den Cyberraum in einer Weise zu kommunizieren, dass Finanzinstituten finanzielle Verluste (direkte Verluste des Finanzinstituts oder Schadenersatzzahlungen) bzw. schwere Reputationsverluste entstehen. Hier ist vor allem an Kampagnen und Boykottaufrufe zu denken, die im Extremfall zu einem Bank Run führen können. Auch Gerüchte können schon zu solchen Effekten führen.

Je nach Reichweite des Angriffs sind nicht nur einzelne Institute das Ziel, sondern es können auch weite Teile des Finanzsystems betroffen sein. Aufgrund der Vernetzung innerhalb des Finanzsystems können Cyberangriffe sowohl auf technischer Ebene als auch auf finanzieller Ebene Ansteckungseffekte verursachen, sodass sich ein systemisches Risiko ergeben kann.

Die zunehmende Digitalisierung, die Veränderung der Arbeitsumgebung (z. B. Homeoffice), der Trend zu einer Auslagerung von IT-Services auf Drittanbieter oder Cloud-Lösungen (Konzentrationsrisiken gegenüber IT-Dienstleistern), der zunehmende Einsatz künstlicher Intelligenz durch Cyberangreifer sowie steigende geopolitische Spannungen haben in jüngerer Zeit zu einer Erhöhung der Bedrohungslage geführt. Seitens der Aufseher und Regulatoren wurden daher neue Maßnahmen und Regelwerke eingeführt, die regelmäßig hinsichtlich ihrer Wirkungen neu beurteilt und an neue Bedrohungen und an die Strukturen im Finanzsystem angepasst werden müssen. So haben die Zentralbanken des Eurosystems z. B. das Threat Intelligence-based Ethical Red Teaming (TIBER) eingeführt. Finanzinstitute und Finanzmarktinfrastrukturen müssen dafür beauftragte Experten (»ethische Hacker«) in geschlossene Computersysteme eindringen lassen, sodass Schwachstellen im Sicherheitskonzept aufgedeckt und beseitigt werden. Des Weiteren hat die EU die Verordnung (VO) 2022/2554 über die digitale operationale Resilienz im Finanzsektor (Digital Operational Resilience Act, DORA) erlassen, die ab 17. Januar 2025 von den Verpflichteten zu erfüllen ist.

Der Finanzsektor ist außerdem in einem hohen Maß von der Energieversorgung sowie vom Funktionieren der Informations- und Kommunikationstechnologie abhängig. Zudem könnten durch das Fehlen von Arbeitskräften, insbesondere in Schlüsselpositionen, entscheidende Aufgaben nicht mehr wahrgenommen und das Funktionieren des Sektors ernsthaft beeinträchtigt werden (Bundesamt für Bevölkerungsschutz und Katastrophenhilfe 2023). So wurde während der Covid-19-Pandemie ab 2020 offensichtlich, dass die Beschäftigten des Finanzsektors z. B. von Dienstleistungen in der Krankenpflege, Betreuung von Kindern, im Bildungswesen und im Lebensmitteleinzelhandel abhängig sind.

Ein anderer wesentlicher Grund für strukturelle Risiken exogener Art kann auch in der Verschuldung des Privatsektors oder des Staates gesehen werden. Hier liegt jedoch ein Zusammenhang mit zyklischen Risiken (siehe Kapitel 2.1) und mit der Kreditvergabe durch den Finanzsektor selbst vor, der im folgenden Abschnitt aufgezeigt wird.

Endogene Schocks

Neben den oben angesprochenen negativen externen Schocks ist eine **Instabilität des Finanzsektors auch endogen erklärbar**. Das betrifft sowohl die Auslösung als auch die Verstärkung von Schocks. Das heißt, dass Finanzkrisen nicht zwingend durch einen negativen externen Schock ausgelöst werden müssen. Finanzintermediäre und andere Finanzinstitute sind auf verschiedene Weise miteinander verbunden (vgl. Jackson/Pernoud 2021):

- über eine Vielzahl Verträge, die Zahlungen und Zahlungsansprüche zwischen den Vertragspartnern begründen;
- über ähnliche Investitionen bzw. Kreditvergabe sowie die Korrelation der Werte ihrer Portfolios, die sie gleichzeitig den gleichen Preisbewegungen an den Finanzmärkten aussetzen;
- über die Rückschlüsse der Anleger auf die Resilienz eines Instituts aus den Werten anderer.

Strukturelle Verwundbarkeiten entstehen daher durch verschiedene Formen der Ansteckung:

- Die Insolvenz eines Finanzinstituts kann bei anderen Instituten **direkte Ansteckungseffekte** verursachen. Aktivpositionen in den Bilanzen der betroffenen Institute müssen wertberichtigt (d.h. auf einen geringeren Wert abgeschrieben) werden, was zu einer Minderung der Eigenkapitalposition auf der Passivseite der Bilanz und somit ggf. zur eigenen Insolvenz führt.
- Ähnliche Zusammensetzungen der Aktiva können bei größeren Preisverfällen auf den Finanzmärkten zu gleichartigen Reaktionen vieler Finanzinstitute führen. Wenn eine Bank zahlungsunfähig wird, muss sie häufig erhebliche Vermögenswerte in **Notverkäufen (engl. fire sales)** vorzeitig verkaufen. Das drückt die Preise für diese Vermögenswerte und verringert den Portfoliowert anderer Finanzinstitute, wenn Portfolios über mehrere Banken hinweg korreliert sind. Diese können sich damit zu weiteren Verkäufen genötigt sehen.
- In Zusammenwirkung mit regulatorischen Kapitalanforderungen und Rechnungslegungsvorschriften können auch weniger drastische Ereignisse, wie zum Beispiel eine Verschlechterung der Kreditqualität von Hypothekendarlehen, zu gleichzeitigen negativen bilanziellen Wirkungen bei vielen Instituten führen. Solche Ereignisse werden u.a. von einer Neueinstufung der Kreditqualität durch Ratingagenturen herbeigeführt (Fink et al. 2016).
- Ein ähnlicher Effekt tritt ein, wenn Wertpapiere als **Sicherheiten** in besicherten bilateralen Geldmarktgeschäften (z.B. Repurchase Agreements, Repos) und beim Clearing von Derivatekontrakten eingesetzt werden. Der verminderte Wert eines zur Besicherung eingesetzten Wertpapiers führt zu einer Nachschusspflicht des Kreditnehmers bzw. Clearingmitglieds. Auch prinzipiell als sicher angesehene Wertpapiere wie z.B. Staatsanleihen unterliegen Marktpreisschwankungen und können durch ihre Nutzung als Sicherheiten mit einem Hebeleffekt (engl. lever-

aging) wirken (vgl. Aramonte et al. 2023). Verstärkend kann hinzukommen, dass die Sicherheitenleistungen von der Volatilität der abgewickelten Finanzkontrakte abhängen (variation margins) und sich so strukturell ein belastender Effekt ergibt, der zudem in der Regel prozyklisch wirkt (vgl. Deutsche Bundesbank 2022).

- Unsicherheit, Angst und Schlussfolgerungen von Einlegern und Investoren können zu abrupten Abhebungen bzw. Verlagerungen von Bankkonten (Bank Run) oder zu großvolumigen Verkäufen von Wertpapieren und Derivaten führen, die **ähnliche Eigenschaften** aufweisen wie bereits unter Druck geratene Banken und Wertpapieremittenten. So können auch gesunde Finanzinstitute ohne weiteren Grund in Not geraten. Zu den o. g. Einlegern und Investoren gehören sowohl Sparer und realwirtschaftliche Unternehmen als auch Finanzinstitute. So war z. B. in den Jahren 2007/08 zu beobachten, dass Kreditlinien im Interbankenmarkt und Repo-Geschäfte nicht mehr fortgeführt wurden. Damit ergab sich ein kurzfristiges Problem der Refinanzierung für viele Banken.

In manchen Krisen interagieren alle diese Faktoren gleichzeitig, da ein Finanzinstitut oder ein Finanzmarkt aus einem einzigen Grund anfällig sein kann und dann eine Kaskade für andere Unternehmen auslösen kann.

Klimawandel und Finanzstabilität

Die anthropogene Klimaveränderung (IPCC 2023, S. 4) hat auch Folgen für den Finanzsektor. Hier kann in physische Risiken und transitorische Risiken unterteilt werden. **Physische Risiken** des Klimawandels können z. B. Schadensereignisse wie Brände, Überflutungen, Stürme etc. sein. Diese betreffen in erster Linie die realwirtschaftliche Produktion, aber auch Dienstleistungsbranchen wie den Finanzsektor. Die Schäden führen zunächst zu direkten Kosten, für deren Vorsorge teilweise Versicherungen bereitstehen. Ein Teil der Kosten ist aber nicht versicherbar. **Transitorische Risiken** betreffen den Umgang mit dem Klimawandel. Durch Regulierung und das veränderte Setzen von Anreizen (z. B. Steuerzahlungen, Erwerb von Emissionszertifikaten) können sich strukturelle Änderungen in Angebot und Nachfrage ergeben, die die kohlenstoff-intensiv produzierenden Unternehmen weniger wertvoll werden lassen. Vorhandene Technologie kann möglicherweise komplett obsolet werden (Deutsche Bundesbank 2019). Infolgedessen können Kredite und Wertpapiere der betroffenen Unternehmen eine geringere Werthaltigkeit aufweisen, die dann die Kreditgeber und Investoren betrifft.

Eine weitere Quelle von Risiko betrifft die Versicherungsgesellschaften bzw. ihre Rückversicherer, falls diese höhere Schäden ersetzen müssen, als in den Risikomodellen vorgesehen war. Es überrascht daher nicht, dass die großen Rückversicherer innerhalb des Finanzsektors als Erste auf die Risiken hingewiesen haben. Mittlerweile untersuchen auch Zentralbanken die makroökonomischen Auswirkungen des Klimawandels stärker. Veränderliche Energiepreise sind ein entscheidender Treiber der Inflationsrate und können eine starke Wirkung auf die geldpolitische Reaktion haben. Da Geldpolitik und makroprudenzielle Politik interagieren (siehe Kap. 3.1) ergeben sich weitere Wirkungen auf die Finanzstabilität.

2.2.3 Messung der Systemrelevanz von Finanzinstituten

Für die Messung der Systemrelevanz von Finanzinstituten kann man zwei Ansätze wählen: einerseits die Auswirkungen des Scheiterns einer Bank auf die Realwirtschaft und andererseits die Auswirkungen des Ausfalls einer Bank auf den Rest des Finanzsystems. Im weiteren Verlauf wird der zweite Ansatz beschrieben. Er kann in einem weiteren Schritt durch Einzeldaten zu Krediten des Finanzinstituts erweitert werden. Gewichtungsfaktoren zur Wertschöpfung und zur Beschäftigung von Arbeitskräften der kreditnehmenden Unternehmen führen dann zu einer Risikomessgröße, die die Systemrelevanz gesamtwirtschaftlich zu interpretieren erlaubt (EZB 2019, S. 121).

Bei der Beurteilung der Substituierbarkeit von Banken sollten darüber hinaus der Wettbewerb im Bankensystem sowie das noch verfügbare Eigenkapital, die Liquidität und die Betriebskapazität berücksichtigt werden. Außerdem sollte auch die Rolle eines bestimmten Unternehmens auf den Bankenmärkten und in wichtigen Marktinfrastrukturen beachtet werden (EZB 2019, S. 124).

2.2.3.1 Modellbasierte Konzepte

Frühe Modelle der Finanzstabilität legten den Schwerpunkt auf Netzwerke, die direkte Dominoeffekte beschreiben, die durch Zahlungsausfälle zwischen Finanzinstituten verursacht werden. Allerdings berücksichtigten diese Modelle nicht alle Ansteckungskanäle und ließen den Finanzsektor robuster erscheinen, als er ist. In der Finanzkrise um 2008 spielten indirekte Spillover-Effekte eine wichtige Rolle. Insbesondere die Informationsansteckung und gleichartige Investment- und Kreditpositionen, verstärkt durch Notverkäufe und Liquiditätsspiralen, verschärften die Krise.

Ein großer Teil der wissenschaftlichen Literatur zielt darauf ab, statistische Messgrößen zu entwickeln, mit denen systemische Risiken für einzelne Finanzinstitute abgeleitet werden können:

- Zum einen werden die Risiken direkt aus Marktnotierungen von Wertpapieren bzw. Derivaten abgeleitet. Allerdings müssen Marktpreise mit Vorsicht interpretiert werden, da die Informationseffizienz in Zeiten einer Blasenbildung vor Ausbruch einer Finanzkrise nicht mit den Modellannahmen übereinstimmen könnte.
- Andere Modelle nutzen Bilanzinformationen bzw. Meldedaten an die Finanzaufseher. Hier sind die Anforderungen an die Datenverfügbarkeit recht hoch. Ein Beispiel ist die Messgröße des Systemic Expected Shortfall (SES) nach Acharya et al. (2017), also die Neigung eines Instituts zur Unterkapitalisierung, wenn das System als Ganzes von einem finanziellen Schock betroffen ist.
- Auch versicherungsmathematische Modelle wurden entwickelt. Jedoch kann kein privatwirtschaftlicher Versicherer eine systemische Krise absichern. Insofern sind die errechneten Werte eher als Ex-ante-Zuführungen in einen Fonds zu verstehen,

der im Krisenfall staatlichen Stellen zur Abdeckung der Krisenkosten zur Verfügung steht. Hier besteht die Schwierigkeit in A-priori-Verteilungsannahmen sowie der Einbeziehung von Verhaltensparametern in die Berechnungen.

- Einen anderen Ansatz verfolgen Modelle, die spieltheoretisch aufgebaut sind. Hier ist z.B. der Shapley-Wert die Messgröße für die Systemrelevanz. Dieser beschreibt in kooperativen Spielen den Beitrag eines Spielers für das gemeinschaftlich erreichte Ergebnis und damit den fairen Wert für seine Auszahlung aus dem Ertrag. Analog kann auch ein Wert ermittelt werden, der die Verluste aus einem gemeinsamen Ausfall mehrerer Banken in die Beiträge der einzelnen Banken zum Systemrisiko zerlegt.

Finanzielle Verflechtungen zwischen Finanzinstituten können zur Konstruktion eines Netzwerks genutzt werden. Hier ist vor allem an die Abwicklung von Zahlungsverkehrsströmen, an kurz- und langfristige Kreditengagements bzw. an Derivatekontrakte zu denken. Dies kann auf der Grundlage von Out-degrees (d.h. abgehende Zahlungen, Forderungen) oder von In-degrees (d.h. eingehende Zahlungen, Verbindlichkeiten) erfolgen. Die Topologie dieses Netzwerks kann dabei helfen, die wichtigsten Teilnehmer eines Interbankennetzwerks zu identifizieren. Bei der Analyse der Bedeutung von Knoten, hier also von Finanzinstituten, in einem Netzwerk werden verschiedene Zentralitätsgrade unterschieden:

- **Gradzentralität** (degree centrality): Ein Knoten ist zentral, wenn er viele Verbindungen zu anderen Knoten hat. Die Gradzentralität ist eine Verhältniszahl und wird berechnet durch die Menge aller Nachbarn eines Knotens geteilt durch die Gesamtzahl der Knoten des Netzwerks minus eins.
- **Nähezentralität** (closeness centrality): Ein Knoten ist zentral, wenn er schnell mit anderen Knoten interagieren kann. Bei der Berechnung werden auch die Nachbarn von Nachbarn mit einbezogen. Ein Knoten, der alle anderen Knoten über kurze Wege erreichen kann, ist wichtiger als ein Knoten, der über längere Wege erreichbar ist (also abhängig von anderen Knoten ist). Je nachdem, ob man den In-degree oder den Out-degree betrachtet, kann der Fall auftreten, dass ein Knoten von einem anderen aus erreichbar ist, aber nicht umgekehrt.
- **Betweenness**: Ein Knoten ist zentral, wenn er in vielen kürzesten Verbindungen zwischen zwei Knoten sitzt. Die anderen Knoten sind demzufolge abhängig vom wichtigen Knoten in der Mitte.
- **Eigenvektorzentralität**: Ein Knoten ist zentral, wenn er mit bedeutenden Knoten verbunden ist. Dieses Analysekonzept erfordert eine endogene Ermittlung in simultanen Gleichungssystemen. Eine Messmethode ist der Page-Rank, der auch in anderen komplexen Zusammenhängen, wie z.B. der Sortierung von Suchergebnissen in Internet-Suchmaschinen, verwendet wird.

Die Zentralitätsgrade sind für sich genommen noch nicht besonders aussagefähig. Ein Knoten kann in einem Netzwerk Systemrisiken verstärken, indem Verluste auf die Gegenparteien verteilt werden, wenn das Finanzinstitut nicht ausreichend widerstandsfähig gegenüber Schocks ist. Umgekehrt kann eine sehr resiliente Bank als Brandschneise fungieren und eingehende Verluste aus dem Ausfall ihrer Gegenparteien auffangen. Ein Modell, das Bilanzinformationen bzw. Meldedaten und die Ansteckungseffekte in einem Kaskadenmodell (über eine Netzwerkanalyse) verbindet, wurde von Fink et al. (2016) vorgelegt.

Netzwerke im Finanzsektor haben, wie viele andere Netzwerke in anderen Wissenschaften, in der Regel die Eigenschaft der Skaleninvarianz oder Skalenfreiheit. Das bedeutet, dass der Gradexponent gleich bleibt, wenn das Netzwerk wächst oder schrumpft (Skalierung). Der Gradexponent beschreibt allgemein die Zu- bzw. Abnahme der Anzahl direkter Nachbarn eines Knotens bei einer Skalierung. Skalenfreie Netzwerke sind strukturell stabil, sie weisen ein dynamisches Verhalten auf und sind relativ fehlertolerant (siehe Abb. 2.9). Die Robustheit solcher Netzwerke hängt allerdings davon ab, ob ein stark vernetzter Knoten ausfällt oder ein schwach vernetzter Knoten.

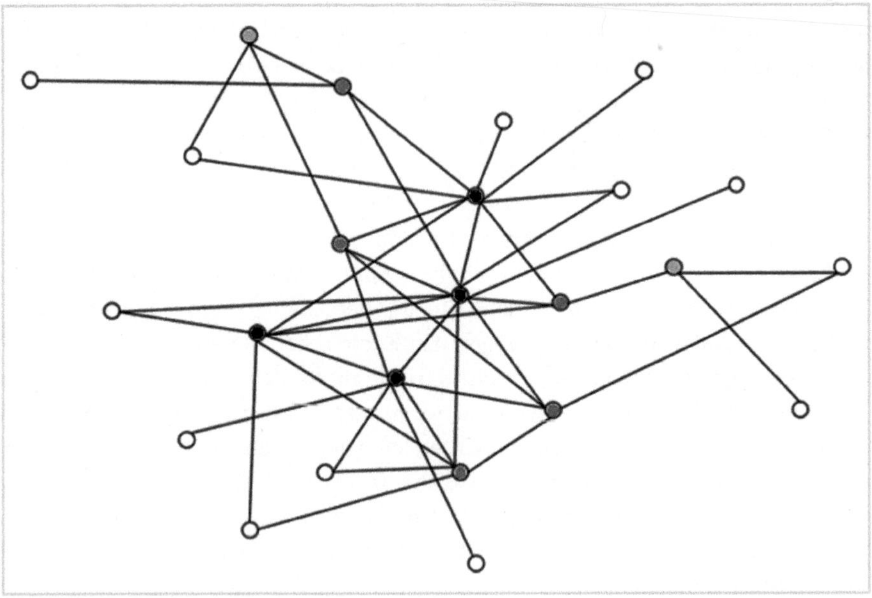

Abb. 2.9: Skalenfreies Netzwerk (Quelle: Eigene Darstellung)

Ansteckungsverluste, die durch den Ausfall einer einzelnen Bank ausgelöst werden, sind aufgrund der Obergrenzen für Großkredite in der Regel begrenzt. Die schon genannten indirekten Ansteckungseffekte können aber selbst kleinere Verluste aus einem Ausfallereignis verstärken. Darüber hinaus sind gemeinsame Ausfälle mehrerer Banken, die beispielsweise durch einen exogenen Schock auf gemeinsame Engagements dieser Banken verursacht werden, möglicherweise größer (EZB 2019,

S. 123 f.). Somit sind Kettenreaktionen bei Ausfall eines stark vernetzten Knotens denkbar. Der ehemalige Chefvolkswirt der Bank of England Andrew Haldane (2013, S. 249) spricht hier von der »robust-yet-fragile«-Eigenschaft des Finanzsystems. Daher werden Modelle der Ansteckung innerhalb des Netzwerks, die die unterschiedliche Widerstandsfähigkeit der Netzwerkmitglieder berücksichtigen und auf Verhaltensannahmen hinsichtlich ihrer Reaktion auf Schocks aufbauen, für die Risikobewertung benötigt.

2.2.3.2 Messung in der Praxis

Für die Praxis der Messung der Systemrelevanz von Banken haben die theoretischen Modelle bislang kaum eine Rolle gespielt. Die Aufsichtsstandards Basel III geben im Kapitel SCO 40 fünf Kategorien von systemischer Bedeutung gleich hohe Gewichte von 20 %: Größe, gebietsübergreifende Aktivität, Vernetzung, Substituierbarkeit/Infrastruktur von Finanzinstituten und Komplexität (siehe Tab. 2.1). Mit Ausnahme der Größenkategorie hat der Baseler Ausschuss für Bankenaufsicht (BCBS) in jeder Kategorie mehrere Indikatoren identifiziert, wobei jeder Indikator innerhalb seiner Kategorie gleich gewichtet ist, mit Ausnahme der Substituierbarkeitskategorie. Diese Methodik gilt für die Feststellung der global systemrelevanten Banken (G-SII) und leicht abgewandelt auch national für anderweitig systemrelevante Institute (O-SII).

Kategorie (und Gewichtung)	Indikatoren	Indikator-gewichtung
grenzüberschreitende Tätigkeit (20 %)	Zuständigkeitsgrenzen überschreitende Forderungen	10 %
	Zuständigkeitsgrenzen überschreitende Verbindlichkeiten	10 %
Größe (20 %)	Gesamtrisikoposition gemäß der Basel III Leverage Ratio*	20 %
Verflechtungen der Gruppe mit dem Finanzsystem (20 %)	Vermögenswerte innerhalb des Finanzsystems*	6,67 %
	Verbindlichkeiten innerhalb des Finanzsystems*	6,67 %
	ausstehende Wertpapiere*	6,67 %
Ersetzbarkeit der von der Gruppe erbrachten Dienstleistungen oder zur Verfügung gestellten Finanzinfrastruktur (20 %)	verwahrte Vermögenswerte	6,67 %
	Zahlungsaktivität	6,67 %
	übernommene Transaktionen an Fremd- und Eigenkapitalmärkten	3,33 %
	Handelsvolumen	3,33 %

Kategorie (und Gewichtung)	Indikatoren	Indikatorgewichtung
Komplexität (20 %)	Nominalwert außerbörslicher Derivate*	6,67 %
	Level 3 Aktiva*	6,67 %
	zu Handelszwecken gehaltene bzw. zur Veräußerung verfügbare Wertpapiere	6,67 %
* Erweiterung des Konsolidierungskreises um Versicherungsaktivitäten		

Tab. 2.1: Indikatoren-basierter Messansatz gemäß Basel III SCO 40 (deutschsprachige Begriffe nach Delegierter VO (EU) Nr. 1222/2014 der Kommission)

Bei Zahlungssystemen sieht die Praxis der Identifizierung kritischer Teilnehmer oft noch einfacher aus. So ist für die T2-Services des Eurosystems (derzeit noch) festgelegt, dass Banken, die im arbeitstäglichen Durchschnitt betragsmäßig mindestens 1 % des Umsatzes erbringen, als kritisch klassifiziert werden. Daneben wendet das Eurosystem Simulationstechniken an, um die Folgen des technischen Ausfalls eines Teilnehmers zu beurteilen. Dabei wird ein technischer Ausfall des Kreditinstituts simuliert und es werden die Auswirkungen gemessen, die dieser Ausfall auf die Abwicklung von T2-Zahlungen haben könnte. Grundsätzlich kann ein Kreditinstitut (wieder) als kritischer Teilnehmer eingestuft werden, wenn dieser Stresstest ergibt, dass bei einem technischen Ausfall des betreffenden Teilnehmers im Durchschnitt 1,5 % des gesamten T2-Umsatzes nicht abgewickelt werden könnten. Bei anderen Zahlungssystemen, die als Nebensysteme über T2 abwickeln, kommt es auf die Einstufung als systemisch bedeutsam seitens der Zahlungsverkehrsüberwachung an, die wiederum Bezug auf Zahlungsvolumina, grenzüberschreitende Tätigkeit und Vernetzung nimmt. Handelt es sich bei den Teilnehmern um ein Central Securities Depository (Zentralverwahrer, CSD), Securities Settlement System (SSS) oder eine Central Counterparty (Zentrale Gegenpartei, CCP), wird prinzipiell eine Einstufung als kritischer Teilnehmer vorgenommen (vgl. EZB 2023).

2.2.4 Finanzmarktinfrastrukturen

Finanzmarktinfrastrukturen (FMIs) sind multilaterale Systeme zwischen Finanzinstitutionen, die für die zentralisierte Verrechnung, Abwicklung oder Aufzeichnung von Zahlungen, Wertpapieren, Derivaten oder anderen Finanztransaktionen verwendet werden. Im Einzelnen handelt es sich um Zahlungssysteme, CSDs, SSS und CCPs. Transaktionsregister gehören auch zu den FMIs, werden in diesem Abschnitt aber nicht behandelt, da sie lediglich eine Dokumentation von Derivategeschäften zum Abruf durch Aufsichtsbehörden vornehmen.

Die zentrale Stellung der FMIs bietet den Teilnehmern eine höhere Effizienz sowie geringere Kosten im Vergleich zu einer bilateralen Abwicklung und kann eine erhöhte Transparenz in bestimmten Märkten fördern. FMIs ermöglichen den Teilnehmern auch, ihre Risiken effizienter und effektiver zu verwalten und in einigen Fällen bestimmte Risiken zu eliminieren (CPPS/IOSCO 2012, S. 7).

Zahlungssysteme

Unter den FMIs sind vor allem Zahlungssysteme für sog. Individualzahlungen – das bedeutet in der Regel größere Beträge oder eine besonders eilbedürftige Abwicklung – von entscheidender Bedeutung für die Unterstützung der Zentralbanken bei der Durchführung ihrer Geldpolitik und der Wahrung der Finanzstabilität. Moderne Individualzahlungssysteme der Zentralbanken sind heute fast immer RTGS-Systeme. Diese Abkürzung steht für Real Time Gross Settlement, also die unverzügliche Abwicklung ohne Aufrechnung. Ein wichtiges Charakteristikum ist hier das Risiko mangelnder Liquidität der Teilnehmer (Banken und andere FMIs). Diese könnten während der Tages nicht ausreichende Kontoguthaben oder zu geringe Innertages-Kreditlinien bei der Zentralbank aufweisen. Das kann zu Warteschlangen von noch nicht ausgeführten Zahlungsaufträgen führen, die wiederum die Liquidität der empfangenden Teilnehmer beeinträchtigen. Es können also Ansteckungseffekte resultieren. Ebenso können Teilnehmer versucht sein, die ausgehenden Zahlungen später im Tagesverlauf abzusenden, um zunächst Zentralbankliquidität anzusammeln. Im Extremfall würden die meisten Zahlungen erst kurz vor Tagesabschluss eingereicht und abgewickelt werden, was das Risiko der Nichtausführung von Zahlungen sehr erhöht. Praktisch hat sich dieser Zusammenhang bei Aufkommen von Krisenerscheinungen im Finanzsystem bereits mehrfach deutlich gezeigt. Die Zentralbanken legen demzufolge großen Wert auf eine Ausfallsicherheit des eigenen Zahlungssystems und der teilnehmenden anderen FMIs. Systemisch wichtige Teilnehmer haben in der Regel gegenüber der RTGS-Betreiberin nachzuweisen, dass sie über effektive Mechanismen zur Vermeidung operationeller Risiken verfügen. Liquiditätssparende Algorithmen sind ebenso Bestandteil der Konstruktion moderner RTGS-Systeme. In Zeiten einer überreichlichen Ausstattung mit Zentralbankliquidität, z. B. durch Wertpapierankaufprogramme bei Erreichen der effektiven Zinsuntergrenze, sind die Liquiditätsrisiken in RTGS-Systemen deutlich geringer.

Das Gegenteil der RTGS-Systeme sind DNS-Systeme. Dies steht für Deferred-Time Net Settlement, also Nettoabwicklung zu vorgegebenen Zeitpunkten. Hier ist das Liquiditätsrisiko nahezu null, aber das Risiko des Ausfalls eines Teilnehmers während des Tages würde zu einer Neufeststellung aller Nettopositionen aller anderen Teilnehmer führen. Es besteht also ein Kreditrisiko. Die Abweichung zwischen der alten und der neuen Nettoposition kann die anderen Teilnehmer dann auch vor kurzfristig unüberwindbare Hürden bei der Beschaffung der notwendigen finanziellen Mittel stellen, sodass sich Folgeeffekte ergeben können. Eine andere Möglichkeit ist, dass der (private) DNS-Betreiber selbst ein finanzielles Risiko bei ausfallenden Teilnehmern trägt, für das ausreichende Vorsorge getroffen werden muss. Möglichkeiten hierfür sind Reservefonds (so z. B. im System EURO1), Kreditlinien oder -garantien bei anderen Finanzinstituten (wie im Fall des international systemisch sehr bedeutenden Devisenabwicklungssystems CLS).

Neben den Individualzahlungssystemen gibt es auch Zahlungssysteme für sog. Massenzahlungen. Es handelt sich um Überweisungen, Lastschrifteinzüge und Debit- sowie Kreditkartenzahlungen, die von natürlichen und juristischen Personen außerhalb des Finanzsektors in Auftrag gegeben werden. Hier werden also eher kleinere sowie nicht eilbedürftige Zahlungen im Sammelverfahren abgewickelt (Batch-Verarbeitung). Die Nettosummen, die sich daraus für die Banken errechnen, werden dann als Einzelauftrag in einem Individualzahlungssystem abgewickelt. Die Systemrelevanz für die Finanzstabilität ist bei diesen Massenzahlungen eher gering. Seit einigen Jahren wird allerdings ein zunehmender Teil der Massenzahlungen in Echtzeit und brutto als »Instant Payment« abgewickelt. Das kann bei gleichgerichtetem Verhalten der Kontoinhaber, bspw. bei einem Ansturm auf eine Bank, kurzfristig die Zahlungsfähigkeit einer Bank in einem noch stärkeren Ausmaß belasten, als es durch Auszahlungen von Bargeld der Fall wäre.

Digitales Geld und Stablecoins

Mit der Finanzkrise des Jahres 2008 wurde die Idee eines dezentralisierten Finanzsystems publik gemacht und in der Form des ersten Kryptowerts Bitcoin realisiert. Es handelt sich um die digitale Darstellung eines Wertes, der von keiner Zentralbank oder öffentlichen Stelle emittiert oder garantiert wurde und nicht den gesetzlichen Status einer Währung oder von Geld hat. Kryptowerte werden von natürlichen oder juristischen Personen aufgrund einer Vereinbarung oder tatsächlichen Übung als Tausch- oder Zahlungsmittel akzeptiert. Die Volatilität von Bitcoin und einer Vielzahl anderer Kryptowerte lässt allerdings die Funktion als Zahlungsmittel in den Hintergrund treten. Kryptowerte dienen vielmehr Anlagezwecken bzw. der Spekulation. Dies hat zur Entwicklung (vermeintlich) wertstabiler Kryptowerte geführt, den sog. Stablecoins. Diese werden über verschiedene Mechanismen an eine real existierende, wertstabile Währung wie z. B. den US-Dollar (oder seltener den Euro) gekoppelt, sodass eine 1:1-Austauschbarkeit erreicht wird. Die Emittenten der Stablecoins gehen dabei kurzfristige Risiken ein, die sie verwandt zu Banken oder Geldmarktfonds machen. In jüngerer Zeit kam es bereits zum Zusammenbruch von Stablecoin-Arrangements, bei denen die Halter dieser Kryptowerte ohne Einlegerschutz den vollen Verlust realisieren mussten. Die Folgen für die Finanzstabilität waren dennoch gering, da das Marktvolumen und die Vernetzung mit dem Rest des Finanzsektors noch gering sind (vgl. ESRB 2023).

Die Ankündigung einer Stablecoin durch ein Konsortium um die erfolgreiche Social-Media-Anwendung Facebook hat (die teilweise schon vorher bestehenden) Projekte von Zentralbanken zur Digitalisierung der eigenen Zahlungsmittel beschleunigt. So wurde als erstes digitales Zentralbankgeld (engl. *central bank digital currency,* CBDC) der »Sand Dollar« auf den Bahamas emittiert. Mittlerweile sind auch größere Währungsräume, wie die Volksrepublik China oder der Euroraum, in diesem Feld aktiv. Die Folgen für die Finanzstabilität ergeben sich aus möglichen Substitutionseffekten zwischen herkömmlichen Bankeinlagen und dem digitalen Zentralbankgeld. Obergrenzen für das Halten dieses Zahlungsmittels und damit verbundene Überlaufregelungen auf das Bankkonto bei Überschreiten der Obergrenze werden derzeit diskutiert. Erste Forschungsergebnisse (Meller/Soons 2023) deuten darauf hin, dass die Risiken für das Bankensystem beherrschbar bleiben könnten.

Zentrale Gegenparteien (CCP)

Ähnlich wie DNS-Systeme im Zahlungsverkehr funktionieren zentrale Gegenparteien (CCP) bei der Verrechnung von Positionen von Wertpapier- und insbesondere von Derivatetransaktionen. Die große Mehrzahl der Finanzderivate bezieht sich auf zugrunde liegende Größen wie Zinsen oder Fremdwährungen. Ein Beispiel sind Zinsswaps, die von Finanzinstituten zur Risikosteuerung bei Zinsänderungen sehr häufig verwendet werden. Die Grundidee ist der Austausch eines feststehenden Zinssatzes mit einem variablen Zinssatz. Die beiden Parteien des Swapgeschäfts gehen dabei entgegengesetzte Risikopositionen ein: Es handelt sich um ein Nullsummenspiel. Aus dem Swap resultieren für die gesamte Laufzeit Zahlungsströme, die sich aus den aktuellen Finanzmarktpreisen (also Zinssätze, Devisenkurse etc.) ergeben. Statt einer Zahlung der aufgelaufenen Wertdifferenz am Ende des Geschäfts werden in der Regel die täglichen Differenzen verrechnet. Da solche Derivatekontrakte Laufzeiten von wenigen Tagen bis zu über einem Jahrzehnt haben können, ist das Risiko des Ausfalls der Gegenpartei und damit die Folgen für das Risikomanagement der verbleibenden Partei nicht unwesentlich.

So zeigte sich, dass der Ausfall der Investmentbank Lehman Brothers – und infolgedessen der Versicherungsgesellschaft AIG – unüberschaubare Folgen für den weltweiten Finanzmarkt hatte. Die Auswirkungen der bilateral abgeschlossenen und verrechneten (d. h. geclearten) Derivatekontrakte mit den ausgefallenen Finanzinstituten mussten an vielen Stellen im Finanzsektor zunächst erkannt und dann bilanziell verarbeitet werden. Daraus entstanden eine große Ungewissheit und eine Abwartehaltung in Bezug auf Neugeschäfte, die sowohl die Finanzstabilität als auch die Transmission der Geldpolitik in einem sehr hohen Ausmaß beeinträchtigten. Infolgedessen haben die Staats- und Regierungschefs von 20 wichtigen Staaten und der EU (G20) auf einem Gipfeltreffen in Pittsburgh (USA) im Jahr 2009 u. a. vereinbart, dass Derivatekontrakte so weit wie möglich standardisiert und außerdem über CCPs abgewickelt werden sollen.

Eine CCP verringert das Risiko von Ansteckungseffekten, da sie sich zwischen die beiden Parteien schaltet. Sie wird zum Käufer gegenüber dem originalen Verkäufer und zum Verkäufer gegenüber dem originalen Käufer (sog. Novation). In einem Markt mit sehr vielen Teilnehmern ergibt sich, dass jeder Teilnehmer dann nur noch eine einzige offene Position gegenüber der CCP hat. Sämtliche Gegenparteien werden somit vom

Ausfallrisiko der anderen Parteien durch die CCP abgeschirmt. Die Position jedes CCP-Teilnehmers wird über alle seine offenen Geschäfte zusammengerechnet, woraus sich in der Regel ein bedeutender Netting-Effekt ergibt, der seine Risiken erheblich reduziert. Allerdings konzentrieren sich sämtliche Ausfallrisiken nun bei CCPs.

Ihre kontinuierliche Funktionsfähigkeit ist für das Finanzsystem von sehr hoher Bedeutung. Demzufolge muss die Risikovorsorge für Kredit- und Liquiditätsrisiken sowie für operationelle Risiken den höchsten Anforderungen genügen, soweit das möglich ist:

- Zuerst sind die Anforderungen an die teilnehmenden Finanzinstitute zu nennen. Die Zulassung als Teilnehmer basiert auf technischen Kriterien und der Bonität, sodass in der Regel größere Banken direkte Clearingmitglieder sind, während kleinere Institute, Fonds und realwirtschaftliche Unternehmen indirekt über die Großbanken angeschlossen sind. Diese mehrstufigen Strukturen (engl. tiering) um die CCP herum führen ihrerseits zu Interdependenzen im Finanzmarkt (vgl. ESRB 2013; Faruqui et al. 2018).
- Des Weiteren sind die Sicherheitenleistungen (engl. margins) und die Sicherheitenabschläge (engl. haircuts) zu nennen. Bei den Marginzahlungen handelt es sich um initial margins und variation margins, die das möglichst aktuell berechnete Risikopotenzial aus den noch ausstehenden Geschäften für jeden Teilnehmer wertmäßig abdecken. Bei einem Ausfall eines Teilnehmers werden diese Sicherheiten als erste Verteidigungslinie zur Abdeckung von Verlusten der CCP herangezogen.
- Als nächste Verteidigungslinie sind die Beiträge der Teilnehmer zu einem Ausfallsfonds der CCP zu nennen. Die Beiträge des ausgefallenen Teilnehmers werden vereinnahmt, falls die erste Verteidigungslinie nicht ausreichen sollte.
- Das Eigenkapital der CCP ist die dritte Verteidigungslinie.
- In vierter Linie werden die Beiträge der nicht ausgefallenen Teilnehmer zur Verlustdeckung herangezogen. So wird eine Gemeinschaftshaftung der Teilnehmer erreicht, die ein Interesse am Fortbestand und an einem funktionierenden Risikomanagement haben.

Eine Anforderung der Zahlungsverkehrsüberwachung an alle Finanzmarktinfrastrukturen ist, dass der Ausfall der beiden Teilnehmer mit den höchsten ausstehenden Forderungen reibungslos verkraftet werden kann. Sollte es zu einer Finanzkrise kommen, die einen Ausfall von noch mehr Teilnehmern herbeiführt, könnte es sein, dass die CCP ihrerseits zahlungsunfähig wird. Für dieses Szenario wurden 2021 in der EU Restrukturierungs- und Abwicklungsmechanismen eingeführt, die sich an die entsprechenden Mechanismen bei Banken anlehnen (vgl. Kapitel 3.4). Inwieweit CCPs auch einen Zugang zu Notfallliquidität bei Zentralbanken haben sollten, ist international uneinheitlich geregelt. So haben z. B. Eurex Clearing (Deutschland) und LCH.CLearnet S.A. (Frankreich) jeweils eine Banklizenz und unterliegen daher den Regeln zur Zentralbank-Refinanzierung für Banken. Andere Zentralbanken haben ihren geldpolitischen Handlungsrahmen explizit um die Möglichkeit eines Lender of Last Resort (LOLR) für

CCPs erweitert (z. B. die Bank of England), während weitere die Möglichkeit offenlassen (vgl. IMF 2016).

Zentralverwahrer (CSD)

Zentralverwahrer (CSD) übernehmen die Verwahrung und Übertragung von Wertpapieren. Im Zuge der Emission von Wertpapieren haben CSDs eine quasi-notarielle Funktion und gewährleisten die korrekte Registrierung der emittierten Wertpapiere. In der Folge obliegt es dem CSD, zur Integrität der Emission über den gesamten Lebenszyklus der Wertpapiere beizutragen. Dies erfolgt zum einen durch die sichere Aufbewahrung der Urkunden (in der Regel einer sog. Globalurkunde) in einem Tresor des CSDs. Zum anderen durch die regelmäßige Abgleichung zwischen dem emittierten Gesamtbestand gemäß den bei ihm verwahrten Urkunden und den jeweiligen Einzelbeständen der CSD-Teilnehmer am betroffenen Wertpapier. Neben der Verwahrung und Übertragung von Wertpapieren bieten einige CSDs ergänzende Dienstleistungen für ihre Kunden an. Dabei kann es sich etwa um Services im Zusammenhang mit Kapitalmaßnahmen (sog. Corporate Actions) oder der Sicherheitenverwaltung (sog. Collateral Management) handeln. CSDs, die im Besitz einer Banklizenz sind, können eigene Geldkonten führen, über die in Geschäftsbankengeld die erforderlichen Geldverrechnungen erfolgen. Im Euroraum erfolgt die Verrechnung der Geldseite von Wertpapierübertragungen allerdings seit der Einführung der Infrastruktur T2S in Zentralbankgeld. Damit wird eine Zug-um-Zug-Abwicklung in risikofreiem Zentralbankgeld ermöglicht. Diese Art der Abwicklung wird auch »Lieferung-gegen-Zahlung« (engl. delivery-versus-payment, DVP) genannt. Daher kann bei CSDs grundsätzlich von einer adressenrisikofreien Tätigkeit ausgegangen werden. CSDs tragen hauptsächlich operationelle Risiken.

2.3 Resilienz

Sebastian Breuer/Niklas Gadatsch/Tobias Körner

Resilienz

Ein stabiles Finanzsystem erfüllt seine für die Volkswirtschaft wichtigen Funktionen auch dann, wenn es von einem Schock getroffen wird. Unter **Resilienz** (Widerstandsfähigkeit) versteht die Praxis makroprudenzieller Überwachung die Fähigkeit des Finanzsystems, Schocks zu absorbieren. Über diese grundlegende Definition von Resilienz besteht in der Praxis ein weitgehender Konsens (vgl. z. B. ESRB 2019 und FSB 2021). Insbesondere federt ein resilientes Finanzsystem Verluste aus unerwarteten Entwicklungen ab und verringert die zuvor beschriebenen Ansteckungs- und Rückkopplungseffekte (siehe Kap. 2.1 und 2.2).

Wichtige Beispiele für Resilienzfaktoren sind Eigenkapital- und Liquiditätspuffer, die Akteuren des Finanzsystems auf individueller Ebene zur Absorbierung von Schocks zur Verfügung stehen. Höheres Eigenkapital, d.h. eine höhere positive Differenz aus Vermögen und Schulden, versetzt Banken und andere Finanzinstitute in die Lage, Verluste zu tragen, die infolge von negativen Schocks auftreten. Liquiditätspuffer helfen Akteuren im Finanzsystem, mit Liquiditätsengpässen infolge von negativen Schocks umzugehen. Halten beispielsweise Banken auf der Aktivseite ihrer Bilanz einen hohen Bestand an liquiden Finanzmitteln, sind sie eher in der Lage, kurzfristige Abzüge von Einlegern zu bedienen, welche durch negative Schocks ausgelöst werden können.

2.3.1 Charakterisierung von Resilienz

Unmittelbare und dynamische Resilienz
Resilienz kann klassifiziert werden anhand des Zeithorizonts, über den Schocks absorbiert und verarbeitet werden (ESRB 2019). Die beschriebenen Eigenkapital- und Liquiditätspuffer stehen den Akteuren ohne weiteres Zutun und kurzfristig zur Verfügung. Sie sind ein Beispiel für kurzfristige, **unmittelbare Resilienz**, welche zu einem bestimmten Zeitpunkt gegeben ist.

Dynamische Resilienz bezieht sich hingegen auf Resilienz im Zeitablauf. Wird das Finanzsystem von einem Schock getroffen, so kommt es auch auf seine Fähigkeiten an, sich über die Zeit von den Auswirkungen des Schocks zu erholen und sich an veränderte Bedingungen anzupassen. Diese Fähigkeiten werden durch eine Vielzahl von Faktoren auf Ebene der individuellen Akteure sowie durch Rahmenbedingungen und Institutionen des Finanzsystems bestimmt.

Zum Beispiel gehen in marktwirtschaftlichen ökonomischen Systemen Anpassungsprozesse üblicherweise mit Marktaustritt und -eintritt einzelner Marktteilnehmer einher. Gute Rahmenbedingungen im Bereich der Bankenabwicklung und -restrukturierung, welche den reibungslosen Marktaustritt bei gleichzeitigem Fortbestand kritischer Funktionen ermöglichen, sind daher förderlich für die Resilienz des Finanzsystems. Ein Negativbeispiel sind oligopolistische Marktstrukturen mit Marktzutrittsbarrieren, in denen Ausfälle einzelner Marktteilnehmer im Krisenfall nur schwer kompensiert werden können.

Resilienz beeinflussende Politikfelder
Resilienz kann weiterhin charakterisiert werden anhand der Politikfelder, welche einen Einfluss auf die Resilienz des Finanzsystems haben (vgl. ESRB 2019). Makroprudenzielle Politik zur Begrenzung systemischer Risiken verfolgt oftmals das Ziel, Resilienz zu steigern (siehe Kapitel 3.1). Dazu stehen den makroprudenziellen Entscheidungsträgern bestimmte Instrumente zur Verfügung, für deren Einsatz die makroprudenzielle Überwachung eine informierte Basis schaffen soll (siehe Kapitel 3.2). Daher ist es wichtig zu verstehen, welchen Beitrag zur Resilienz die makroprudenzielle

Politik leisten kann und welchen Einfluss andere Politikfelder auf die Resilienz des Finanzsystems haben.

Beispielsweise beeinflussen Vorgaben der mikroprudenziellen Aufsicht zur Eigenkapital- und Liquiditätsausstattung einzelner Institute die kurzfristige Resilienz. Liquiditätsbereitstellung durch die Zentralbank im Krisenfall (LOLR) stützt das Finanzsystem im Falle von Liquiditätsschocks. ESS für Banken senken die Wahrscheinlichkeit von Bank Runs, sodass mögliche Ansteckungseffekte infolge negativer Schocks reduziert werden. Spezifische Restrukturierungs- und Abwicklungsregime für Finanzinstitute sowie allgemeiner die Insolvenz- und Wettbewerbsordnung beeinflussen Markteintritte und -austritte, mithin die dynamische Resilienz.

Die Funktionsfähigkeit des Finanzsystems im Falle von Schocks hängt nicht nur von der Resilienz des Finanzsystems ab, sondern auch von der Resilienz der Realwirtschaft. So sind Unternehmen und Haushalte, welche über ein höheres Eigenkapital verfügen, eher in der Lage, Verluste zu verkraften. Ihre Kreditwürdigkeit ist bei Auftreten negativer Schocks weniger stark gefährdet, sodass Finanzierungsbeschränkungen im Abschwung des Finanzzyklus weniger stark binden, mithin Schocks weniger stark durchschlagen (siehe Kapitel 2.1.1). Unternehmen, welche über einen hohen Bestand an liquiden Finanzmitteln verfügen, sind resilienter im Fall von Schocks, die einen Umsatzeinbruch auslösen. Denn sie sind besser in der Lage, laufende Zahlungsverpflichtungen trotzdem zu bedienen.

Aus makroprudenzieller Sicht sind daher auch Politikfelder interessant, welche einen Einfluss auf die Resilienz der Realwirtschaft haben. Beispielsweise kann Fiskalpolitik durch automatische Stabilisatoren oder diskretionäre Maßnahmen makroökonomische Schocks abfedern. Dies stärkt die wirtschaftliche Lage von Haushalten und Unternehmen und reduziert das Risiko von Verlusten im Finanzsystem durch Kreditausfälle (siehe Kapitel 3.1.3.1). Ein weiteres Beispiel ist die Insolvenzordnung. Werden nichtfinanzielle Unternehmen infolge von Schocks insolvent, nimmt die Insolvenzordnung einen maßgeblichen Einfluss auf Gläubigerrechte und beeinflusst so mittelbar die Wirkung eines Schocks auf die Bilanzen von Kreditgebern.

2.3.2 Ansätze zum Monitoring von Resilienz

Entsprechend dem Monitoring von Verwundbarkeiten ist die Praxis der makroprudenziellen Überwachung gefordert, die verfügbare Resilienz des Finanzsystems einzuschätzen. Mit Blick auf den in diesem Buch vorgestellten Bezugsrahmen – Schocks, Verwundbarkeiten und Resilienz – stellt sich zunächst die Frage, in welchem Verhältnis zueinander Verwundbarkeiten und Resilienz des Finanzsystems stehen (siehe auch Kap. 1.3). Die Praxis geht davon aus, dass die Konzepte »gegenläufigen« Charakter haben. Einem gegebenen, systemweiten Niveau an Verwundbarkeiten wirkt die verfügbare systemweite Resilienz entgegen (ESRB 2019; FSB 2021). Eine Zunahme der Verwundbarkeiten führt ceteris paribus zu einem höheren systemischen Risiko, während eine Zunahme der Resilienz ceteris paribus zu einem niedrigeren systemischen Risiko führt.

In manchen Fällen gestaltet sich die Zuordnung eines Sachverhalts zu Verwundbarkeit oder Resilienz allerdings als Frage der Semantik. Denn ein und derselbe Sachverhalt kann ebenso gut als Aufbau (Abbau) der Verwundbarkeit gedeutet werden wie als Abnahme (Zunahme) der Resilienz. Die in der Praxis verwendeten Taxonomien und Heat Maps (siehe Kap. 2.1.2) betrachten beispielsweise den Verschuldungsgrad von Finanzinstituten als einen Indikator für Verwundbarkeit. Ein zunehmender Verschuldungsgrad bedeutet zunehmende Verwundbarkeit. Ein zunehmender Verschuldungsgrad ist gleichbedeutend mit geringeren Eigenkapitalpuffern, mithin einer abnehmenden Resilienz. Ebenso kann zunehmende Fristentransformation von Finanzinstituten als Aufbau einer Verwundbarkeit gedeutet werden, aber auch als abnehmende Resilienz, denn im Zuge der Fristentransformation werden Liquiditätspuffer typischerweise zurückgefahren.

Die oben beschriebene Vielfalt der Faktoren, welche die Resilienz des Finanzsystems determinieren, macht es grundsätzlich schwierig, die Resilienz des Finanzsystems einzuschätzen oder gar zu quantifizieren. Oftmals wird die Resilienz des Finanzsystems erst im Krisenfall offenkundig, wenn sie ernsthaft getestet wird (vgl. ESRB 2019). Folglich beruhen vorausschauende Einschätzungen zur Resilienz zu einem guten Teil auf Experteneinschätzungen (»expert judgement«).

Die wissenschaftliche Literatur bietet hierbei noch wenige Anhaltspunkte. Ein mit der Frühwarnliteratur vergleichbarer Literaturkorpus, welcher das Vorkommen und die Schwere von Finanzkrisen mit spezifischen Resilienzfaktoren des Finanzsystems korreliert, ist nicht verfügbar. Gleichwohl können einige der in der Frühwarnliteratur getesteten Indikatoren als Resilienzindikatoren aufgefasst werden.

Beispielsweise finden Aldasoro et al. (2018), dass die aggregierte Schuldendienst-Einkommens-Relation privater Haushalte Frühwarnsignale für Finanzkrisen beinhaltet. Eine mögliche Interpretation ist, dass ein geringer Schuldendienst im Verhältnis zum Einkommen Haushalte resilienter macht, mit positiven Folgewirkungen für die Stabilität des Finanzsystems. Die Frühwarnliteratur dokumentiert zudem einen signifikant negativen Zusammenhang zwischen der Kapitalisierung des Bankensystems und der Wahrscheinlichkeit von Finanzkrisen (siehe Kapitel 2.1.2.1). Eine mögliche Erklärung hierfür ist, dass besser kapitalisierte Banken eher in der Lage sind, negative Schocks zu verkraften. Jordà et al. (2021) finden für ein Sample von Industrieländern zwar keinen Zusammenhang zwischen Bankkapital und Krisenwahrscheinlichkeit, wohl aber einen Zusammenhang zwischen Bankkapital und Krisenschwere. Demnach gingen in Ländern mit schwächer kapitalisierten Banken systemische Bankenkrisen mit tieferen Rezessionen und einer langsameren gesamtwirtschaftlichen Erholung einher. Darüber hinaus fiel das Kreditwachstum in der Erholungsphase schwächer aus. Dies steht im Einklang mit Theorien des Finanzzyklus, die angebotsseitige Finanzierungsbeschränkungen infolge negativer Schocks betonen (siehe Kapitel 2.1.1).

2.4 Beurteilung von Risiken für die Finanzstabilität

Sebastian Breuer/Niklas Gadatsch/Tobias Körner

Dieses Unterkapitel beschreibt, wie die makroprudenzielle Überwachung zu einer Gesamtbeurteilung der Risiken für die Finanzstabilität gelangen kann. Dabei sind die Elemente des in diesem Buch verwendeten Bezugsrahmens – Schocks, Verwundbarkeiten und Resilienz (siehe Kap. 1.3.1) – zentral. Nachdem in den vorigen Unterkapiteln Verwundbarkeiten und Resilienz ausführlich diskutiert wurden, wird der Fokus zunächst auf den Umgang mit Schocks in der Praxis gelegt.

2.4.1 Schocks in der makroprudenziellen Überwachung

Schocks sind Ereignisse, die das Potenzial haben, zu Verwerfungen im Finanzsystem zu führen (siehe Kap. 1). In der Praxis werden Schocks als nicht beeinflussbare Ereignisse verstanden. Beispiele sind starke und abrupte Anstiege von Risikoprämien und oder das Auftreten von Pandemien, die mit realwirtschaftlichen Konsequenzen einhergehen. Wie gut ein Schock vom Finanzsystem absorbiert wird, hängt von dem Ausmaß bestehender Verwundbarkeiten und seiner Resilienz ab.

Konzeptionell wird in der Praxis der makroprudenziellen Überwachung auf zwei Arten mit Schocks umgegangen: Einerseits können Informationen aus der Vergangenheit herangezogen werden, um eine Wahrscheinlichkeitsverteilung von relevanten Größen zu schätzen, bspw. von einer Risikoprämie. Die geschätzte Verteilung würde Informationen darüber enthalten, mit welcher Wahrscheinlichkeit besonders gravierende Realisationen der Risikoprämie, d. h. starke Anstiege, auftreten könnten. Solche Informationen können dann in Modelle fließen.

Andererseits kann es die Seltenheit des Schocks unmöglich machen, Verteilungen auf Basis von Informationen aus der Vergangenheit zu generieren. Die Corona-Pandemie ist ein Beispiel für einen solchen Schock. In diesem Fall muss die makroprudenzielle Überwachung mit plausiblen Annahmen arbeiten, die stark von den Erfahrungen der Fachleute abhängen (»expert judgement«).

Oftmals wird ein Mix von den beiden Ansätzen verfolgt, indem Schock-Szenarien definiert werden. Hier werden historische Verteilungen von relevanten Größen mit plausiblen Annahmen verbunden, um Simulationspfade zu generieren, die mit Verwerfungen im Finanzsystem verbunden sein könnten. Bspw. könnten Pfade für historisch starke Anstiege von Risikoprämien gepaart mit historisch starken Einbrüchen des BIP generiert werden. Die Auswirkungen solcher Pfade auf das Finanzsystem können dann in weiteren geeigneten Modellen untersucht werden.

2.4.2 Surveillance-Tools in der Paxis

Im Folgenden werden zwei unterschiedliche Ansätze der makroprudenziellen Überwachung vorgestellt, die in der Gesamtbeurteilung von Risiken für die Finanzstabilität eingesetzt werden können: makroprudenzielle Stresstests und der Growth-at-Risk-Ansatz.

Makroprudenzielle Stresstests verbinden die drei Elemente Schocks, Verwundbarkeiten und Resilienz in einem Ansatz, der die Auswirkungen von vorher definierten Stress-Szenarien auf das Finanzsystem untersucht. Dabei werden die Verwundbarkeiten des Finanzsystems und dessen Resilienz explizit einbezogen, etwa indem das Bankensystem mit seinen Kreditportfolios und seiner Eigenkapitalausstattung modelliert wird. Makroprudenzielle Stresstests erlauben somit eine Einschätzung darüber, inwiefern das Finanzsystem (oder Teile davon) in vorher definierten Szenarien stabil bleibt und in welchen Bereichen Verwundbarkeiten schlagend werden können. Makroprudenzielle Stresstests liefern wertvolle Informationen hinsichtlich einer Gesamteinschätzung der Risiken für die Finanzstabilität.

Methodisch können makroprudenzielle Stresstests zwar sehr unterschiedlich ausgestaltet werden.[9] Doch gibt es ein verbindendes Element: Makroprudenzielle Stresstests versuchen in besonderem Maße, Rückkopplungseffekte abzubilden. Hierbei geht es nicht nur um Rückkopplungseffekte innerhalb des Finanzsystems, sondern auch zwischen Finanzsystem und Realwirtschaft. Damit erlauben makroprudenzielle Stresstests, eine systemweite Perspektive einzunehmen, und können so wertvolle Informationen zur Einschätzung der aktuellen systemischen Risikolage liefern. Hier grenzen sich makroprudenzielle Stresstests von mikroprudenziellen Stresstests ab, die typischerweise den Fokus auf Einzelinstituten haben und mit statischen Bilanzen arbeiten (vgl. Constâncio 2017).

Damit Rückkopplungseffekte simuliert werden können, ist es wichtig, dass die wirtschaftlichen Akteure im Rahmen des Stresstests miteinander agieren und aufeinander

9 Für eine bei der EZB angewendete Stresstestumgebung siehe Dees und Henry (2017).

reagieren können. Für Rückkopplungseffekte zwischen Finanzsystem und Realwirtschaft ist beispielsweise die Reaktion von Banken auf Verluste in einem adversen Szenario relevant: Ein breites Deleveraging im Bankensektor hat schmerzhaftere Implikationen für die realwirtschaftliche Aktivität, als wenn Banken ihre Puffer nutzen und die Verluste absorbieren (siehe auch Kap. 1.2.2). Für Rückkopplungseffekte innerhalb des Finanzsystems sind beispielsweise die Vernetzungsstrukturen über die Verschuldung der Finanzintermediäre relevant. Hierdurch können Ansteckungskanäle unter Banken, aber auch zwischen Banken und Nichtbanken (Fonds, Versicherer) abgebildet werden.

Ein beispielhafter Einsatz eines makroprudenzielles Stresstests wäre, die Auswirkungen einer drohenden Rezession auf das Bankensystem abzuschätzen. Ein solcher Stresstest könnte zum Ziel haben, potenzielle Schwachstellen im Bankensystem zu identifizieren. Diese könnten darin bestehen, dass die Kapitalisierung einzelner Banken oder Bankengruppen nicht ausreichend ist, um die Verluste aus erwarteten Unternehmensinsolvenzen im Zuge der drohenden Rezession zu tragen. Der Stresstest könnte zudem versuchen, Rückkopplungseffekte auf die Realwirtschaft über ein mögliches Deleveraging der Banken abzuschätzen. So würden Informationen darüber gewonnen, inwiefern das Finanzsystem die drohende Rezession noch zusätzlich verstärken könnte.

Eine besondere Herausforderung von Stresstests besteht in der Auswahl der hypothetischen Szenarien. Denn die Stresstestergebnisse hängen typischerweise stark von den unterstellten Szenarien ab. Insofern müssen Stresstestergebnisse stets vor dem Hintergrund der gewählten Szenarien interpretiert werden. Hier kann es helfen, eine ganze Bandbreite an Szenarien zu betrachten. Dies gibt die Möglichkeit, bspw. mehr über Sensitivitäten und relevante Transmissionskanäle im Finanzsystem zu erfahren.

Der **Growth-at-Risk-Ansatz** ist ein noch recht junger Ansatz, aber bereits jetzt fester Bestandteil des Toolkits makroprudenzieller Überwachung. Er ist weitverbreitet unter Zentralbanken und internationalen Institutionen, wie etwa dem International Monetary Fund (IMF) (vgl. bspw. Prasad et al. 2019). Bekannt wurde er insbesondere durch die Arbeiten von Adrian et al. (2019). Der Begriff »Growth-at-Risk« soll eine gedankliche Verbindung zu dem »Value-at-Risk«-Konzept aus dem Bereich der Finanzwirtschaft schaffen. Konzeptionell verbindet der Ansatz Entwicklungen im Finanzsystem mit realwirtschaftlichen Entwicklungen: Growth-at-Risk quantifiziert die Abwärtsrisiken für die realwirtschaftliche Entwicklung, bedingt durch die Höhe von Finanzstress oder Verwundbarkeiten im Finanzsystem. Finanzstabilitätsrisiken werden also als Risiken für das Wirtschaftswachstum aufgefasst. Realwirtschaftliche Abwärtsrisiken beziehen sich dabei auf den unteren Rand der Wahrscheinlichkeitsverteilung des prognostizierten Wirtschaftswachstums für die kommenden Quartale. Damit stellt Growth-at-Risk ein Maß dar, das sich eng an die Definition von Finanzstabilität anlehnt (siehe Kap. 1.1). Mit der Betrachtung von Abwärtsrisiken wird ferner dem in der makroprudenziellen Überwachung wichtigen Konzept der Tail-Risiken Rechnung getragen (siehe nachfolgende Ausführungen). In der Literatur werden in der Regel die unteren 5% der Wahrscheinlichkeitsverteilung betrachtet. Das 5%-Quantil wird dann Growth-at-Risk genannt (siehe Abb. 2.10 und vgl. Deutsche Bundesbank 2018). Neben realwirtschaftlichen Größen (»Growth«) wird der Ansatz mittlerweile auch auf andere Größen übertragen, wie bspw. Immobilienpreise (»House-Price-at-Risk«, IMF 2019).

Die Literatur zeigt, dass Growth-at-Risk über die Zeit schwankt und in Zeiten von erhöhtem Finanzstress stark negativ wird. Dies bedeutet, dass in Zeiten von erhöhtem Finanzstress die Wahrscheinlichkeit von starken BIP-Einbrüchen stark ansteigt. Typischerweise verschiebt sich vor allem der untere Teil der Wahrscheinlichkeitsverteilung, der Median bspw. verändert sich weniger stark. D.h., die bedingte Wahrscheinlichkeitsverteilung realwirtschaftlicher Aktivität verschiebt sich asymmetrisch (vgl. Deutsche Bundesbank 2021).

Bei aller Beliebtheit des Ansatzes darf nicht übersehen werden, dass es in der Literatur teilweise unterschiedliche Ansichten darüber gibt, inwieweit aus Entwicklungen im Finanzsystem robuste Implikationen für realwirtschaftliche Abwärtsrisiken abgeleitet werden können (vgl. Deutsche Bundesbank 2021). Nicht zuletzt deshalb sollten die Ergebnisse des Growth-at-Risk-Ansatzes nicht für sich stehen, sondern als ein weiteres Element der makroprudenziellen Überwachung gesehen werden.

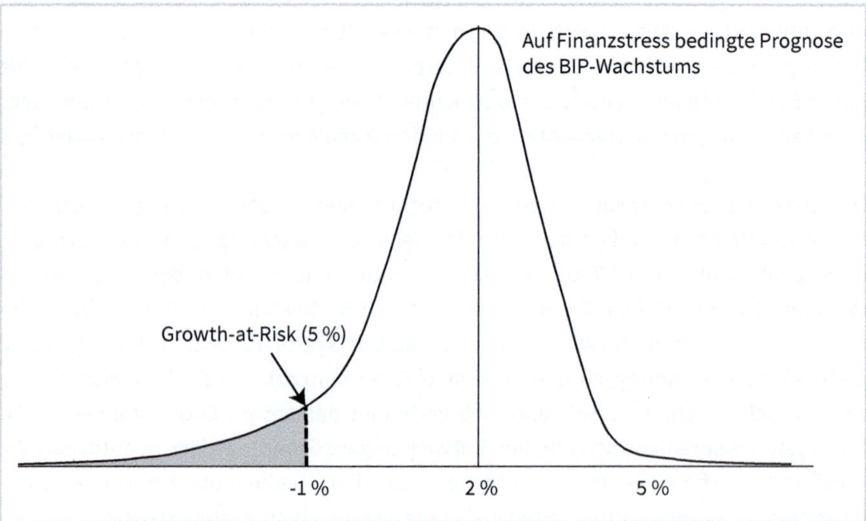

Abb. 2.10: Beispielhafte Wahrscheinlichkeitsverteilung mit Growth-at-Risk (Quelle: Eigene Darstellung)

2.4.3 Risikolisten zur Zusammenfassung der Gesamteinschätzung

Die in den vorherigen Kapiteln beschriebenen Tools liefern ein breites Spektrum an Informationen. Damit diese in einen makroprudenziellen Politikprozess (siehe Kap. 1.3.1) Eingang finden können, müssen die Informationen zu einer Gesamteinschätzung der Risikolage verdichtet werden. Dies ist eine herausfordernde Aufgabe, für die es kein allgemeines Modell gibt. Vielmehr ist sie das Ergebnis eines breiten Diskussionsprozesses, in den sehr viel Expertenwissen (»expert judgement«) einfließt.

Risikolisten stellen ein wichtiges Instrument dar, das die Gesamteinschätzung kompakt zusammenfasst und die Risikodiskussion bei der makroprudenziellen Überwachung strukturieren kann (siehe Abb. 2.11). In Risikolisten werden einzelne systemische Risiken oder Risikofelder betrachtet, d.h., es werden analytisch handhabbare Teile voneinander abgegrenzt. Diese Aufteilung erlaubt eine größere Flexibilität bei der Bewertung unterschiedlicher Entwicklungen im Finanzsystem. So könnte es sein, dass sich vor allem im Wohnimmobiliensektor Verwundbarkeiten aufbauen, während die Verwundbarkeiten im Unternehmenssektor gering bleiben. Gleichwohl darf nicht übersehen werden, dass einzelne Risikofelder sich gegenseitig beeinflussen können. D.h., die Systemperspektive muss auch bei Nutzung von Risikolisten weiterhin berücksichtigt werden.

Risikofelder	Verwundbarkeit und Resilienz	Ausblick	Makroprudenzielle Handlungsoptionen
...			
Wohnimmobilienrisiko	• Stark überdurchschnittliches Wohnimmobilienkreditwachstum • Stark überdurchschnittliches Wachstum der Wohnimmobilienpreise • Überdurchschnittlich hohe Verschuldung der privaten Haushalte • Geringe Risikogewichte für Wohnimmobilienkredite bei Banken und damit einhergehend geringe Eigenkapitalpolster • Stark gelockerte Kreditvergabestandards	↗	• Aktivierung des antizyklischen Kapitalpuffers • Verschärfung der DSTI- und LTV-Ratios
...			
...			

Erhebliches systemisches Risiko | Mittleres systemisches Risiko | Geringes systemisches Risiko

Abb. 2.11: Beispielhafte Risikoliste (Quelle: Eigene Darstellung)

Sinnvolle Informationen, die mit Risikolisten transportiert werden können, betreffen die drohenden Auswirkungen einzelner systemischer Risiken. Dabei bezieht sich »Auswirkung« auf die Schwere der Funktionsstörung des Finanzsystems und die damit verbundene Rückwirkung auf die Realwirtschaft. Konzeptionell handelt es sich bei der möglichen Auswirkung eines systemischen Risikos um ein »Tail-Risiko«, d.h., die Auswirkung tritt gedanklich mit einer kleinen, aber immer noch greifbaren Wahrscheinlichkeit ein. Risikolisten können den Diskussionsprozess unterstützen, indem sie die systemischen Risiken nach der Schwere ihrer drohenden Auswirkungen anhand von (groben) Skalen einordnen.

Fazit: Beurteilung von Risiken für die Finanzstabilität

Für eine Einschätzung der Auswirkungen eines systemischen Risikos auf das Finanzsystem spielen zugrunde liegende Verwundbarkeiten, Resilienz und mögliche Schocks eine zentrale Rolle. Die Einschätzung der Auswirkungen eines systemischen Risikos ist eine sehr herausfordernde Aufgabe. In der Praxis der makroprudenziellen Überwachung ergibt sich diese Einschätzung aus einer diskretionären Abwägung aller verfügbaren Analysen zu Verwundbarkeiten, Resilienz und möglichen Schocks. Typischerweise werden hierfür die in den vorangegangenen Kapiteln beschriebenen Modelle und Indikatoren verwendet. Ziel der Übung ist es, mögliche »Lücken« an Resilienz zu identifizieren, die ein aktives Gegensteuern makroprudenzieller Politik notwendig machen würden (siehe Kap. 3).

3 Makroprudenzielle Politik

Der Ausdruck »prudenziell« ist im deutschen Sprachgebrauch als alleinstehendes Wort nicht besonders häufig. Er lässt sich aus dem lateinischen »prudentia« (Klugheit, Einsicht) herleiten und bedeutet demnach so viel wie: klug, überlegt, umsichtig, vorsichtig. Der Begriff »makroprudenziell« wurde wahrscheinlich zum ersten Mal im Jahr 1979 benutzt, als sich der heutige Baseler Ausschuss für Bankenaufsicht (BCBS) über die Frage der Fristentransformation im internationalen Bankgeschäft beriet. In dem daraus folgenden internen Papier heißt es wörtlich:

> In addition to the risk of liquidity difficulties for individual banks there is the possibility of strains arising in the international banking system as a whole that cannot necessarily be perceived from the perspective of an individual bank and the maturity structure of its balance sheet. This type of ›macro-prudential‹ risk is in part related to the nature of the international banking market itself where the original suppliers of funds are linked to the end-user through an elaborate network of interbank transactions.
> Report on banks' maturity transformation, in: »Informal Record of the 16th meeting of the Committee on Banking Regulations and Supervisory Practices held in Basle on 28 and 29 June 1979« (BS/79/42), BIS Archives – Banking Supervision, Informal Record, file 2 (zitiert nach: Clement 2010)

Im Herbst 1979 wurden in einem Hintergrundpapier der Bank of England erste Maßnahmen makroprudenzieller Politik vorgeschlagen. Diese setzten an der Regulierung von Banken an. Die im BCBS vertretenen Bankenaufseher reagierten aber zunächst abwartend bzw. skeptisch, was die Notwendigkeit und die Rechtfertigung solcher Maßnahmen angeht (vgl. Maes 2009, S. 15). Es stellten sich bereits sehr früh die beiden Fragen, inwieweit sich mikro- und makroprudenzielle Maßnahmen unterscheiden lassen und wie makroökonomische Eingriffe der Geld- und/oder der Fiskalpolitik damit in Verbindung stehen. In den folgenden Kapiteln wird makroprudenzielle Politik charakterisiert und von anderen Politikfeldern abgegrenzt.

Dabei wird auf ihre Zielsetzungen (siehe Kapitel 3.1), Kompetenzen und Instrumente (siehe Kapitel 3.2) sowie verantwortliche Institutionen und Akteure (siehe Kapitel 3.3) eingegangen. Das für die Wahrung der Finanzstabilität ebenfalls wichtige Feld des Krisenmanagements wird in Kapitel 3.4 erörtert. Kapitel 3.5 geht auf die besondere Rolle makroprudenzieller Politik in der Europäischen Währungsunion ein.

3.1 Zielsetzung, Ansätze und Grenzen makroprudenzieller Politik

Tobias Körner/Uwe Schollmeyer

Zielsetzung und Ansätze zur Begründung makroprudenzieller Politik

Die Zielsetzung makroprudenzieller Politik ist es, Finanzstabilität zu sichern (Buch et al. 2016; CGFS 2016). Vor dem Hintergrund der in Kapitel 2 beschriebenen systemischen Risiken bedeutet dies, dass makroprudenzielle Politik darauf gerichtet ist, derartige Risiken im Finanzsystem zu identifizieren und zu mindern. Makroprudenzielle Politik zielt **präventiv** auf die Begrenzung von zyklischen und strukturellen Verwundbarkeiten im Finanzsystem sowie die Stärkung der Widerstandsfähigkeit des Finanzsystems ab (IMF/FSB/BIS 2016).

Ausgehend von der Beurteilung von Risiken für die Finanzstabilität, übt die makroprudenzielle Politik ihre Kompetenzen im Rahmen ihres Mandats aus. Dabei steht sie – wie andere Politikbereiche typischerweise auch – vor der Frage, wann Politikmaßnahmen ergriffen werden sollten und wie stark die »Dosierung« von Maßnahmen optimalerweise sein soll. Die beschriebenen Ansätze der makroprudenziellen Überwachung in Kapitel 2 verdeutlichen, dass dies keine einfache Aufgabe ist, nicht zuletzt deshalb, weil Einschätzungen zur Risikolage mit Unsicherheit behaftet sind und oftmals nicht mit eindeutigen Politikempfehlungen einhergehen. Die unangemessene Ausübung makroprudenzieller Kompetenzen kann zudem negative Wohlfahrtswirkungen haben, etwa wenn der Instrumenteneinsatz »überdosiert« wird und das Kreditangebot aus gesamtwirtschaftlicher Sicht zu stark eingeschränkt wird. Aber auch ein aus Sicht der Finanzkrisenprävention angemessener Instrumenteneinsatz kann mit gesamtwirtschaftlichen Kosten verbunden sein, etwa wenn makroprudenzielle Maßnahmen kurzfristig die gesamtwirtschaftliche Aktivität dämpfen (Suarez 2021). Folglich kann es nicht das Anliegen makroprudenzieller Politik sein, Verwundbarkeiten zu eliminieren oder die Resilienz des Finanzsystems zu maximieren. Vielmehr gilt es abzuwägen, ob identifizierte Risiken für die Finanzstabilität mit den Mitteln der makroprudenziellen Politik adressiert werden sollen und in welchem Umfang ein verbleibendes Systemrisiko toleriert wird (vgl. ESRB 2019).

Die Praxis orientiert sich dabei an zwei Wegweisern. Zum einen rechtfertigen die in der Vergangenheit häufig zu beobachtenden hohen gesellschaftlichen Kosten von Finanzkrisen Maßnahmen, welche dazu beitragen, dass Finanzkrisen vorgebeugt wird. Anders formuliert sollte die Materialisierung systemischer Risiken im Falle von negativen Schocks die Funktionsfähigkeit des Finanzsystems aufrechterhalten, sodass hohe gesamtwirtschaftliche Kosten vermieden werden. Makroprudenzielle Politik zielt demgemäß darauf auf ab, negative Extremszenarien zu vermeiden, mithin sogenannte **Tail-Risiken** wirksam zu begrenzen (siehe Kapitel 2.4).

Zum anderen lassen sich makroprudenzielle Politik und damit verbundene Eingriffe in die individuelle Handlungsfreiheit mit dem Vorliegen von **negativen Externalitäten** begründen: Durch das individuell rationale Handeln eines Einzelnen entsteht anderen Wirtschaftssubjekten ein Nachteil, ohne dass dieser dem Verursacher angelastet wird. In diesem Zusammenhang sind Fälle interessant, bei denen das Handeln individuell rational erscheint, aber nicht zum gesamtgesellschaftlichen Optimum führt. Das Resultat dezentraler Entscheidungen entspricht dann nicht der hypothetischen Entscheidung eines wohlwollenden zentralen Planers, der die Gesamtwohlfahrt maximiert. Im o.g. Zitat des BCBS wird deutlich, dass bereits früh erkannt wurde, dass Akteure in Finanzmärkten Risikopositionen eingehen können, die zu einem Risiko führen, das mehr als der Summe seiner Einzelteile entspricht. In der Konsequenz lässt sich makroprudenzielle Politik dadurch rechtfertigen, dass sie negative Externalitäten begrenzt oder ihren gesellschaftlich unerwünschten Wirkungen entgegentritt. Weiterhin legt die ökonomische Theorie nahe, beim Verursacher negativer externer Effekte anzusetzen und diese beim Verursacher spürbar zu machen, mithin zu »internalisieren«. Tatsächlich lässt sich in gewissen Ansätzen der makroprudenziellen Politik recht konkret eine solche Logik erkennen (siehe Kapitel 3.2, höhere Eigenkapitalanforderungen für systemrelevante Banken).

Grundsätzliche Grenzen der Wirksamkeit makroprudenzieller Politik

Neben der makroprudenziellen Politik sind für Finanzstabilität **weitere Politikfelder** relevant (Abb. 3.1). Aufgrund ihrer Zielsetzungen und ihrer Wirkungen auf Finanzsystem und Realwirtschaft können mikroprudenzielle Aufsicht (Kap. 3.1.1) und Geldpolitik (Kap. 3.1.2) als die engsten Verwandten makroprudenzieller Politik gelten. Daher werden sie in den folgenden Abschnitten von makroprudenzieller Politik abgegrenzt und ihre Bezüge zu makroprudenzieller Politik skizziert. Bezüge ergeben sich zudem zu vielen weiteren Politikfeldern, insbesondere zu Fiskalpolitik und Wettbewerbspolitik (Kap. 3.1.3). Es wird ersichtlich, dass makroprudenzielle Politik nicht allein Finanzstabilität gewährleisten kann, mit anderen Politiken interagiert und insbesondere im Krisenfall mit anderen Politikfeldern abgestimmt sein sollte. Besondere Implikationen aus dem Zusammenspiel von Geldpolitik, Fiskalpolitik und makroprudenzieller Politik ergeben sich in der Europäischen Währungsunion (siehe Kapitel 3.5).

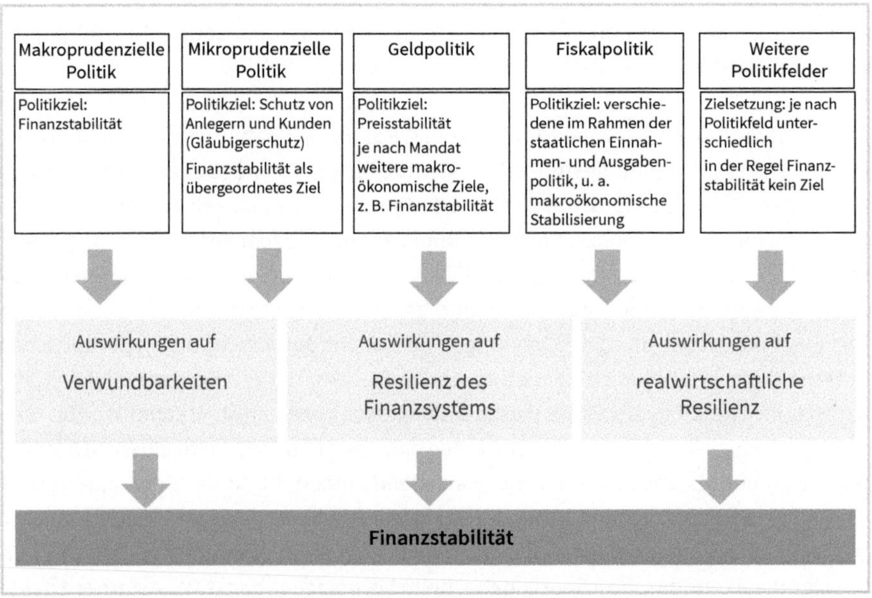

Abb. 3.1: Politikfelder mit Einfluss auf Finanzstabilität (Quelle: Eigene Darstellung)

Grenzen der Wirksamkeit makroprudenzieller Politik ergeben sich zudem aus dem sogenannten **Boundary-Problem der Regulierung** (Goodhart 2008). Eine verschärfte, effektive Regulierung führt typischerweise zu individuellen Nachteilen bei Akteuren des Finanzsystems, die von der Regulierung erfasst werden, im Vergleich zu anderen Akteuren. Dies schafft Anreize, finanzielle Aktivität zu weniger stark regulierten Bereichen zu verlagern. Beispielsweise setzen makroprudenzielle Instrumente typischerweise am Bankensektor an, um zyklische Verwundbarkeiten zu adressieren. Dies könnte dazu führen, dass Finanzintermediation vom Bankensektor hin zu anderen Akteuren des Finanzsystems verlagert wird – und damit die Wirkung makroprudenzieller Maßnahmen beeinträchtigt wird.

Eine Regulierungsgrenze ergibt sich auch schlichtweg durch die **Grenzen der Jurisdiktion**, in denen makroprudenzielle Entscheidungsträger zur Ausübung von Kompetenzen befugt sind. Eine Verschärfung der makroprudenziellen Politik in Land A kann zu einer Verschiebung von finanzieller Aktivität nach Land B führen, das seine makroprudenzielle Politik nicht verschärft hat (vgl. z. B. Pereira da Silva 2018). Bauen sich im Zuge dessen systemische Risiken in Land B auf, kann dies die Finanzstabilität in Land A über internationale Ansteckungseffekte beeinträchtigen. Vorkommen und Ausmaß des Boundary-Problems hängen freilich vom spezifischen Design makroprudenzieller Instrumente und Institutionen ab (siehe Kapitel 3.2 und 3.3).

3.1.1 Abgrenzung makroprudenzieller Politik von mikroprudenzieller Aufsicht

Aufgrund ihrer Zielsetzungen sind makroprudenzielle und mikroprudenzielle Aufsicht eng miteinander verwandt. Beide Politikfelder dienen der Stabilität des Finanzsystems, wenngleich die makroprudenzielle Politik dieses Ziel direkt verfolgt, während die mikroprudenzielle Aufsicht indirekt dazu beiträgt über die Stabilität von einzelnen Akteuren wie beispielsweise Banken, Versicherungsunternehmen und anderen Finanzinstituten. Die Übergänge zwischen den beiden Politikfeldern sind fließend und eine Abgrenzung nicht immer unmittelbar einsichtig. Eine stilisierte Abgrenzung der grundsätzlichen Perspektiven makroprudenzieller Politik und mikroprudenzieller Aufsicht ist dennoch hilfreich, um das grundsätzliche Anliegen makroprudenzieller Politik besser zu verstehen (Tab. 3.1).

	Makroprudenzielle Perspektive	**Mikroprudenzielle Perspektive**
Ziel	Finanzstabilität	Schutz von Anlegern und Kunden (Gläubigerschutz)
Aufsichtsgegenstand	Finanzsystem	einzelne Finanzinstitute und Marktakteure
Modellierung systemischer Risiken	(zum Teil) endogen, d. h., systemische Risiken werden durch Marktakteure beeinflusst	(überwiegend) exogen, d. h., systemische Risiken werden als gegeben angenommen
Vernetzung innerhalb des Finanzsystems	wichtig	eher unbedeutend
Ausrichtung aufsichtlicher Maßnahmen	an systemischen Risiken; top-down	an Risiken einzelner Finanzinstitute und Marktakteure; bottom-up

Tab. 3.1: Makroprudenzielle und mikroprudenzielle Perspektiven (Quelle: Darstellung aufbauend auf Borio (2002) und ESRB (2014), eigene Übersetzung mit Ergänzungen)

Die **mikroprudenzielle Aufsicht** hat das Ziel, die Funktionsfähigkeit, Stabilität und Integrität der einzelnen Akteure des Finanzmarkts zu sichern. Dies dient dem Schutz von Anlegern und Kunden von Finanzinstituten, mithin dem Gläubigerschutz. Die mikroprudenzielle Aufsicht überwacht die Einhaltung der einschlägigen Rechtsnormen sowie die Geschäftstätigkeit der einzelnen Banken, Versicherer und weiterer Marktteilnehmer. Die **makroprudenzielle Aufsicht** hat das Mandat, die Stabilität des Finanzsystems zu überwachen. Es ist ihr Auftrag, Gefahren für die Finanzstabilität zu identifizieren und zu bewerten und dem Aufbau von Verwundbarkeiten präventiv zu begegnen. Der Fokus liegt dabei auf systemischen Risiken, die die Stabilität des Finanzsystems gefährden können.

Während systemische Risiken aus Sicht der mikroprudenziellen Perspektive eher als exogen betrachtet werden, geht die makroprudenzielle Perspektive zumindest teilweise von der Endogenität systemischer Risiken aus. So nimmt die makroprudenziellen Perspektive an, dass Marktteilnehmer durch ihr Verhalten Verwundbarkeiten des Finanzsystems erzeugen und Anpassungsreaktionen von Marktteilnehmern auf Schocks negative Externalitäten beinhalten können. Ansteckungseffekte und Externalitäten, wie sie bspw. durch »Fire Sales« oder durch systemisch wichtige Institute in einem vernetzten Finanzsystem verursacht werden, stehen dagegen nicht im Fokus der mikroprudenziellen Aufsicht. Zugespitzt und vereinfachend ließe sich formulieren, dass sich die Mikroaufsicht auf die Risiken fokussiert, die in die Finanzinstitute hineinwirken, während die Makroaufsicht die Risiken in den Blick nimmt, die von den Finanzinstituten ausgehen (Holmsen 2014).

Aufsichtliche Maßnahmen der makroprudenziellen Politik haben die Stabilität des Finanzsystems insgesamt und systemische Risiken im Blick. Makroprudenzielle Aufseher richten daher ihre Maßnahmen »top-down« aus. Ausgehend von einer Gesamtbeurteilung von Risiken für die Stabilität des Finanzsystems (»top«; siehe Kapitel 2.4), bringen makroprudenzielle Aufseher spezifische, für makroprudenzielle Zwecke gestaltete Instrumente zum Einsatz (siehe Kapitel 3.2). Damit sind häufig Vorgaben verbunden, die auf Ebene der einzelnen Finanzinstitute umgesetzt und überwacht werden müssen (»down«). Hingegen verfolgt die mikroprudenzielle Perspektive einen »bottom-up«-Ansatz. Mikroaufseher richten aufsichtliche Maßnahmen an der Risikolage der beaufsichtigten Institute (»bottom«) aus. Solche Maßnahmen haben typischerweise Auswirkungen auf die Stabilität des Finanzsystems insgesamt (»up«). Führen beispielsweise erhöhte Risiken für einzelne Institute dazu, dass mikroprudenzielle Aufseher den Instituten vorschreiben, ihre Kapitalquoten zu erhöhen, erhöht sich nicht nur die Resilienz einzelner Institute, sondern auch die Resilienz des Finanzsystems.

Es kann aber auch nicht ausgeschlossen werden, dass der Einsatz makroprudenzieller Instrumente durch einen entgegengesetzten Einsatz einiger mikroprudenzieller Maßnahmen konterkariert wird (Hellwig 2014). Insofern sind eine Zusammenarbeit und Abstimmung zwischen beiden Ebenen notwendig. Darüber hinaus sind die Aufseher der Makroebene auf Informationen der mikroprudenziellen Aufsicht angewiesen. Hier geht es weniger um aufsichtliche Kennzahlen auf Institutsebene als vielmehr um die Gewinnung eines Gesamtbildes und das Erkennen von (versteckten) Zusammenhängen bei aktuellen Entwicklungen auf den Finanzmärkten.

Es ist erkennbar, dass sich die makro- und mikroprudenzielle Aufsicht nicht klar voneinander trennen lassen. Die mikroprudenzielle Aufsicht trägt durch ihre Tätigkeit ebenfalls zu Systemstabilität bei, muss aber durch die makroprudenzielle Perspektive ergänzt werden. Zugleich ist die Anwendung makroprudenzieller Instrumente auf Einzelinstitutsebene von der Durchsetzung durch die mikroprudenziellen Aufseher abhängig. Es liegt daher nahe, dass die für die mikroprudenzielle Aufsicht zuständigen Stellen bei der Analyse und der Entscheidungsfindung für die makroprudenzielle Politik eng miteinbezogen werden. Näheres dazu wird in Kapitel 3.3 vorgestellt.

3.1.2 Abgrenzung makroprudenzieller Politik zu Geldpolitik

Zentralbanken handeln in vielen Ländern unabhängig vom gewählten Parlament und der Regierung und sind dafür üblicherweise vom Gesetzgeber mit einem **Mandat zur Sicherung der Preisstabilität** ausgestattet. Hier kann differenziert werden zwischen der internen und der externen Geldwertstabilität, operationalisiert durch einen Verbraucherpreisindex einerseits und einen Wechselkurs andererseits. In einigen Staaten und Währungsräumen wird das Mandat noch um weitere gleichrangige Ziele wie z. B. nachhaltige Vollbeschäftigung (so u. a. in den USA oder in Neuseeland) erweitert oder um nachgeordnete Ziele ergänzt (so z. B. im Euroraum und im Vereinigten Königreich). Die geldpolitischen Mandate enthalten in der Regel kein explizites Ziel »Finanzstabilität«. Unter den wenigen Ausnahmen finden sich z. B. die Zentralbanken Malaysias und Nigerias.

Das **Finanzstabilitätsmandat der Zentralbanken** ergibt sich daraus, dass sie wichtige Aufgaben bei der Sicherung der Finanzstabilität erhalten haben. Garriga (2023) zeigt, dass nahezu drei Viertel aller Zentralbanken im Bereich Finanzstabilität aktiv sind. So regelt z. B. für das Europäische System der Zentralbanken (ESZB) Artikel 127, Absatz 1 AEUV das Mandat der Preisstabilität, während Absatz 5 festlegt, dass es Aufgabe des ESZB ist, zur Durchführung der auf dem Gebiet der Finanzstabilität ergriffenen Maßnahmen beizutragen. Ähnlich sieht es bei nationalen Zentralbanken wie z.B. der Deutschen Bundesbank aus. Über ihren Präsidenten wirkt sie bei der Festlegung der Geldpolitik im Euroraum mit. Nach den Normen des Finanzstabilitätsgesetzes (FinStabG) hat sie im Bereich der makroprudenziellen Politik ihr Finanzstabilitätsmandat erhalten.

Wechselwirkungen von makroprudenzieller Politik und Geldpolitik
Die Einbindung der Zentralbanken in die makroprudenzielle Politik ist sinnvoll, da bei der Ergreifung geldpolitischer und makroprudenzieller politischer Maßnahmen erhebliche Spillover-Effekte zwischen den beiden Politiken zu beachten sind. Beide werden über das Finanzsystem umgesetzt und übertragen. Zentralbanken und weitere makroprudenzielle Behörden müssen diese Wechselwirkungen berücksichtigen, wenn sie über den Einsatz ihrer Instrumente entscheiden (Laeven et al. 2022).

Für geldpolitische Maßnahmen werden verschiedene Transmissionskanäle unterschieden, die teilweise Wechselwirkungen aufweisen. So wirken die geldpolitischen Instrumente direkt auf den Geldmarkt, d. h. den Markt für kurzfristige Kredite (meist zwischen Finanzinstituten), aber auch auf die Erwartungsbildung in anderen Finanzmarktsegmenten ein. Vermögens- und Portfolioeffekte, Wechselkurse und – ganz entscheidend – die Kreditvergabe des Bankensystems haben dann Wirkungen auf makroökonomische Größen wie Preisniveau und Beschäftigung. Das makroprudenzielle Instrumentarium wirkt ebenso über eine Transmission auf die Finanzstabilität. Es setzt dabei aber noch viel stärker am Bankensektor an. Somit ergeben sich potenziell Überschneidungen der geldpolitischen mit der makroprudenziellen Transmission.

Beispielsweise können höhere Kapitalanforderungen die Resilienz der Banken stärken und damit langfristig wohlfahrtsfördernd für die Volkswirtschaft sein. Je nach Ausrichtung der Geldpolitik ist die Wirkung der höheren Kapitalanforderungen aber kurzfristig verschieden. Eine lockere Geldpolitik, die über eine Zinssenkung zu einer vermehrten Kreditvergabe des Bankensystems führen soll, kann so konterkariert werden. Bei Erreichen der Zinsuntergrenze ist dieser Effekt besonders ausgeprägt (Laeven et al. 2022). Eine restriktive Geldpolitik, mit hohen Zinsen, könnte hingegen durch höhere Kapitalanforderungen an Banken noch verschärft werden.

Geldpolitik und makroökonomische Stabilisierung
Die geldpolitischen Entscheidungsträger handeln stets unter Unsicherheit, und die Transmission der Geldpolitik unterliegt variablen und unterschiedlich langen Zeitverzögerungen. Dennoch sollte die Geldpolitik prinzipiell makroökonomisch stabilisierend wirken. Bei Eintreffen eines makroökonomischen Schocks kann die Reaktion der Geldpolitik neben ihrer Wirkung auf die Zielvariable Preisstabilität auch die Resilienz des Finanzsystems stärken. So kann beispielsweise bei Eintreffen eines negativen makroökonomischen Schocks durch das Handeln der Geldpolitik sowohl die Preisstabilität gewährleistet als auch die Konjunktur gestützt werden, sodass Banken potenziell weniger Kreditausfälle zu tragen haben. Es zeigt sich also, dass die preisstabilisierende Wirkung der Geldpolitik und ihre Auswirkungen auf die Finanzstabilität nicht vollständig zu trennen sind.

Diese Erkenntnis gilt zunächst für temporäre Schocks, die die Preisstabilität in einem beherrschbaren Umfang tangieren. Aber auch die Bekämpfung hoch inflationärer Phasen wirkt sich positiv auf die Finanzstabilität aus. In solchen Phasen ist die Funktionsfähigkeit des Finanzsystems insgesamt infrage gestellt, denn die Landeswährung kann ihre Geldeigenschaften (Wertaufbewahrung, Recheneinheit, Transaktionsmedium) verlieren. **Inflationsbekämpfung** ist somit eine **notwendige Bedingung für** das Vorhandensein von **Finanzstabilität**. Sie ist allerdings keine hinreichende Bedingung, da sich vor der Finanzkrise 2008 gezeigt hat, dass eine längere Phase niedriger Inflationsraten mit Vermögenspreiserhöhungen, geringen Volatilitäten an Finanzmärkten und einer Suche nach Rendite einherging. Die Risikoneigung der Akteure am Finanzmarkt stieg an und damit bauten sich Verwundbarkeiten in Bezug auf die Finanzstabilität auf (siehe Kap. 1.1.4).

Die Zentralbank unterliegt, anders als andere Banken, kurzfristig keiner Restriktion bezüglich der Höhe der Geldschöpfung. Sie hält das Geldangebot so elastisch, wie es für die jeweilige Situation notwendig ist. Das bedeutet in Krisenzeiten, dass sie als Kreditgeber der letzten Instanz (Lender of Last Resort, LOLR) auftreten kann. Die Geldpolitik wirkt somit unterstützend in Finanzkrisen. Einschränkend ist zu bemerken, dass davon aber auch negative Wirkungen für die Finanzstabilität ex ante ausgehen können, wenn die Akteure höhere Risiken eingehen, weil sie Stützung durch die Zentralbank im Krisenfall erwarten. Näheres dazu in Kap. 3.4.3.2.

Die operative Umsetzung der Geldpolitik erfolgt auf Konten der Banken bei der Zentralbank. Die notwendigen Buchungs- bzw. Zahlungsvorgänge werden dabei auf einem in der Regel von der Zentralbank betriebenen Zahlungssystem durchgeführt. Dieses verwenden die Banken auch für Zahlungen untereinander. Der Betrieb solcher Zahlungssysteme trägt dazu bei, strukturelle Risiken zu vermindern, die sich ergäben, wenn Bank-zu-Bank-Zahlungen bilateral im Rahmen von gegenseitigen Kontoverbindungen bzw. multilateral in einem privatwirtschaftlichen Zahlungssystem erfolgen müssten.

Finanzstabilität als Voraussetzung für Preisstabilität

Das Vorhandensein von Finanzstabilität stützt andererseits die Funktionsfähigkeit der Geldpolitik. Würde eine notwendige restriktive Geldpolitik (zum Beispiel eine Zinserhöhung) als zu risikoreich angesehen, da beispielsweise die damit einhergehenden Kursverluste von Vermögenswerten und die Reduktion der Beleihungswerte von Sicherheiten die Finanzinstitute zu sehr unter Druck setzen, spräche man von finanzieller Dominanz (Hellwig 2014). Ähnlich gelagert ist das Phänomen der fiskalischen Dominanz, wenn Zinserhöhungen eine negative Wirkung auf die Tragfähigkeit des Staatshaushalts haben, zu Folgewirkungen auf die Renditen von Staatsanleihen führen und darüber hinaus auf andere Segmente des Finanzmarktes wirken. In solchen Situationen stünde die Geldpolitik vor dem Dilemma, entweder den Finanzsektor zu stabilisieren oder Abstriche bei der Erreichung des Ziels der Preisstabilität hinnehmen zu müssen (vgl. Deutsche Bundesbank 2015, S. 68).

Finanzkrisen haben einen signifikanten Effekt auf die Inflationsrate. Nach einer Abwertung im Zuge einer Währungskrise erhöht sich die Inflationsrate in der Regel drastisch, da sich importierte Güter mit einer geringen Preiselastizität der Nachfrage deutlich verteuern. Bei Bankenkrisen ist häufig zunächst eine Reduktion der wirtschaftlichen Aktivität zu verzeichnen, die mit einer Disinflation oder sogar Deflation einhergeht. Zur Überwindung der Krise handelt die Fiskal- und/oder die Geldpolitik im weiteren Verlauf expansiv, sodass in der mittleren Frist ein inflationärer Schub entstehen kann. Ähnliches gilt auch für Staatsschuldenkrisen (Kaehler/Weber 2023).

Finanzstabilität ist daher eine **notwendige Bedingung für Preisstabilität**. Sie ist allerdings keine hinreichende Bedingung, da andere makroökonomische Schocks auf die Preisstabilität wirken können.

Geldpolitik und zyklische Verwundbarkeiten

Die Geldpolitik nimmt Einfluss auf den Finanzzyklus und damit auch Einfluss auf zyklische Verwundbarkeiten im Finanzsystem: So können am Finanzmarkt unerwartete Zinssenkungen bzw. -erhöhungen eine antreibende bzw. bremsende Wirkung für die Risikoneigung entfalten und damit den Finanzzyklus be- bzw. entschleunigen. Näheres dazu in Kap. 2.1.

Inwiefern die Geldpolitik Rücksicht auf den Finanzzyklus nehmen sollte, wird in Wissenschaft und Praxis debattiert. Das **vor der globalen Finanzkrise 2008** übliche Denkmuster bezog eine makroprudenzielle Politik noch nicht in die geldpolitische Entscheidungsfindung ein. Eine mikroprudenzielle Aufsicht wurde als ausreichend erachtet, um Finanzkrisen zu vermeiden. Die Annahme, dass Unvollkommenheiten auf Finanzmärkten höchstens kurzfristig möglich seien, führte zur Schlussfolgerung, dass die Geldpolitik auf zeitweilig überschießende Vermögenspreise keinen Einfluss ausüben könne. Diese Hypothese effizienter Finanzmärkte hatte dann zur Folge, dass die Geldpolitik während einer Blasenbildung in einer Strategie des Abwartens verharrte, aber nach Platzen einer Blase viel Liquidität zur Verfügung stellte, um plötzliche negative Wirkungen auf die Realwirtschaft zu vermeiden. Im amerikanischen Sprachgebrauch heißt das dann: **»Cleaning up after the mess.«**

Die Finanzkrise 2008 hat dieses Paradigma und seine grundlegenden Prämissen stark infrage gestellt. Die **Notwendigkeit** einer **makroprudenziellen Politik** neben der mikroprudenziellen Aufsicht und der Geldpolitik wird **seither nicht in Zweifel gezogen**.

Grundsätzlich gilt, dass die makroprudenzielle Politik die erste Verteidigungslinie zur Begrenzung zyklischer und struktureller Verwundbarkeiten sein sollte (Schnabel 2023). Die aufgezeigten Wechselwirkungen und Überlappungen mit der Geldpolitik müssen aber berücksichtigt werden. Außerdem ist zu bedenken, dass der Einsatz der makroprudenziellen Instrumente nicht zeitgerecht erfolgen könnte (Inaction Bias), da nicht ausreichend Daten vorliegen oder da kreditnehmerbezogene Instrumente (bspw. Loan-to-Value Ratios, LTV, oder Amortisationsanforderungen) von Politikern aus Furcht vor Wählerstimmenverlusten nicht eingesetzt werden (Müller 2020). Ferner könnten die notwendigen Instrumente (noch) nicht im ausreichenden Maße zur Verfügung stehen bzw. wirken. Das Instrumentarium, das auf den Nichtbanken-Sektor zielt, ist beispielsweise noch gering ausgeprägt.

Daher könnte sich die Zentralbank gefordert sehen, der Finanzstabilität bei der geldpolitischen Entscheidungsfindung eine größere Bedeutung beizumessen. Sie könnte

z. B. die Zinsen beim Aufbau von finanziellen Instabilitäten nicht so weit absenken, wie es der sonstigen makroökonomischen Lage entspräche. Sie lehnt sich gewissermaßen »gegen den Wind« der Finanzmärkte. Dieses »**Leaning against the wind**« ist das Gegenkonzept zum oben beschriebenen »Cleaning up« nach dem Platzen einer Blase. Dem wird entgegengehalten, dass eine Zinssetzung, die sich »gegen den Wind lehnt«, die Glaubwürdigkeit der Zentralbank unterminiert, sodass sich Inflationserwartungen entkoppeln und damit die Effektivität der Geldpolitik untergraben (Thedéen 2023).

Einige Zentralbanken haben mittlerweile der Finanzstabilität in der Formulierung ihrer **geldpolitischen Strategie** eine eigene Bedeutung zugewiesen, die aber **nicht so weit geht** wie ein »Leaning against the wind«. So betonte der Rat der Europäischen Zentralbank im Ergebnis seiner Strategieüberprüfung des Jahres 2021, dass Ungleichgewichte an den Finanzmärkten zu Risiken für die mittelfristige Preisstabilität führen können. Demzufolge wird im Rahmen des integrierten geldpolitischen Analyserahmens des Eurosystems bei der Analyse monetärer und finanzieller Faktoren ein Augenmerk auf Indikatoren zur Fragmentierung oder zum Marktstress gelegt, die Störungen der geldpolitischen Transmission in den Finanzmärkten anzeigen. Die monetäre und finanzielle Analyse ermöglicht auch eine systematischere Bewertung des längerfristigen Aufbaus finanzieller Verwundbarkeiten und Ungleichgewichte und ihrer möglichen Auswirkungen auf die Extremrisiken für Produktion und Inflation. Dies kann auch eine Nutzung des Growth-at-Risk-Ansatzes (vgl. Kapitel 2.4.2) bedeuten.

3.1.3 Bezüge weiterer Politikfelder zu Finanzstabilität und makroprudenzieller Politik

Eine Reihe von weiteren Politikfeldern kann Einfluss auf die Finanzstabilität haben und so für die makroprudenzielle Überwachung und Politik von Bedeutung sein. Die Vielfalt der Bezüge ergibt sich zum einen aus dem politisch gestaltbaren **institutionellen Rahmen**, welcher Anreize und Verhalten der Akteure am Finanzmarkt mitbestimmt. Hierzu zählen beispielsweise die Wettbewerbsordnung, das Bank- und Kapitalmarktrecht, das Insolvenz- und Zwangsvollstreckungsrecht, Rechnungslegungsstandards, Verbraucherschutzbestimmungen sowie Regelungen zum internationalen Kapitalverkehr.

Zum anderen nimmt die **Wirtschaftspolitik** in vielfältiger Weise Einfluss auf **makroökonomisch relevante** realwirtschaftliche Entwicklungen. Beispielsweise werden fiskalpolitische Mittel in Krisenzeiten häufig zur makroökonomischen Stabilisierung eingesetzt. Währungs- und Außenwirtschaftspolitik eines Landes bestimmen mit darüber, wie bedeutsam internationale Kapitalströme für das Wirtschaftsgeschehen sind. Bildungs-, Arbeitsmarkt- und Sozialpolitik nehmen unter anderem Einfluss auf die Fähigkeiten eines Landes, sich an makroökonomische Schocks anzupassen. Die Klimaschutzpolitik eines Landes bestimmt mit darüber, welche makroökonomischen

Auswirkungen der Klimawandel hat und wie der strukturelle Wandel hin zum klimaneutralen Wirtschaften gestaltet wird (vgl. Kapitel 2.2.2).

Beide, das Setzen und Verändern von institutionellen Rahmenbedingungen sowie die politische Gestaltung von makroökonomisch relevanten Politikfeldern, können Auswirkungen auf Verwundbarkeiten und die Resilienz des Finanzsystems haben oder Finanzstabilität indirekt, über die realwirtschaftliche Resilienz, beeinflussen (siehe Abb. 3.1: Politikfelder mit Einfluss auf Finanzstabilität). Dabei ist zu beachten, dass Erwägungen zur Finanzstabilität häufig eine nachgeordnete Rolle spielen. So können Folgen für die Finanzstabilität gewissermaßen als Nebenwirkungen bei der Verfolgung anderer politischer Zielsetzungen auftreten. Denkbar sind sowohl positive Wirkungen als auch negative Nebenwirkungen, welche unbeabsichtigt auftreten oder in der Abwägung politischer Entscheidungsträger zwar berücksichtigt, aber bewusst toleriert werden.

Im Folgenden werden die Politikfelder Fiskal- und Wettbewerbspolitik näher betrachtet, da sie in der Literatur unter Gesichtspunkten der Finanzstabilität verstärkt Beachtung gefunden haben.

3.1.3.1 Fiskalpolitik

Die Fiskalpolitik verfolgt verschiedene Ziele im Rahmen der staatlichen Einnahmen- und Ausgabenpolitik. Der Staat stellt den Bürgern Güter und Dienstleistungen zur Verfügung, welche durch Steuern, Gebühren und staatliche Kreditaufnahmen finanziert werden. Beispielsweise stellt der Staat öffentliche Güter bereit, welche von privaten Akteuren nicht oder nicht im gewünschten Umfang bereitgestellt werden, wie etwa die innere und die äußere Sicherheit eines Staates. Zudem werden mit der Fiskalpolitik Umverteilungsziele verfolgt, etwa Vermeidung von Armut oder eine gleichere Verteilung von Einkommen. In der kurzen Frist werden fiskalpolitische Mittel auch zur makroökonomischen Stabilisierung eingesetzt.

Antizyklische Fiskalpolitik und realwirtschaftliche Resilienz

Werden fiskalpolitische Mittel eingesetzt, um stabilisierend auf die Wirtschaftsentwicklung einzuwirken, spricht man von antizyklischer Fiskalpolitik. Sie wirkt dem Konjunkturzyklus entgegen. Beispielsweise führen eine progressive Einkommensbesteuerung, Arbeitslosenunterstützung und andere Sozialausgaben dazu, dass die verfügbaren Einkommen im Wirtschaftsabschwung weniger stark sinken und die Nachfrage nach Gütern und Dienstleistungen gestützt wird (sogenannte automatische Stabilisatoren). Diskretionäre Maßnahmen, etwa die Erhöhung von Staatsausgaben im Rahmen von Konjunkturprogrammen, wirken sich ebenfalls stützend auf die Nachfrage aus. Solche Maßnahmen wurden in großem Umfang während der globalen Finanzkrise und der Covid-19-Krise eingesetzt.

Die Bedeutung fiskalpolitischer Stabilisierungsmaßnahmen und insbesondere von Staatshilfen für den Bankensektor während der globalen Finanzkrise zeigt sich in einem starken Anstieg der Staatsschulden im Verhältnis zum BIP (Schuldenquote). Der Anstieg der Schuldenquote wird allerdings neben dem Anstieg der Staatsschulden auch durch den starken Wirtschaftsabschwung getrieben, der häufig mit Finanzkrisen einhergeht (siehe Kapitel 1.2).

Antizyklische Fiskalpolitik, sofern erfolgreich eingesetzt, trägt dazu bei, Auswirkungen von negativen Schocks auf gesamtwirtschaftlicher Ebene abzufedern. Dies hat positive Auswirkungen auf die Finanzstabilität, da hierdurch auch die Auswirkungen von Schocks auf das Finanzsystem gemildert werden. Die fiskalpolitischen Maßnahmen während der Covid-19-Krise liefern ein Beispiel hierfür. Finanzielle Krisenhilfen für Unternehmen haben die Folgen der Pandemie für Unternehmen abgemildert und dazu beigetragen, dass das Finanzsystem vor sonst drohenden Kreditausfällen abgeschirmt wurde (vgl. Buch 2021a; ESRB 2021a).

Bezüge zwischen makroprudenzieller Politik und Fiskalpolitik ergeben sich auch in umgekehrter Wirkungsrichtung (vgl. Reis 2021). Sofern makroprudenzielle Politik Tail-Risiken präventiv und wirksam begrenzt, werden Systemkrisen unwahrscheinlicher oder in ihren gesamtwirtschaftlichen Auswirkungen weniger gravierend. Fiskalpolitische Mittel zur Stabilisierung werden weniger häufig oder in geringerem Umfang genutzt, und der Staatshaushalt wird perspektivisch entlastet.

Fiskalpolitik als Ursache von Verwundbarkeiten

Ökonomische Größen wie Staatsschuldenquote, Auslandsverschuldung oder kurzfristige Verbindlichkeiten, welche die Fähigkeit und den Willen einer Regierung beeinflussen, ausgegebene Staatsschulden zurückzuzahlen, enthalten Frühwarnsignale für Staatsschuldenkrisen (vgl. Manasse et al. 2003). Die Fiskalpolitik kann diese Größen direkt beeinflussen oder auch indirekt, etwa über makroökonomische Wirkungen der Fiskalpolitik. Fiskalpolitik kann somit zum Aufbau von Verwundbarkeiten beitragen, welche im schlimmsten Fall in einem Zahlungsausfall des Staates, also in einer Staatsschuldenkrise münden können. Entsprechend dem Fokus dieses Buches sollen die Ausführungen zu Staatsschuldenkrisen hier nicht vertieft werden (siehe Kapitel 1.1).

Aber selbst wenn kein Zahlungsausfall des Staates eintritt, kann sich ein steigendes Ausfallrisiko des Staates negativ auf den Finanzsektor auswirken. Umgekehrt können höhere Ausfallrisiken im Finanzsektor zu Belastungen des Staatshaushalts führen. Die Gründe hierfür sind vielfältig und werden in der Literatur häufig als Staaten-Banken-Nexus zusammengefasst (Kasten »Der Staaten-Banken-Nexus«). Wechselwirkungen zwischen Ausfallrisiken von Staaten und Banken machen weitere Bezüge zwischen makroprudenzieller Politik und Fiskalpolitik deutlich. Höhere fiskalische Puffer bei Eintritt in die Krise und ein gutes fiskalpolitisches Krisenmanagement mildern den

Nexus ab. Makroprudenzielle Politik kann Verwundbarkeiten aus dem Staaten-Banken-Nexus präventiv adressieren, zum Beispiel durch den Einsatz makroprudenzieller Instrumente für Banken.

Der Staaten-Banken-Nexus

Die Gründe für Wechselwirkungen zwischen Ausfallrisiken von Staaten und Banken, in der Literatur als Staaten-Banken-Nexus bezeichnet, sind vielfältig (siehe z. B. Borio et al. 2023). Zunächst sind Banken als Halter von Staatsanleihen Ausfallrisiken direkt ausgesetzt. Höhere Risikoprämien für Staaten gehen mit niedrigen Preisen für Staatsanleihen einher, folglich sinkt der Wert von Staatsanleihen in den Portfolios der Banken. Höhere staatliche Ausfallrisiken führen zudem zu höheren Finanzierungkosten von Banken, aber auch von Haushalten und Unternehmen. In der Folge sinken Investitionen und die Wirtschaftsentwicklung wird gedämpft, was den Druck auf den Bankensektor erhöht.

Wirkungszusammenhänge bestehen auch in umgekehrter Richtung, von Ausfallrisiken zu Banken hin zum Staatssektor. Systemische Bankenkrisen sind häufig mit starken Einbrüchen der gesamtwirtschaftlichen Aktivität verbunden. Der Staat stützt in einer solchen Lage das Bankensystem typischerweise mit Krisenhilfen. Zudem wirkt er stabilisierend auf die gesamtwirtschaftliche Entwicklung ein. Zusätzliche Ausgaben finanziert er durch Kreditaufnahmen. Zugleich sinken die Steuereinnahmen. Höhere Ausgaben und sinkende Einnahmen setzen den Staatshaushalt unter Druck und führen ceteris paribus zu höheren Ausfallrisiken und höheren Finanzierungskosten des Staates. Bereits in aufkeimenden Systemkrisen können die Finanzierungkosten des Staates steigen, wenn die zuvor beschriebenen Wirkungsmechanismen von den Marktteilnehmern antizipiert werden und unmittelbar in den Märkten für Staatsanleihen eingepreist werden.

Zur berücksichtigen sind auch mögliche ungünstige Anreizwirkungen für Marktteilnehmer. Die Erwartung von staatlichen Hilfen für Banken im Fall einer systemischen Krise kann Anreize für Banken setzen, ex ante höhere Risiken einzugehen (siehe z. B. Acharya/Yorulmazer 2007; Farhi/Tirole 2012). Insbesondere kommen Banken, welche als »TBTF« wahrgenommen werden, in den Genuss einer sogenannten impliziten Staatsgarantie, welche ceteris paribus zu niedrigeren Finanzierungskosten führt (vgl. FSB 2021, S. 11). Unter Umständen kann dies zu höherer Risikonahme solcher Banken führen. In jedem Fall verzerren implizite staatliche Garantien den Wettbewerb.

Freilich hängt der Staaten-Banken-Nexus noch von weiteren politisch beinflussbaren Faktoren ab. So wird seit Jahren über Reformen der Bankenregulierung diskutiert, welche gegenwärtig regulatorische Erleichterungen für das Halten von Staatsanleihen durch Banken vorsieht (siehe z. B. SVR 2015; Borio et al. 2023). Rettungserwartungen für Banken (implizite staatliche Garantien) in aufkeimenden Systemkrisen und der tatsächliche Einsatz staatlicher Mittel im Krisenfall können durch einen angemessenen und gut funktionierenden Rahmen für die Restrukturierung und Abwicklung von Banken begrenzt werden (siehe Kapitel 3.4).

Anreizwirkungen von Steuern und Abgaben

Die Art und Weise, wie der Staat Einnahmen über Steuern und Abgaben generiert, kann Anreizwirkungen entfalten, welche ebenfalls Relevanz für die Finanzstabilität haben (vgl. IMF 2013a, 2013b für einen Überblick). Grundsätzlich haben Steuern einen Einfluss auf Marktpreise von Finanzinstrumenten und Immobilien, wenn Markttransaktionen und damit verbundene Mittelflüsse einer Besteuerung unterliegen. Die Einbeziehung von steuerlichen Rahmenbedingungen kann daher bei der Analyse des Finanzzyklus (vgl. Kapitel 2.1) interessant sein. Darüber hinaus können ungünstige Anreizwirkungen entstehen, wenn spezifische Finanzinstrumente oder Immobilien gegenüber anderen Anlagen begünstigt werden.

Ein wichtiges Beispiel ist die steuerliche Begünstigung der Fremdfinanzierung gegenüber der Eigenfinanzierung. Zinszahlungen für Fremdfinanzierungen senken den Gewinn von Unternehmen und damit die steuerliche Belastung auf Unternehmensebene. Für Zahlungen an Eigenkapitalgeber gilt dies nicht (siehe SVR 2012 für eine ausführliche Diskussion). Empirische Studien lassen den Schluss zu, dass die steuerliche Begünstigung von Fremdkapital mit einem höheren Verschuldungsgrad von Unternehmen (Feld et al. 2013) und Banken einhergeht (de Mooij/Keen 2016).

Die Bankenabgabe in den Mitgliedstaaten der EU hingegen ist eine Abgabe, die explizit darauf abzielt, systemische Risiken im Finanzsystem zu reduzieren (siehe Kapitel 3.4). Mit der Abgabe wird ein Fonds finanziert, welcher zur Begleitung von Abwicklungs- und Restrukturierungsmaßnahmen von Banken im Krisenfall eingesetzt werden kann. Die Höhe der Abgabe richtet sich nach der Summe der Verbindlichkeiten ohne gedeckte Einlage sowie dem Risikoprofil einer Bank. Die Fremdfinanzierung wird damit verteuert. Bislang verfügbare Evidenz zur europäischen Bankenabgabe zeigt, dass die Einführung mit einer Erhöhung der Kapitalquote von Banken einherging, Banken aber auch zugleich den Risikogehalt ihrer Anlagen erhöhten (Devereux et al. 2019). Über die konkreten Wirkungen einer Bankenabgabe hinaus können Abwicklungsregime, sofern glaubwürdig ausgestaltet, positive Anreizwirkungen entfalten und zur Reduzierung von Verwundbarkeiten und dem Aufbau von Resilienz beitragen.

3.1.3.2 Wettbewerbspolitik

Freier Wettbewerb und offene Märkte führen in der Regel zu einer effizienten Produktion, einer umfassenden Nutzung des Wissens aller Anbieter und einer Ausrichtung der Produktion an den Bedürfnissen der Verbraucherinnen und Verbraucher. Ein funktionsfähiger Wettbewerb führt dabei zu einer Eindämmung von wirtschaftlicher Macht einzelner Unternehmen bzw. Personen. Er fördert so nicht nur eine gerechte Preisbildung, Qualitätssteigerungen und ein verbraucherorientiertes Angebot, sondern ist auch ein starker Innovationsanreiz, der zu technischem Fortschritt führt (vgl. Bundesministerium für Wirtschaft und Klimaschutz o. J.).

Ziel der Wettbewerbspolitik und -regulierung ist es, Märkte zu öffnen und offen zu halten. Damit sollen der Zutritt neuer Wettbewerber und der Austritt bisheriger Anbieter ermöglicht werden. Tätigkeitsfelder der Wettbewerbspolitik sind daher zum einen die Liberalisierung von Märkten und zum anderen die Regulierung von wettbewerbswidrigem Verhalten. Letzteres bedeutet zum Beispiel ein prinzipielles Kartellverbot, einen Genehmigungsvorbehalt bei Fusionen sowie die Missbrauchsaufsicht über marktbeherrschende Unternehmen. In der EU ist daneben die Genehmigung staatlicher Beihilfen für Unternehmen von der Generaldirektion Wettbewerb der Europäischen Kommission abhängig. Über den Binnenmarkt hinaus kann das Offenhalten von Märkten durch eine Außenwirtschaftspolitik flankiert werden, die Zölle und nichttarifäre Handelshemmnisse – das gilt auch für Dienstleistungen z. B. im Finanzsektor – so weit wie möglich reduziert bzw. beseitigt.

Im Finanzsektor, und hier insbesondere im Bankwesen, können Wettbewerbsvorteile gegenüber anderen Anbietern vor allem durch eine verstärkte Übernahme von Risiken erreicht werden. So können Banken zum Beispiel bei der Vergabe von Krediten Konditionen vereinbaren, die nicht alle Risiken – vor allem nicht die systemischen Risiken – abdecken. Die Ertragslage und die Kapitalausstattung von Banken werden somit wesentlich durch ihren Risikoappetit beeinflusst. Die wissenschaftliche Literatur (vgl. IMF 2013b, S. 40 f.) hat dabei mehrere Effekte gefunden, die nicht komplett widerspruchsfrei zueinander sind:

- Zum einen könnte eine hohe Wettbewerbsintensität zu niedrigeren Zinsmargen führen, die den Banken einen Anreiz zu risikoreicherem Verhalten geben und letztlich weniger widerstandfähig gegenüber Schocks werden lassen. In einigen Ländern hat dies zu Interventionen der Behörden geführt, die bspw. Habenzinsen für Bankguthaben deckelten, detaillierte Vorgaben zur Kreditvergabe machten oder Zinskartelle explizit zuließen (vgl. Hellwig 2018, S. 12).
- Zum anderen erhöht starker Wettbewerb durch geringere Zins- und Tilgungszahlungen für sich genommen zunächst die Schuldendienstfähigkeit der Schuldner. Dies trifft vor allem auf Situationen zu, bei denen die Wettbewerbsintensität zunächst gering war und durch den Marktzutritt neuer Anbieter erhöht wurde. Bei bereits hoher Wettbewerbsintensität überwiegt jedoch der obige Effekt der geringeren Zinsmarge und Schockanfälligkeit.
- Eine sehr hohe Wettbewerbsintensität kann zu einer Spezialisierung im Kreditangebot führen, die sich negativ auf Diversifikationsvorteile im Kreditportfolio niederschlägt. Auch ist ein Ausweichen auf Finanzgeschäfte mit zinsunabhängigen Erträgen möglich, die zu Liquiditäts- und Marktrisiken führen können.
- Größere Organisationen neigen zu organisationalen Ineffizienzen und höheren operationellen Risiken. Auch ein -Moral-Hazard-Verhalten von TBTF-Banken ist in Betracht zu ziehen. Daher ist ein Bankenmarkt, der nur aus wenigen großen Anbietern besteht, nicht optimal in Bezug auf die Finanzstabilität. Daneben ist ein

Einfluss großer Banken auf politische Entscheidungsprozesse geschichtlich belegt und demokratietheoretisch unerwünscht.

In den letzten Jahrzehnten hat sich durch die Liberalisierung von Regulierung im Finanzsektor, durch institutionelle und technische Innovationen innerhalb des Finanzsektors (Off-Shore-Märkte, Finanzderivate, Nutzung von IT), durch die zunehmende Präsenz ausländischer Anbieter sowie durch den Neueintritt von Fintech- und BigTech-Unternehmen der Wettbewerbsdruck tendenziell erhöht. Fusionen und Übernahmen von (potenziellen) Konkurrenten haben diesen Effekt teilweise absenken können.

Die Offenheit von Märkten wird durch die Möglichkeit von Marktzutritten und Marktaustritten beeinflusst. **Marktzutrittsbarrieren** haben sich durch Liberalisierung und technischen Fortschritt teilweise abgesenkt bzw. ganz erübrigt. Dennoch bestehen weiter einige, wie z. B. Anfangsinvestitionen bei der Kundengewinnung oder beim Zugang zu Finanzmarktinfrastrukturen und Abwicklungsnetzwerken. Größenvorteile im Bankwesen führen zu weniger Marktzutritten. Diese Vorteile äußern sich z. B. in vorteilhafteren Regelungen zur Berechnung von Kreditrisiken durch interne Modelle oder durch die billigere Refinanzierung bei Annahme einer staatlichen Rettung (Bail-out) einer TBTF-Bank seitens der Investoren. **Marktaustrittsbarrieren** ergeben sich vor allem durch politische Interventionen (»nationale Champions«), durch explizite und implizite staatliche Garantien und durch Subventionen. Überkapazitäten im Finanzsektor werden so aufrechterhalten. Dies kann in Zeiten vor einer Finanzkrise zu einem erhöhten Risikoappetit dieser Banken und letztlich zur Finanzkrise selbst führen. Im Zuge der dann notwendigen Krisenbewältigungsmaßnahmen können (staatlich unterstützte) Bankfusionen, staatliche Beihilfen, Zahlungsaufschübe, Zugeständnisse der mikroprudenziellen Aufsicht und Notfall-Liquiditätshilfen der Zentralbank erste Ansätze der Krisenbewältigung sein. Mittelfristig ist eine Marktbereinigung unumgänglich, die aber zunächst die Möglichkeit einer geordneten Abwicklung von Banken erfordert (siehe Kapitel 3.4).

Bankenregulierung, Wettbewerbspolitik und makroprudenzielle Politik überschneiden sich notwendigerweise. Die sektorspezifische Regulierung und Aufsicht haben dabei in der Regel höhere Freiheitsgrade als die Kartellbehörden, die nach sehr allgemeinen rechtlichen Maßstäben tätig werden müssen. Die Nähe zu den beaufsichtigten Institutionen kann aber auch zu Nachteilen führen, wenn soziale Bindungen zu einem Drehtüreffekt (Jobwechsel von der Aufsicht zu den beaufsichtigten Institutionen) oder zu einer zu großen Nachsicht z. B. bei der Beurteilung von Risiken oder der Festlegung von Kapitalzuschlägen führen. In der EU hat die Generaldirektion Wettbewerb der EU-Kommission eine starke Stellung bei der Genehmigung von staatlichen Beihilfen und bei Fusionsvorhaben. Dadurch ergibt sich eine weitere bedeutende regulatorische Institution neben der mikro- und der makroprudenziellen Aufsicht.

3.2 Makroprudenzielle Instrumente

Sebastian Breuer/Niklas Gadatsch/Katharina Knoll/Jens Reich

3.2.1 Makroprudenzielle Maßnahmen und Instrumente

Zur Wahrung der Finanzstabilität stehen den mit der makroprudenziellen Politik betrauten Institutionen mehrere Maßnahmen unterschiedlich starker Verbindlichkeit und rechtlicher Eingriffstiefe zur Verfügung (Brings 2013; Deutsche Bundesbank 2023c).

Als **weiche makroprudenzielle Maßnahmen** werden kommunikative Formate bezeichnet, die für den Adressaten *nicht* rechtlich verbindlich sind, aber dennoch ihr Verhalten beeinflussen sollen. Sie umfassen die externe Kommunikation zu finanzstabilitätsrelevanten Entwicklungen und aufkommenden Finanzstabilitätsrisiken und zu der Ausrichtung makroprudenzieller Politik über regelmäßige oder unregelmäßige Veröffentlichungen nationaler oder internationaler Finanzstabilitätsausschüsse, Aufsichtsbehörden oder Zentralbanken. Diese Formate dienen der Information der Öffentlichkeit und wirken damit auf die Erwartungen und das Verhalten der Akteure in der Volkswirtschaft. Mitunter können so bereits Verhaltensänderungen herbeigeführt werden, durch die Akteure ihre Verwundbarkeiten reduzieren und/oder ihre Widerstandsfähigkeit erhöhen. Darüber hinaus kann die externe Kommunikation die Wirkung makroprudenzieller Instrumente höherer Verbindlichkeit und stärkerer Eingriffstiefe begleiten und unterstützen. Erfolgt die Kommunikation in Form von regelmäßigen Berichten, dient sie auch der Rechenschaftslegung der veröffentlichenden Institution. Beispiele für weiche makroprudenzielle Maßnahmen in der deutschen makroprudenziellen Politik sind die Jahresberichte des Ausschusses für Finanzstabilität (AFS) sowie der jährliche Finanzstabilitätsbericht der Deutschen Bundesbank. Auch Pressemitteilungen der Institutionen makroprudenzieller Politik sowie öffentliche Reden oder Interviews ihrer Vertreter werden dieser Kategorie der weichen Maßnahmen zugeordnet (AFS 2023a).

Makroprudenzielle **Instrumente mittlerer Eingriffstiefe und Verbindlichkeit** sind formalisierte und rechtlich verankerte Formen der Kommunikation, die sich an einen spezifischen Adressaten richten und damit über den Charakter einer weichen makroprudenziellen Maßnahme hinausgehen. Sowohl das European Systemic Risk Board (ESRB) auf europäischer Ebene als auch der AFS in Deutschland können hierfür »Warnungen« und »Empfehlungen« nutzen. **Warnungen** dienen beiden Institutionen in ihrer Risikokommunikation, wenn sie auf eine drohende Gefährdung der Finanzstabilität hinweisen möchten (AFS 2023c; ESRB 2022). Ausgangspunkt ist die Annahme, dass der Informationsgehalt der Warnung zur Wahrung der Finanzstabilität beitragen kann. Warnungen haben, ähnlich den weichen Maßnahmen, eine Koordinationsfunktion und sollen die Adressaten dazu bewegen, die identifizierten Verwundbarkeiten und Risiken bei ihren Entscheidungen zu berücksichtigen.

Empfehlungen werden ausgesprochen, wenn nicht nur vor systemischen Risiken gewarnt werden soll, sondern darüber hinaus konkrete Handlungsoptionen für erforderlich, geeignet und angemessen erachtet werden, um diesen zu begegnen. So können Empfehlungen beispielsweise den Einsatz oder die Schaffung harter, das heißt rechtlich verbindlicher, makroprudenzieller Instrumente vorsehen. Der Adressat einer Empfehlung muss der Institution, die die Empfehlung erlassen hat, mitteilen, auf welche Weise er die angeratenen Maßnahmen umsetzt, oder begründen, warum er von diesen abweicht (ESRB 2016). Empfänger von Warnungen und Empfehlungen des ESRB können die EU insgesamt, die Europäische Kommission, die Regierungen und Finanzaufsichtsbehörden der EU-Mitgliedstaaten sowie die europäischen Aufsichtsbehörden sein. Der AFS kann Warnungen und Empfehlungen an alle öffentlichen Stellen in Deutschland richten (AFS 2023b).

Harte makroprudenzielle Maßnahmen greifen direkt in die Aktivitäten der Finanzmarktteilnehmer ein und umfassen **kapitalbasierte, kreditnehmerbasierte sowie liquiditätsbasierte Instrumente** (Bakker et al. 2012; Freixas et al. 2015; Sachverständigenrat 2014). Diese harten makroprudenziellen Instrumente unterscheiden sich nicht nur mit Blick auf ihren Ansatzpunkt bei den Finanzmarktakteuren – an der Eigenkapital- oder Liquiditätsausstattung von Finanzintermediären oder am Kreditnehmer –, sondern auch bezüglich ihrer Wirkungsweise und Zielsetzung. So können sie Risiken des Finanzsystems direkt begrenzen, indem sie die Widerstandsfähigkeit von Finanzmarktakteuren erhöhen und/oder den Aufbau von strukturellen und/oder zyklischen Verwundbarkeiten eindämmen (Borio 2009; Bank of England 2011; Freixas et al. 2015). Zyklische Verwundbarkeiten sind das Ergebnis prozyklischen Verhaltens, das heißt das Ergebnis der Tendenz, Risikopositionen während einer Aufschwungphase des Finanzzyklus zu erhöhen und in Krisenzeiten übermäßig risikoscheu zu werden (siehe Kapitel 2.1). Instrumente, die *zyklische Risiken* adressieren, orientieren sich dementsprechend am Finanzzyklus. Sie können auf die Erhöhung der Widerstandsfähigkeit zielen, indem sie an der Kapital- oder Liquiditätsausstattung von Finanzintermediären ansetzen. Oder sie können bei Kennzahlen ansetzen, welche relevante Eigenschaften von Kreditnehmern beschreiben, und somit versuchen, die Verwundbarkeiten direkt zu mindern. Strukturelle Verwundbarkeiten spiegeln die Verteilung von Risiken im Finanzsystem zu einem bestimmten Zeitpunkt wider (siehe Kapitel 2.2) und werden unter anderem durch die Größe einzelner Finanzintermediäre, deren Verschuldungsgrad, die Konzentration ihrer Aktivitäten und ihrer Vernetzung bestimmt. Instrumente, die *strukturelle Verwundbarkeiten* adressieren, zielen zumeist auf die Erhöhung der Widerstandsfähigkeit des Finanzsystems und können bei der Kapitalausstattung der Kreditinstitute oder der Widerstandsfähigkeit von Kreditinstituten gegenüber Liquiditätsschocks ansetzen. Eine konzeptionelle Trennung zwischen strukturellen und zyklischen Verwundbarkeiten ist hinsichtlich des Verständnisses und der Analyse von Verwundbarkeiten hilfreich, obwohl Verwundbarkeiten oft gleichzeitig eine zyklische und eine strukturelle Dimension aufweisen. Praktisch ist die Trennung nur begrenzt möglich, weshalb makroprudenzielle Instrumente gleichzeitig sowohl strukturelle als auch zyklische Verwundbarkeiten adressieren können (vgl. Claessens 2014; Claessens et al. 2014). Abbildung 3.2 fasst die in Deutschland verfügbaren harten makroprudenziellen Instrumente und deren Zielsetzung zusammen.

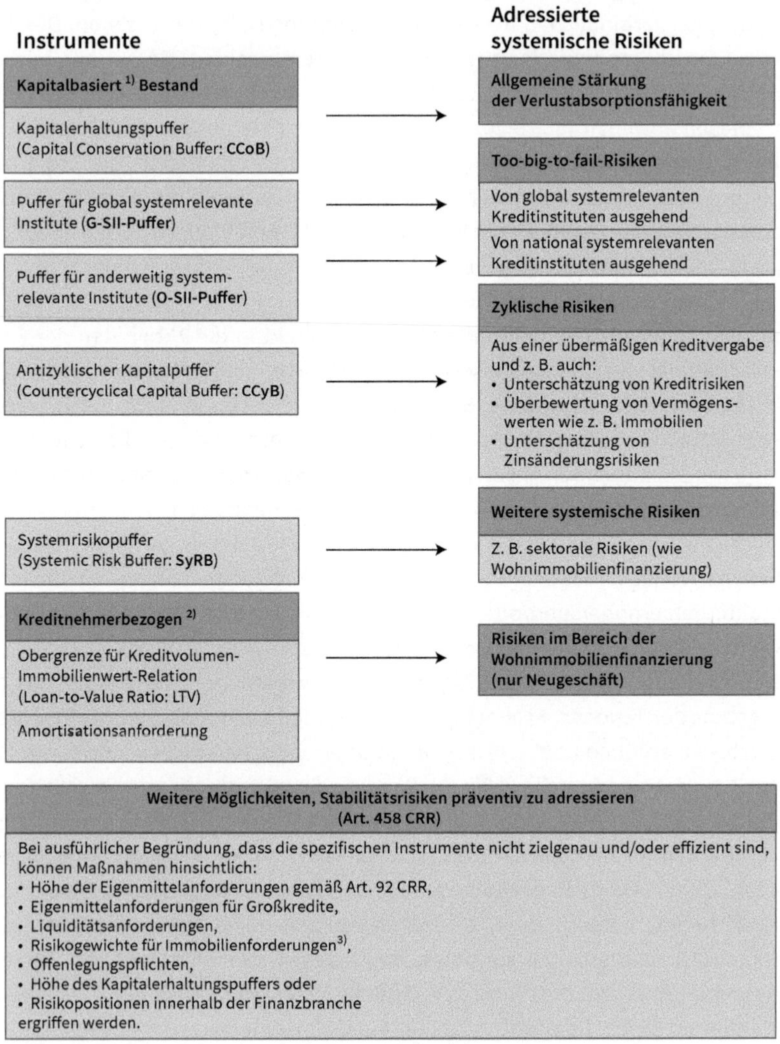

1 Nach EU-Kapitaladäquanzverordnung und -richtlinie (CRR/CRD IV). Nach Art. 458 CRR bestehen weitere Möglichkeiten, um systemische Risiken auf nationaler Ebene zu adressieren. So können beispielsweise die Risikogewichte bei immobilienbesicherten Krediten oder der Kapitalerhaltungspuffer (Capital Conservation Buffer: CCoB) angepasst werden.
2 Basierend auf nationaler Rechtsgrundlage. Instrumente beziehen sich ausschließlich auf Wohnimmobilienfinanzierungen.
3 Jenseits der möglichen Maßnahmen nach Art. 124 und 164 CRR.

Abb. 3.2: In Deutschland verfügbare makroprudenzielle Instrumente und adressierte systemische Risiken (Quelle: Eigene Darstellung basierend auf Veröffentlichungen des Ausschusses für Finanzstabilität)

3.2.1.1 Kapitalbasierte Instrumente

Der Großteil der harten makroprudenziellen Instrumente sind **kapitalbasierte Instrumente**, das heißt, sie zielen auf eine Stärkung des Eigenkapitals von Banken ab. In der EU und den USA wurden makroprudenzielle Kapitalaufschläge erstmals systematisch auf Basis des Basel III-Reformpakets eingeführt. Der BCBS hat aufbauend auf den Vorschlägen des FSB insgesamt vier neue Kapitalpuffer entwickelt: den Kapitalerhaltungspuffer, den antizyklischen Kapitalpuffer, den Kapitalpuffer für global systemrelevante Institute und den Kapitalpuffer für anderweitig (national) systemrelevante Institute. Kapitalanforderungen werden als ein bestimmter Prozentsatz der risikogewichteten Aktiva festgesetzt. Risikogewichtete Aktiva sind die gesamten Aktiva einer Bank multipliziert mit ihren jeweiligen Risikogewichten. Die Risikogewichte geben Auskunft darüber, wie riskant ein bestimmter Vermögenswert ist. Das heißt, je weniger riskant ein Vermögenswert ist, desto niedriger ist das angesetzte Risikogewicht und desto weniger Eigenkapital muss die Bank vorhalten, um das mit dem Vermögenswert verbundene Risiko abzudecken.

In Europa sind die Basel III-Vorgaben hinsichtlich risikogewichteter Kapitalpuffer (Deutsche Bundesbank 2018) weitgehend durch die Eigenkapitalrichtlinie (engl. *Capital Requirements Directive*, CRD) in europäisches Recht umgesetzt und individuell in die nationalen Gesetzgebungen der Mitgliedstaaten überführt – beispielsweise in Deutschland in das Kreditwesengesetz (KWG). Die EU hat über die Basel-Vorschläge hinaus zusätzlich für europäische Banken einen fünften risikogewichteten Kapitalpuffer, den Systemrisikopuffer eingeführt, der ebenfalls in der CRD verankert ist. Gemeinsam bilden die fünf genannten Kapitalpuffer die kombinierten Pufferanforderungen (engl. *Combined Buffer Requirements*).[10] Abbildung 3.3 bietet eine Übersicht über die Mindestkapitalanforderungen und die Kapitalpuffer.

10 Auf der Webseite des ESRB befinden sich Übersichten zu den Kapitalpuffern einzelner europäischer Länder (ESRB 2023a). Der Baseler Ausschuss führt vergleichbare Listen zum G-SII-Puffer und CCyB auf globaler Ebene, die auch Drittstaaten enthält (BIS 2023a; BIS 2023b).

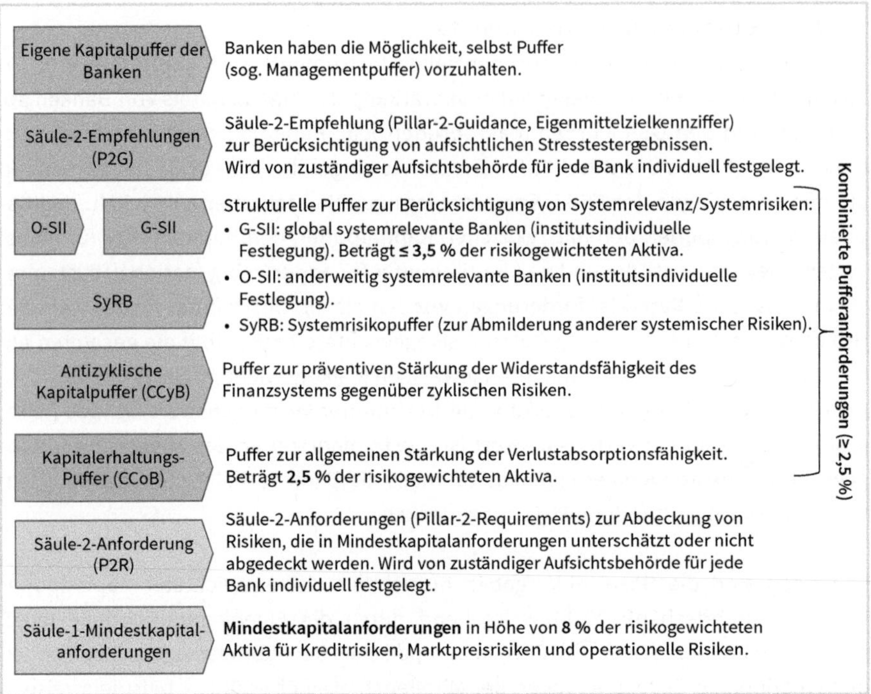

Abb. 3.3: Kapitalpuffer und Mindestkapitalanforderungen (Quelle: Eigene Darstellung basierend auf vom Ausschuss für Finanzstabilität veröffentlichten Abbildungen)

Die **fünf makroprudenziellen Kapitalpuffer** müssen mit hartem Kernkapital (Common Equity Tier 1 Capital – CET1), d. h. Kapital höchster Qualität, erfüllt werden und gelten zusätzlich zu den Mindesteigenkapitalanforderungen. Zentraler Unterschied zwischen makroprudenziellen Eigenkapitalpuffern und Mindesteigenkapitalanforderungen ist, dass makroprudenzielle Pufferanforderungen in Stressphasen zeitweise unterschritten werden dürfen. Damit ein Anreiz besteht, die makroprudenziellen Puffer wieder rasch aufzubauen, werden bei einer Unterschreitung diskretionäre Ausschüttungen, das heißt Aktienrückkäufe, Dividenden und Bonuszahlungen, beschränkt. Zudem müssen Institute bei einer Unterschreitung einen Plan vorlegen, welche Maßnahmen zum Wiederaufbau des Eigenkapitals entsprechend den Pufferanforderungen ergriffen werden. Im Gegensatz dazu kann eine Unterschreitung der Mindestkapitalanforderungen zu einem Entzug der Banklizenz führen. In bestimmten Fällen muss die Ergreifung makroprudenzieller Kapitalmaßnahmen dem ESRB angezeigt werden (ESRB 2018); innerhalb des Single Supervisory Mechanism (SSM) muss die jeweilige national zuständige Behörde die EZB mit einbeziehen.[11]

11 Vgl. Verordnung (EU) 468/2014 Art. 5 SSM Regulation.

Der **Kapitalerhaltungspuffer** (engl. *Capital Conservation Buffer*, CCoB) beträgt für alle Institute 2,5% der risikogewichteten Aktiva.[12] In Verlustphasen können die Institute auf den Kapitalerhaltungspuffer zurückgreifen und damit die harte Kernkapitalquote (engl. *Equity Ratio*) von 4,5% erhalten. Er steigert somit allgemein die Verlustabsorptionsfähigkeit (Verordnung EU 1024/2013).

Die Höhe des **antizyklischen Kapitalpuffers** (engl. *Countercyclical Capital Buffer*, CCyB)[13] wird von der national zuständigen Behörde in Abhängigkeit der zyklischen Systemrisiken in Schritten von 0,25 Prozentpunkten der risikogewichteten Aktiva festgelegt (siehe Kapitel 3.2.2). Der antizyklische Kapitalpuffer bietet die Möglichkeit, dass Banken in Phasen, in denen zyklische Verwundbarkeiten steigen, zusätzliche Kapitalpuffer aufbauen. Die Festlegung der Quote basiert auf der Analyse der Entwicklung der Kredit/BIP-Lücke, die das Kreditvolumen ins Verhältnis zur wirtschaftlichen Entwicklung setzt, und weiterer Indikatoren zur Bewertung des zyklischen systemischen Risikos (BIS 2019; Deutsche Bundesbank 2023d; AFS 2023e; BCBS 2022a).[14] Im Gegensatz zu den anderen Kapitalpuffern kann der antizyklische Kapitalpuffer in Stressphasen von der national zuständigen Behörde teilweise oder vollständig freigegeben werden. Banken können in diesem Fall mithilfe der freigesetzten Kapitalreserven Verluste auffangen und ihr Kreditangebot stabilisieren. Der antizyklische Kapitalpuffer zielt somit darauf ab, einer Einschränkung des Kreditangebots in Stressphasen entgegenzuwirken. Nachgelagert versucht er auch, einer prozyklischen Ausweitung des Kreditangebots in Aufschwungphasen entgegenzuwirken. Abbildung 3.4 illustriert diese Logik zeitvariierender makroprudenzieller Kapitalpuffer (AFS 2023d; Deutsche Bundesbank 2023d; BCBS 2022a; ESRB 2018).

12 Gemäß Art. 92 Abs. 3 CRR (Verordnung (EU) 575/2013); im deutschen Recht ist der Kapitalerhaltungspuffer in § 10c KWG verankert.

13 Vgl. EU-Richtlinie 2013/36/EU Art. 130 CRD sowie für Deutschland § 10d KWG sowie Solvabilitätsverordnung (SolvV).

14 Zum analytischen Rahmen zur Bestimmung einer angemessenen Pufferquote in Deutschland vgl. Deckers et al. 2015.

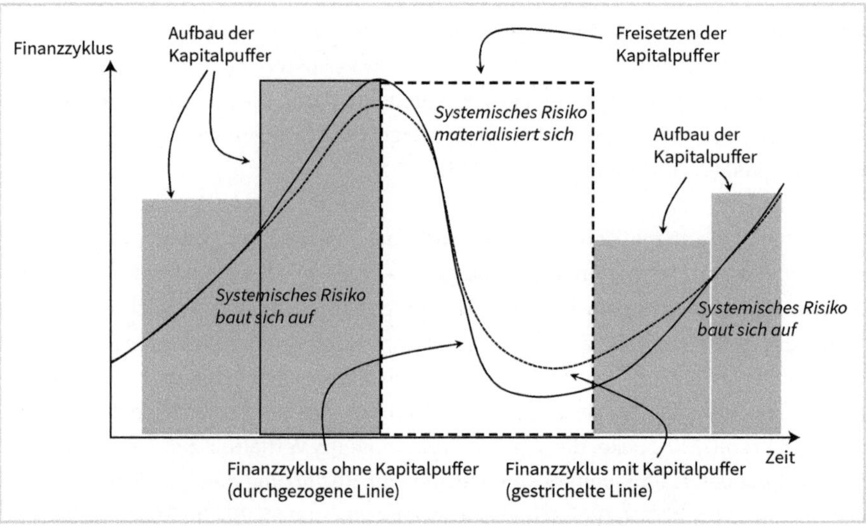

Abb. 3.4: Zeitvariierende makroprudenzielle Kapitalpuffer (Quelle: Eigene Darstellung)

Der **Kapitalpuffer für global systemrelevante Institute** (G-SRI; engl. *Global Systemically Important Institutions*, G-SIIs) findet lediglich für eine Auswahl großer, stark vernetzter und international tätiger Banken Anwendung und wird auf Einzelinstitutsebene festgelegt. Die jährliche Festlegung der G-SIIs erfolgt anhand international festgelegter Kriterien durch das FSB und den BCBS.[15] Die so ermittelten Institute werden in eine von fünf Klassen von Systemrelevanz eingestuft und sind verpflichtet, entsprechend ihrer Einstufung zusätzliches Kapital in Höhe zwischen 1,0 % und 3,5 % der risikogewichteten Aktiva vorzuhalten. Der Kapitalpuffer für global systemrelevante Institute ist ein zentrales Instrument zum Umgang mit der »TBTF«-Problematik (AFS 2023f; BIS 2018; FSB 2021; Deutsche Bundesbank 2023d; zur »TBTF«-Problematik siehe auch Kap. 2.2.3).

Die Zielsetzung des **Kapitalpuffers für anderweitig (national) systemrelevante Institute**[16] (A-SRI; engl. *Other Systemically Important Institutions*, O-SIIs) ist ähnlich der des Puffers für G-SIIs, jedoch fokussiert auf Banken, die aufgrund ihrer Größe, wirtschaftlichen Bedeutung, grenzüberschreitenden Aktivitäten sowie Vernetztheit mit dem Finanzsystem für die Volkswirtschaft ihres Heimatlandes systemrelevant sind. Die Bundesanstalt für Finanzdienstleistungsaufsicht (BaFin) und die Deutsche Bundesbank identifizieren die A-SRIs in Deutschland gemeinsam. Sie berücksichtigen dabei die relevanten Leitlinien der EBA (BaFin 2022). Die Identifizierung anderweitig systemrelevanter Institute und die Berechnung der Pufferquote erfolgen durch nationale Aufsichtsbehörden. Wird einer Pufferquote von mehr als 3,0 % festgesetzt, muss die

15 Die jeweils aktuelle Liste der als G-SIIs designierten Banken kann auf der Internetseite des FSB eingesehen werden (FSB 2022).

16 Vgl. § 10g KWG; EU-Richtlinie 2013/36/EU, L 176 S. 348, S. 405–408.

EU-Kommission zustimmen. Wird ein Institut sowohl durch das FSB als global systemrelevantes Institut als auch als anderweitig systemrelevantes Institut nach nationaler Methodik eingestuft, muss nur der Kapitalpuffer mit der höheren institutsspezifischen Quote vorgehalten werden. Ebenso wie der Kapitalpuffer für global systemrelevante Institute dient auch der Kapitalpuffer für anderweitig (national) systemrelevante Institute dem Umgang mit der »TBTF«-Problematik (AFS 2023f; FSB 2021; BCBS 2012; Deutsche Bundesbank 2023d).

Der **Systemrisikopuffer**[17] kann durch die national zuständige Aufsichtsbehörde flexibel eingesetzt werden, um weitere, strukturelle Systemrisiken zu adressieren, die nicht durch die bereits genannten Kapitalpuffer oder Maßnahmen der europäischen Kapitaladäquanzverordnung (Capital Requirements Regulation, CRR) abgedeckt werden. So kann der Systemrisikopuffer für alle Banken oder lediglich bestimmte Gruppen von Banken, für alle Risikopositionen oder lediglich eine (sektorale) Teilgruppe, z.B. Wohn- bzw. Gewerbeimmobilien, angewendet werden. Im letzten Fall wird er auch als sektoraler Systemrisikopuffer (engl. *sectoral Systemic Risk Buffer*, sSyRB) bezeichnet. Eine Kombination verschiedener Systemrisikopuffer ist möglich. Die institutsspezifische Gesamtquote des Systemrisikopuffers ergibt sich aus der Summe aller durch das Institut einzeln zu erfüllenden Systemrisikopuffer. Wird einer Pufferquote von mehr als 5,0% festgesetzt oder übersteigt die Summe aus Systemrisikopuffer und einem O-SII- oder G-SII-Puffer diese Grenze, muss die EU-Kommission zustimmen (AFS 2023h; FSB 2021; Deutsche Bundesbank 2023d).

Auch die **Verschuldungsquote** (engl. *Leverage Ratio*, LR)[18] kann zu den kapitalbasierten makroprudenziellen Instrumenten gezählt werden. Sie berechnet sich aus dem Kernkapital im Verhältnis zur gesamten Bilanzsumme und beträgt 3,0%. Ungewichtete Kapitalanforderungen, wie die Verschuldungsquote, sind im Gegensatz zu risikogewichteten Kapitalanforderungen immun gegen potenzielle Schwierigkeiten bei der Einschätzung von Kreditrisiken. So könnten Risikomodelle, die bspw. auf eine Datenhistorie einer stabilen wirtschaftlichen Phase kalibriert sind, bevorstehende Risiken nur bedingt abbilden. Die vom Modell geschätzten Risikogewichte könnten im Ergebnis sehr niedrig sein. Dies ist umso mehr der Fall, wenn es sich um sogenannte *Tail Risks* oder *Tail Events* handelt, das heißt Risiken oder Ereignisse, die mit einer sehr niedrigen Wahrscheinlichkeit eintreffen, jedoch sehr starke Auswirkungen haben. Im Unterschied zur Verschuldungsquote können risikogewichtete Kapitalanforderungen daher prozyklisch wirken, denn wenn Risikogewichte in Verlustphasen stark steigen, sinkt die Kapitalquote mechanisch, das heißt, Eigenkapitalanforderungen

17 Die Möglichkeit zum Vorhalten eines Systemrisikopuffers (engl. Systemic Risk Buffer, SyRB) ergibt sich aus Artikel 133 der CRD und ist in § 10e KWG umgesetzt. Das Zusammenwirken der verschiedenen Kapitalpuffer ist in § 10h KWG geregelt.

18 Vgl. Art 429 CRR. Für global systemrelevante Banken (G-SIIs) gilt seit 2023 ein LR-Puffer von 50% des Kapitalpuffers für global systemrelevante Institute.

steigen (siehe Kapital 1.3). Die *LR* begrenzt daher nicht nur den Aufbau von *Leverage* im Bankensektor, sondern verstärkt zudem die risikogewichteten Kapitalanforderungen durch eine einfache, nicht risikogewichtete Maßnahme (sog. *Backstop-Funktion*) (BCBS 2017; Deutsche Bundesbank 2023a; ESRB 2018).

Das ESRB koordiniert und überwacht die grenzüberschreitende Anerkennung nationaler Maßnahmen (sog. **Reziprozität**). Dafür müssen nationale Behörden makroprudenzielle Maßnahmen und ihre Bitte um grenzüberschreitende Anerkennung dem ESRB melden. Ohne Reziprozität würden nationale Maßnahmen nur für im Inland beaufsichtigte Banken, jedoch nicht für Auslandsfilialen oder direkt grenzüberschreitende Aktivitäten ausländischer Banken gelten. Dies kann dazu führen, dass Maßnahmen inkonsistent angewendet werden oder von Banken umgangen werden können, und würde die Effektivität makroprudenzieller Maßnahmen verringern. Derzeit ist die Reziprozität makroprudenzieller Maßnahmen überwiegend freiwillig, basierend auf Empfehlungen des ESRB. Das heißt, nationale makroprudenzielle Behörden entscheiden über die freiwillige Anerkennung einer Maßnahme (ESRB 2023b). Der einzige Puffer, der reziprok angewendet werden muss, ist der antizyklische Kapitalpuffer. Staaten des EWR müssen auf ihre Risikopositionen in anderen Ländern des EWR den antizyklischen Kapitalpuffer in der in den jeweiligen Ländern festgelegten Höhe anwenden. Sofern die nationale Aufsicht eine höhere Quote als 2,5 % festlegt hat, wird die reziproke Anwendung empfohlen (AFS 2023d; Deutsche Bundesbank 2023d; BCBS 2022a; ESRB 2018).

Neben den fünf genannten Kapitalpuffern kann die national zuständige Behörde im Ausnahmefall **weitere europäisch harmonisierte makroprudenzielle Maßnahmen** nach Artikel 458 CRR ergreifen, sollten systemische Risiken oder Gefahren für das nationale Finanzsystem oder die inländische Realwirtschaft erkennbar sein und andere makroprudenzielle Maßnahmen nicht geeignet sein.[19] Dazu zählen zusätzliche Eigenmittelanforderungen, erweiterte Offenlegungspflichten und Liquiditätsanforderungen sowie erhöhte Risikogewichte für bestimmte Forderungsklassen. Bevor ein EU-Mitgliedstaat eine solche Maßnahme anordnet, muss er dies der EU-Kommission und dem ESRB anzeigen. Der Europäische Rat kann die Maßnahme unter bestimmten Voraussetzungen (Nutzenabwägung) auf Vorschlag der EU-Kommission ablehnen, wenn die Maßnahme nachteilige Auswirkungen auf den europäischen Binnenmarkt hätte.

3.2.1.2 Kreditnehmerbasierte Instrumente

Während die kapitalbasierten makroprudenziellen Instrumente vor allem Risiken im Kreditbestand adressieren, ist es das **Ziel kreditnehmerbasierter makroprudenzieller Instrumente,** Risiken aus der Neukreditvergabe präventiv zu dämpfen. Durch

19 Vgl. § 48t KWG; Artikel 458 CRR.

Minimalanforderungen für die Kreditwürdigkeit des Kreditnehmers wird deren durchschnittliche Widerstandsfähigkeit gestärkt und das Risiko für Kreditausfälle und damit Verluste reduziert. Im Zeitablauf tragen die Instrumente auch dazu bei, Risiken im Kreditbestand der Banken zu verringern. Kreditnehmerbasierte Instrumente können, anders als bspw. kapitalbasierte Instrumente, direkte Verteilungsimplikationen entfalten, indem sie den Kreditzugang für Haushalte mit niedrigen Einkommen oder Vermögen beeinflussen können (Georgescu/Vila Martin 2021; Freixas et al. 2015; Ampudia et al. 2021; CGFS 2022; CGFS 2010). Im Gegensatz zu den kapitalbasierten makroprudenziellen Instrumenten liegen die Einführung und der Einsatz kreditnehmerbasierter Instrumente ausschließlich in nationaler Verantwortung. Aus diesem Grund variieren sowohl Verfügbarkeit als auch Einsatz stark zwischen einzelnen Ländern, auch innerhalb Europas. In Deutschland besteht die Möglichkeit, die Kreditvolumen-Immobilienwert-Relation (LTV) zu begrenzen und eine Amortisationsanforderung zu erlassen. Beide Instrumente sind in § 48u KWG gesetzlich verankert (Sher 2023; AFS 2023 g).

Kreditnehmerbasierte makroprudenzielle Instrumente können prinzipiell auf alle Arten von Krediten angewendet werden (Latvijas Banka 2020). Wohnimmobilienkredite sind jedoch bisher der häufigste Anwendungsbereich, denn die Erfahrungen aus vergangenen Finanzkrisen zeigen, dass insbesondere kreditfinanzierte Immobilienpreisblasen Risiken für die Finanzstabilität bergen können (Jordà et al. 2015; Jordà et al. 2016; AFS 2015; AFS 2017; Behn et al. 2023). Im Aufbau von Immobilienpreisblasen in der Vergangenheit war vielfach ein sich selbst verstärkender Prozess zu beobachten (siehe Kapitel 2.1.1): Steigende Preise, und damit eine potenzielle Überbewertung von Kreditsicherheiten, sowie wachsende Verschuldung beförderten sich gegenseitig. Ein derartiger Prozess war – außer während der Phase vor der Finanzkrise 2007/2008 – beispielsweise in Australien in den 1890er-Jahren (Fisher/Kent 2011; Simon 2003), in Dänemark in den 1900er-Jahren (Nielsen 1933; Østrup 2008), in den USA in den 1920er-Jahren (White 2014) oder in der Schweiz und Skandinavien in den 1980er-Jahren zu beobachten (Woitek/Müller 2012; Eitrheim/Erlandsen 2004). In Erwartung immer weiter steigender Preise wurde der fremdkapitalfinanzierte Erwerb von Wohnimmobilien ausgeweitet, was wiederum den Preisdruck erhöhte. Gleichzeitig erodierten in vielen dieser Episoden die Kreditvergabestandards, denn die Bonitätsprüfung durch die Kreditgeber wurde geprägt durch überaus optimistische Erwartungen hinsichtlich der Werthaltigkeit der finanzierten Objekte und/oder der Schuldentragfähigkeit der Kreditnehmer. Das heißt, Kreditnehmer und Finanzintermediäre wurden verwundbar gegenüber adversen Entwicklungen. Änderte sich die Marktlage, verstärkten sich die Entwicklungen wiederum gegenseitig: Darlehensnehmer konnten ihren finanziellen Verpflichtungen nicht mehr nachkommen, in der Folge stieg die Verwertungsrate der gestellten Immobiliensicherheiten, was die Preiskorrekturen am Immobilienmarkt tendenziell verstärkte und zu hohen Verlusten bei Kreditgebern führte.

Obergrenzen für das Verhältnis von Darlehensvolumen zur beliehenen Kreditsicherheit, das heißt **Obergrenzen für Beleihungsquoten** (LTV), reduzieren die im Falle eines Kreditausfalls zu erwartenden Verluste bei Kreditgebern, wenn Kreditsicherheiten liquidiert werden müssen. Gleichzeitig kann durch das Herabsetzen der Obergrenze einer sich selbst verstärkenden Spirale aus steigenden Immobilienpreisen und Krediten im Aufschwung entgegengewirkt werden (siehe Kapitel 2.1.1). Gegeben die historische Häufigkeit von Immobilienpreisblasen und nachfolgende krisenhafte Entwicklungen, finden sich derartige Obergrenzen bereits lange vor der Etablierung makroprudenzieller Politik als eigenständiges Politikfeld (Pfeßdorf/Vormann 2017; AFS 2015). So wurde beispielsweise in den USA im Rahmen des Federal Reserve Acts von 1913 eine LTV von 50% für Hypothekenkredite für Farmen gesetzlich festgelegt (vgl. Elliott et al. 2013).

Einkommensbezogene kreditnehmerbasierte Instrumente senken die Ausfallwahrscheinlichkeit von Kreditnehmern mithilfe von Mindestanforderungen an deren Schuldentragfähigkeit. Ziel ist es sicherzustellen, dass der Kreditnehmer alle seine eingegangenen finanziellen Verpflichtungen dauerhaft bedienen kann. Ein erstes einkommensbasiertes Instrument ist die **Obergrenze für die Gesamtverschuldung eines Kreditnehmers im Verhältnis zu seinem Einkommen** (auch: Schuldenquote; *Debt-to-Income Ratio*, DTI). Ein zweites ist die **Obergrenze für den Schuldendienst aus allen Kreditverpflichtungen im Verhältnis zum Einkommen oder Mittelzufluss des Kreditnehmers** (engl. *Debt-Service-to-Income Ratio*, DSTI bzw. *Debt Service Coverage Ratio*, DSCR). Einzelwirtschaftlich betrachtet, können bei einer entsprechenden Kalibrierung dieser Instrumente (vorübergehende) Einkommenseinbußen oder – insbesondere im Fall variabel verzinster Darlehen – unerwartet ansteigende Zinsen besser abgefedert werden. Dies verringert den zur weiteren Bedienung der eingegangenen finanziellen Verpflichtungen notwendigen Konsumverzicht. Gesamtwirtschaftlich betrachtet, können dadurch Zweitrundeneffekte, in diesem Fall negative Implikationen für die konjunkturelle Entwicklung, abgeschwächt werden (AFS 2015).

Mit der **Amortisationsanforderung** kann ein Anteil des Kreditvolumens bestimmt werden, der innerhalb einer bestimmten Laufzeit zurückgezahlt werden muss. Sie ergänzt die bisher genannten kreditnehmerbezogenen Instrumente und erhöht deren Effektivität. So kann durch eine Amortisationsanforderung sichergestellt werden, dass eine Mindestanforderung an die Schuldendienstquote nicht zu einer übermäßigen Verlängerung der Zeit führt, die der Kreditnehmer benötigt, um den Kredit zu tilgen. In einem anderen Fall könnte eine höhere LTV-Obergrenze festgelegt, aber gleichzeitig eine schnelle Amortisation eingefordert werden (Pfeßdorf/Vormann 2017).

3.2.1.3 Liquiditätsbasierte Instrumente

Die makroprudenzielle Politik verfügt nicht über **eigene Instrumente zur Stärkung der systemischen Liquidität.** Es können aber bestehende kurzfristige und strukturelle mikroprudenzielle Liquiditätsanforderungen makroprudenziell eingesetzt werden, um einer übermäßigen Fristentransformation und der Gefahr von Marktilliquidität entgegenzuwirken.[20] Die **Liquiditätsdeckungsquote** (engl. *Liquidity Coverage Ratio*, LCR) stellt sicher, dass Banken durch einen Mindestbestand an hoch liquiden Aktiva ihren Nettozahlungsverpflichtungen über einen 30-tägigen Zeithorizont vollumfänglich nachkommen können (BCBS 2019a). Sie erhöht damit die Widerstandsfähigkeit gegenüber kurzfristigen Liquiditätsschocks, beispielsweise einem substanziellen Abzug von Kundeneinlagen. Die **strukturelle Liquiditätsquote** (engl. *Net Stable Funding Ratio*, NSFR) begrenzt die Fristentransformation und verringert so das Refinanzierungsrisiko über einen längeren Zeithorizont (BCBS 2019b). Sie betrachtet hierfür die verfügbare stabile Refinanzierung (nach Verfügbarkeit gewichtete Passiva) im Verhältnis zur benötigten stabilen Refinanzierung (nach Liquiditätsbindung gewichtete Aktiva zuzüglich des mittelfristigen Refinanzierungsbedarfs aus außerbilanziellen Positionen) (Deutsche Bundesbank 2023b).

3.2.2 Einsatz und Wirksamkeit makroprudenzieller Instrumente

3.2.2.1 Einsatz makroprudenzieller Instrumente in Europa

Dieses Unterkapitel beleuchtet den Einsatz der im vorangegangenen Kapitel 3.2.1 beschriebenen makroprudenziellen Instrumente in Europa. Da die Instrumente erst seit Mitte der 2010er-Jahre zur Verfügung stehen, ist die Datenhistorie zum Einsatz entsprechend kurz. Dessen ungeachtet lässt sich in der noch kurzen Zeitspanne europaweit ein lebhafter Einsatz der Instrumente erkennen. Insbesondere in der Zeit von 2016 bis vor Beginn der Corona-Pandemie Ende 2019 zeigen die Daten des ESRB eine stetig steigende Zahl der in Europa insgesamt aktivierten Instrumente (siehe Abb. 3.5): Während im Jahr 2016 rund 60 Instrumente aktiviert waren, waren es im Jahr 2019 rund doppelt so viele. Der Einsatz erstreckt sich dabei über die ganze Palette der zur Verfügung stehenden Instrumente.

20 Vgl. Artikel 458 CRR oder in Deutschland § 48t KWG.

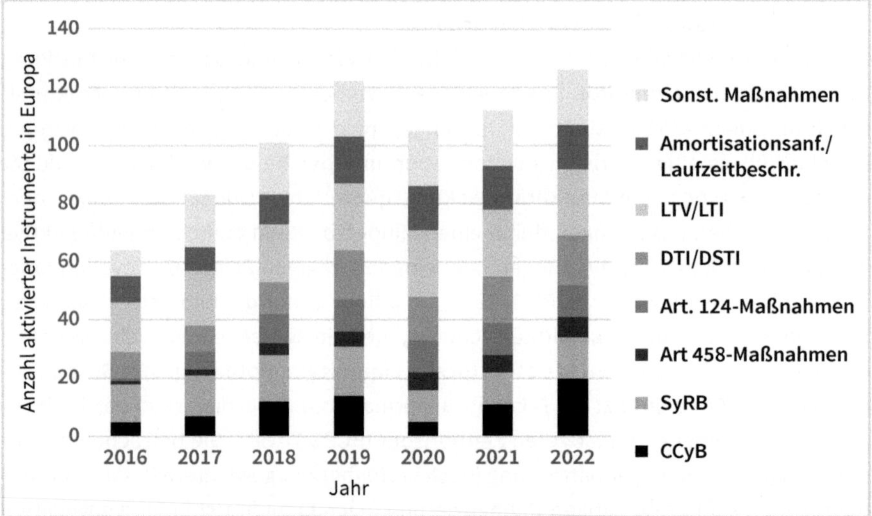

Abb. 3.5: Einsatz makroprudenzieller Instrumente in Europa in den Jahren 2016 bis 2022 (Quelle: Eigene Darstellung auf Basis von Daten des ESRB)

Die verstärkte Aktivierung makroprudenzieller Instrumente in den Jahren 2016 bis 2019 dürfte u. a. eine Reaktion auf den zeitgleichen Aufschwung des Finanzzyklus in vielen Ländern Europas darstellen. Dafür spricht, dass mit Beginn der Corona-Pandemie, die mit einem massiven wirtschaftlichen Einbruch einherging, manche Instrumente ausgesetzt und in den beiden folgenden Jahren 2021 und 2022 wieder aktiviert wurden. Zu diesen Instrumenten gehörten insbesondere der SyRB und der CCyB. Beim CCyB mag dies nicht überraschen, da er geschaffen wurde, um antizyklisch reagieren zu können (siehe auch Kap. 3.2.1.1 sowie den Kasten »Einsatz des antizyklischen Kapitalpuffers«). Beim SyRB dürfte sich hierbei die flexible Nutzung des Puffers zeigen. Er ist genau wie der CCyB ein kapitalbasiertes Instrument (siehe Kap. 3.2.1.1). Seine Freisetzung erhöht daher ebenfalls unmittelbar die Kreditvergabekapazität des Bankensystems – ein Effekt, der in Stressphasen stabilisierend wirken kann. Im Vergleich dazu blieben kreditnehmerbasierte Instrumente wie LTV und DSTI mit Beginn der Corona-Pandemie in den meisten Ländern weiterhin in Kraft. Dies kann als Hinweis darauf gesehen werden, dass diese Instrumente weniger antizyklisch eingesetzt werden. Gleichwohl sollte beachtet werden, dass bei der vorliegenden Betrachtung nur Informationen über Aktivierung und Aussetzung des Instruments vorhanden sind (»extensive margin«); es fehlen Informationen darüber, in welchem Umfang ein Instrument gelockert oder verschärft wurde (»intensive margin«). Doch Letzteres ist ein wichtiger Faktor dafür, wie restriktiv oder locker die makroprudenzielle Politik ist.

Einsatz des antizyklischen Kapitalpuffers (CCyB)

Der CCyB wurde in Europa von vielen Ländern in den Jahren 2016 bis 2019 aktiviert (siehe Abb. 3.6). Mit Beginn der Corona-Pandemie haben die meisten europäischen Länder den CCyB wieder gelockert. Viele setzten den CCyB komplett frei und senkten ihn auf 0%. Hierdurch fiel die Anzahl der positiven CCyB-Quoten in Europa von 14 auf 5. Andere Länder entschieden sich dagegen, den CCyB komplett freizusetzen, senkten ihn aber und beließen ihn auf einem positiven Niveau. So sank der Median des CCyB über die Länder mit einem positiven CCyB von über 1% auf 0,5%.

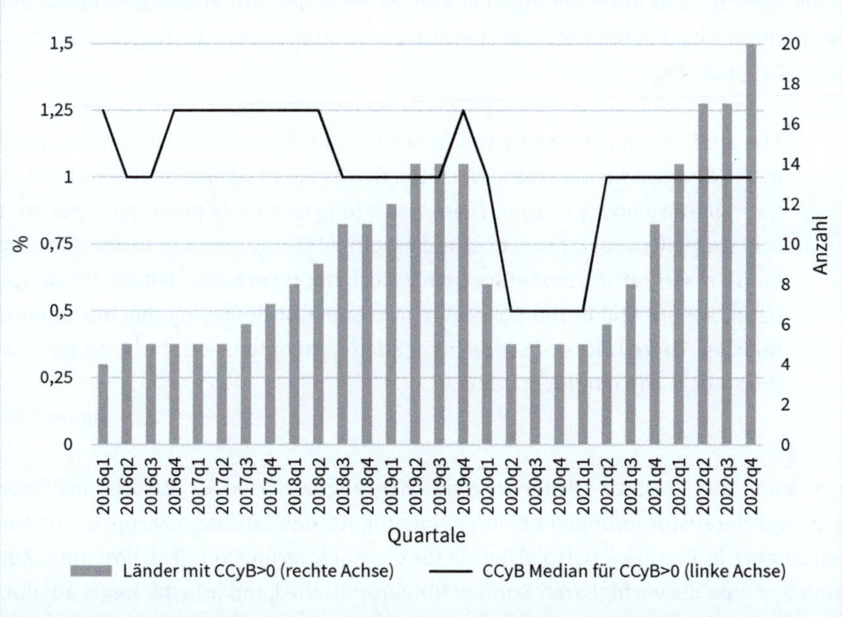

Abb. 3.6: Antizyklischer Kapitalpuffer (CCyB) in Europa (Quelle: Eigene Darstellung basierend auf Daten des ESRB)

Am Beispiel von Deutschland lassen sich die Hintergründe für den Einsatz des CCyB in den Jahren vor und während der Corona-Pandemie illustrieren. Eine erstmalige Aktivierung erfolgte Mitte 2019 durch die BaFin auf Empfehlung des AFS. Damals stiegt er von 0% auf 0,25% in Reaktion auf zyklische Systemrisiken im deutschen Finanzsystem, die sich angesichts der niedrigen Zinsen und des lang anhaltenden Wirtschaftsaufschwungs in den Jahren zuvor aufgebaut hatten (vgl. AFS 2019 und BaFin 2019). Im März 2020 wurde der CCyB vor dem Hintergrund der unsicheren Auswirkungen der Corona-Pandemie wieder freigesetzt, also auf 0% gesenkt (vgl. AFS 2020). Und im Februar 2021 wurde vor dem Hintergrund des anhaltenden Kreditbedarfs der Realwirtschaft und möglicher Kreditausfälle im weiteren Verlauf der Corona-Pandemie entschieden, den CCyB bis Ende 2021 bei 0% zu belassen (vgl. AFS 2021). Als sich anschließend abzeichnete, dass die Corona-Pandemie keine größeren Verluste im Finanzsystem mehr auslösen würde, wurde der CCyB im Januar 2022 auf 0,75% erhöht. Die makroprudenzielle Politik kehrte damit zu ihrer Ausrichtung vor Beginn der Corona-Pandemie zurück und reagierte auf die zyklischen Systemrisiken, die sich während der Pandemie im deutschen Finanzsystem weiter aufgebaut hatten (vgl. AFS 2022 und BaFin 2022a). Ergänzt wurde der CCyB um einen sektoralen SyRB in Höhe von 2 %, der auf die Risiken aus Wohnimmobilienfinanzierungen abzielte (vgl. AFS 2022 und BaFin 2022b).

3.2.2.2 Wirksamkeit makroprudenzieller Instrumente

Die Anwendung makroprudenzieller Instrumente bringt für die makroprudenzielle Politik in Europa eine besondere Herausforderung mit sich. Anders als bspw. die Geldpolitik konnte sie in ihren Anfängen in Europa Mitte der 2010er-Jahre nicht auf eine breite empirische und theoretische Literatur zurückgreifen, wie das folgende Zitat von Bean (2012) nahelegt:

> The application of these so-called macroprudential policies is still very much at the developmental stage. When the Bank gained operational responsibility for monetary policy in 1997, there was a long history of practical experience, together with a vast theoretical and empirical literature for us to draw on. That didn't make setting monetary policy easy, but it certainly helped. By comparison, we are still in the Stone Age in respect of deploying macroprudential policies. There is lots of scope for academia to help us out here, on both the theoretical and empirical fronts.
>
> Bean (2012)

Auch wenn die Literatur mittlerweile deutlich angewachsen ist, bleiben insbesondere zwei Herausforderungen bei ihrer Nutzung für den Einsatz makroprudenzieller Instrumente in Europa – beispielsweise für die Kalibrierung von Instrumenten: Zum einen basieren die verfügbaren Studien für europäische Länder in der Regel auf noch recht kurzen Datenhistorien. Zum anderen erfassen die meisten Datensätze über den Einsatz makroprudenzieller Instrumente nur die »extensive margin«, also den bloßen Einsatz, aber nicht die »intensive margin«, also der Umfang des Einsatzes. Doch Informationen zur »intensive margin« sind gerade bei der Kalibrierung von Instrumenten von großer Bedeutung.

Wird die vorhandene empirische Literatur herangezogen, lassen sich die folgenden allgemeinen Erkenntnisse zu kapitalbasierten und kreditnehmerbasierten Instrumenten ableiten:

- Bei kapitalbasierten Instrumenten, wie bspw. CCyB und SyRB, finden sich hinsichtlich der Resilienz deutlich positive Effekte. Die stabilisierende Wirkung antizyklischer Kapitalinstrumente in Stressphasen wird durch mehrere Studien gestützt (Jiménez et al. 2017; Chen et al. 2019; Dursun-de Neef et al. 2023). Zudem zeigt sich, dass höhere Eigenkapitalquoten die realwirtschaftlichen Kosten einer Finanzkrise mindern (vgl. Schularick et al. 2021 sowie Kap. 2.3). Die empirischen Effekte auf den Finanzzyklus sind weniger eindeutig. In ihrer Metastudie finden

Araujo et al. (2020), dass höheres Eigenkapital im Durchschnitt negative Effekte auf Kredite und Immobilienpreise hat. In einer weiteren Metastudie finden Boissay et al. (2019), dass – bei großer Heterogenität über die Studien hinweg – höheres Eigenkapital im Durchschnitt in der langen Frist positive und temporär negative Effekte auf Kredite hat.

- Bei kreditnehmerbasierten Instrumenten, also etwa Obergrenzen für Beleihungsquoten (LTV) oder Obergrenzen für die Schuldendienstquote (DSTI), ist die Evidenz hinsichtlich des Finanzzyklus klarer: Es finden sich viele empirische Studien, die zeigen, dass diese Instrumente das Kredit- und Immobilienpreiswachstum mindern (vgl. Galati/Moessner 2018). Darüber hinaus finden Araujo et al. (2020) in ihrer Metastudie bei kreditnehmerbasierten Instrumenten im Durchschnitt robust negative Effekte auf Kredite.

3.3 Institutionen und Akteure im Bereich Finanzstabilität

Katharina Knoll/Jens Reich

3.3.1 Institutioneller Kontext und Governance Arrangements

Makroprudenzielle Politik, wie sie nach der Finanzkrise als neues Politikfeld etabliert wurde, umfasst nicht nur Ideen und Konzepte darüber, wie und mit welchen Instrumenten die Finanzstabilität überwacht und systemischen Risiken vorgebeugt werden soll. Sie umfasst auch den institutionellen Rahmen, der die Implementierung makroprudenzieller Politik ermöglicht. Eine erste zentrale **Herausforderung für das institutionelle Design** ist, dass makroprudenzielle Politik Verwundbarkeiten in **allen Bereichen des Finanzsystems** überwacht und adressiert ebenso wie Verwundbarkeiten, die aus den Interaktionen zwischen den einzelnen Teilen und Akteuren im Finanzsystem entstehen (vgl. Elliot et al. 2013). Überwachung und Risikoeinschätzungen sind daher analytisch sehr komplex. Im Gegensatz dazu ist die mikroprudenzielle Aufsicht entlang von Sektoren organisiert. Die Bereiche Wertpapieraufsicht, Bankenaufsicht und Versicherungsaufsicht sind häufig sogar in verschiedenen Institutionen verortet. Aber auch in einer Allfinanzaufsichtsbehörde wie der BaFin werden die einzelnen Sektoren des Finanzsystems vorwiegend separat betrachtet.

Eine zweite Herausforderung ist, dass die makroprudenzielle Aufsicht das Ziel hat, die Widerstandskraft des Finanzsystems **präventiv** zu stärken und Verwundbarkeiten *frühzeitig* zu adressieren, bevor sie sich materialisieren können. Das bedeutet auch, dass kurzfristige Kosten makroprudenzieller Maßnahmen einem unsicheren und mitunter schwer greifbaren, längerfristigen Nutzen dieser Maßnahmen gegenüberstehen. Präferenzen von Entscheidungsträgern in der Abwägung von Kosten und Nutzen sind dabei möglicherweise zeitinkonsistent, denn – wie dieses Dilemma in der Medizin gelegentlich umschrieben wird – »*there is no glory in prevention*«. Die zuweilen große zeitliche Diskrepanz zwischen Kosten und Nutzen begünstigt einen **Inaction Bias.** Der Begriff beschreibt, dass Akteure bei bestimmten Rahmenbedingungen eine Tendenz zur Untätigkeit zeigen, wenn sie vor der Entscheidung stehen, aktiv zu handeln oder weiter abzuwarten und (vorerst) nicht tätig zu werden (vgl. Schammo 2019; ESRB 2014). Doch auch in Pfadabhängigkeiten, politisch oder gesellschaftlich kontroversen Verteilungswirkungen kann Untätigkeit begründet liegen. Gleichermaßen können erfolgreiche Lobbyarbeit sowie unklare Mandate und Kompetenzen der beteiligten Behörden präventives Handeln erschweren oder verhindern (vgl. Bengtsson 2019). Makroprudenzielle Politik muss mit diesen Herausforderungen umgehen. Wie erfolgreich sie dabei ist, hängt auch von der Ausgestaltung ihres institutionellen Rahmens ab.

Dafür sollte das institutionelle Design mehreren Kriterien Rechnung tragen, die die einzelnen Akteure befähigen, makroprudenzielle Politik zu implementieren. Im Umkehrschluss können diese Kriterien auch angelegt werden, um bestehende institutionelle Rahmenwerke zu evaluieren.

Erstes wichtiges Element eines institutionellen Rahmens ist ein explizites und umfassendes **Finanzstabilitätsmandat** für die beteiligten Behörden mit klar formulierten Zielsetzungen. Ein ausdrückliches Mandat begründet eine Verpflichtung für das Politikfeld, beugt Untätigkeit aufgrund unklarer Zuständigkeiten vor und erhöht die Wahrscheinlichkeit, dass die jeweiligen Institutionen Entscheidungen treffen und Maßnahmen ergreifen, wenn diese notwendig sind. Es verringert außerdem mögliche Konflikte zwischen den Akteuren hinsichtlich der Kompetenzen und Verpflichtungen und hilft, Überschneidungen der Zuständigkeiten einzelner Akteure besser zu verstehen und damit umzugehen (IMF 2014; Bengtsson 2019). Aus dem Mandat abgeleitete Zielsetzungen, wie sie zum Beispiel in den nationalen makroprudenziellen Strategien zu finden sind, können ein rechtlich verankertes, aber häufig vage formuliertes Mandat konkretisieren und operationalisieren.

Zweites wichtiges Element ist, dass die Behörden **makroprudenzielle Instrumente** zur Verfügung haben und damit in der Lage sind, ihr Mandat zu erfüllen. Die Bandbreite dessen, was als makroprudenzielle Instrumente verstanden werden kann, ist dabei groß und reicht von kommunikativen Maßnahmen bis hin zur Erlassung von Eigenkapitalvorschriften oder kreditnehmerbezogenen Mindestanforderungen (siehe Kap. 3.2). Je nach Mandat und Aufgabenteilung haben dabei nicht immer alle an der Wahrung der Finanzstabilität beteiligten Institutionen Zugriff auf alle im jeweiligen nationalen Kontext verfügbaren Instrumente.

Drittes Element ist die operationelle und ggf. finanzielle **Unabhängigkeit** der an der makroprudenziellen Politik beteiligten Behörden. Denn Autonomie verbessert ihre

Handlungsfähigkeit, vor allem, wenn Entscheidungen politisch sensible Bereiche berühren oder besonders exponiert sind gegenüber Druck vonseiten verschiedener Interessengruppen, z. B. aus dem Finanzsektor. Dies ist auch von Bedeutung, da der Finanzzyklus in stärkerem Maße als der Konjunkturzyklus Gewinner und Verlierer kreiert und dementsprechend ein vergleichbar starkes Interesse an Einflussnahme (Haldane 2013). Finanzzyklen sind typischerweise länger als Konjunkturzyklen, die Gefahr von Finanzkrisen gerät daher – insbesondere nach längeren Zeiten der Stabilität – leicht aus dem Blick (Reinhart/Rogoff 2009) (siehe Kap. 2.1.2). Unabhängigkeit der beteiligten Behörden mag eine solche potenzielle Kurzsichtigkeit in der Politikgestaltung zumindest zu einem gewissen Grad abfedern.

Viertens soll makroprudenzielle Politik **transparent** sein und die jeweiligen in die nationale makroprudenzielle Politik eingebundenen Behörden sollen **Rechenschaftspflichten** unterliegen. Beides bedeutet, dass makroprudenzielle Behörden der Öffentlichkeit, inklusive der Märkte sowie der demokratischen Vertreter, alle relevanten Informationen über ihre Einschätzungen und Entscheidungen, ihre Strategie und ihre Verfahren offen und zeitnah zur Verfügung stellen. Sie tragen so auch dazu bei, der Öffentlichkeit Ziele und Inhalte makroprudenzieller Politik zu vermitteln. Hierdurch wird diese wiederum nicht nur glaubwürdiger und besser nachvollziehbar, sondern auch effektiver. Denn die Effizienz makroprudenzieller Politik hängt von ihrer Kommunikation ab. Makroprudenzielle Politik wirkt über Verhaltensänderungen der Marktakteure. Das heißt, je besser sie ihre Ziele und Inhalte kommuniziert – indem sie zum Beispiel frühzeitig auf Gefahren hinweist – und allein damit bereits eine Verhaltensänderung herbeiführt, desto weniger rechtlich bindende Vorgaben (siehe Kap. 3.2) sind zur Zielerreichung notwendig. Zusätzlich reduzieren institutionenspezifische Rechenschaftspflichten im Sinne kommunizierter Verantwortung das Potenzial, private Eigeninteressen zu verfolgen (IMF 2014; ESRB 2011).

In einem weltweit vernetzten Finanzsystem stellt sich zudem die Frage, auf welcher Ebene welche **makroprudenzielle Zuständigkeiten und Kompetenzen liegen sollten: auf nationaler oder supranationaler (z. B. europäischer) Ebene.** Und wie nationale und supranationale Zuständigkeiten miteinander verzahnt werden sollten. Die makroprudenzielle Politik ist entsprechend ihrer politischen Legitimierung zunächst auf nationaler Ebene angelegt. Aufgrund von substanziellen *Spillover*-Effekten kann eine Regulierung auf supranationaler Ebene dazu beitragen, Ansteckungen über Ländergrenzen hinweg zu besser zu berücksichtigen. Darüber hinaus kann sie einen substanziellen Beitrag leisten, einen Regulierungswettbewerb im Sinne eines »*race to the bottom*« zu begrenzen. Diese Erwägungen erklären beispielsweise komplexe Aufsichtsstrukturen wie im Euroraum (siehe Kap. 3.5). Hier hat man sich für eine stark verzahnte, aber in erster Linie in nationaler Verantwortung stehende makroprudenzielle Zuständigkeit entschieden. Diese nationale Zuständigkeit deckt sich auch damit, dass die realwirtschaftlichen Kosten zum größten Teil auf nationaler Ebene getragen werden (Besley/Coate 2003; SVR 2014). Dies vermindert auch das Risiko, dass fehlerhafte supranationale Maßnahmen im Aggregat deutlich höhere Kosten verursachen könnten als Fehler auf dezentraler nationaler Ebene.

Die drei Aufgaben makroprudenzieller Politik

Die drei Aufgaben makroprudenzieller Politik sind es,
- im Rahmen der makroprudenziellen Überwachung einen Analyseauftrag zur sektorenübergreifenden Einschätzung der Finanzstabilität zu erfüllen,
- Maßnahmen zur Wahrung der Finanzstabilität zu ergreifen und
- eine Koordination dieser Maßnahmen zwischen verschiedenen zuständigen Behörden auf nationaler wie internationaler Ebene zu gewährleisten.

Um diese Aufgaben wahrzunehmen, wurden sowohl bestehende Behörden mandatiert als auch national und international neue Strukturen geschaffen (siehe Kap. 3.3.2). Die nationale institutionelle Organisation makroprudenzieller Politik lässt sich in vier **Modelltypen** einordnen. Ein erstes Modell verortet die makroprudenzielle Aufsicht beim Vorstand oder Präsidenten der nationalen Zentralbank,[21] ein zweites bei einem eigens eingerichteten Ausschuss innerhalb der Zentralbank.[22] Eine dritte Kategorie etablierte einen Finanzstabilitätsausschuss außerhalb der Zentralbank unter dem Vorsitz eines Ministeriums,[23] eine vierte unter dem Vorsitz der Zentralbank.[24] All diese Modelle versuchen, ungeachtet nationaler Unterschiede in Finanzsystemen und institutionellen Strukturen, den genannten Kriterien gerecht zu werden.

Finanzstabilitätsausschüsse außerhalb der Zentralbank setzen sich in der Regel mehrheitlich aus Mitgliedern bestehender Behörden zusammen, die aus Sicht der Finanzstabilität im jeweiligen nationalen Kontext relevant sind. Abbildung 3.7 zeigt, dass dies in der EU typischerweise Vertreter von Zentralbanken, von mikroprudenziellen Aufsichtsbehörden und Ministerien sind, gelegentlich ergänzt durch unabhängige Experten oder Vertreter anderer relevanter Behörden.[25] Finanzstabilitätsausschüsse bringen so demokratisch legitimierte Akteure mit technokratischen Behörden zusammen (Thiemann/Stellinga 2023).

Zentralbanken haben nicht zuletzt aufgrund ihrer analytischen Kompetenz in makroökonomischer Prognose und ihrer Erfahrung in Konzeption und Umsetzung von

21 Dies ist bspw. in Belgien, Estland, Irland, Italien, Norwegen, Portugal und der Schweiz der Fall.
22 Dies ist bspw. im Vereinigten Königreich der Fall.
23 Dies ist bspw. in den USA und Deutschland der Fall.
24 Dies ist bspw. in Dänemark, Malta, Polen und Rumänien der Fall.
25 Sonstige Mitglieder sind in Finnland, Frankreich und Dänemark jeweils drei unabhängige bzw. qualifizierte Experten; in Kroatien ein/e Vertreter/in des ESS; in Österreich ein/e Vertreter/in des Fiskalrats; in Polen ein/e Vertreter/in des Bankengarantiefonds; in Schweden sind u. a. Professoren und der/die Direktor/in der Umweltschutzbehörde Mitglied des Finanzstabilitätsausschusses. Unabhängige Experten können das Problem der »Selbstbeobachtung« in diesen Gremien abmildern (SVR 2014).

Geldpolitik in den meisten Ländern eine prominente Rolle in der makroprudenziellen Politik. Internationale Organisationen, wie der Internationale Währungsfonds, befürworteten bereits sehr frühzeitig diese Position von Zentralbanken im institutionellen Rahmen (bspw. IMF 2013). Da sowohl die Geldpolitik als auch die makroprudenzielle Politik mit ihren Maßnahmen im Finanzsektor ansetzen, kommt es zwangsläufig zu Wechselwirkungen zwischen den beiden Politikbereichen (Deutsche Bundesbank 2015; siehe dazu auch Kap. 3.1.2). Die gemeinsame Verortung von Geldpolitik und makroprudenzieller Politik in einer Behörde befördert einerseits das Verständnis dieser Wechselwirkung und kann die Koordination der beiden Politikbereiche unterstützen (IMF 2014, Galati/Moessner 2012). Andererseits können dadurch auch Interessenkonflikte innerhalb der Zentralbank entstehen. So könnte beispielsweise makroprudenzielle Politik geldpolitischen Erwägungen untergeordnet werden oder die Geldpolitik könnte herangezogen werden, um Aufsichtsfehler zu kaschieren (Buiter 2012; SVR 2014). Auch wenn Zentralbanken in den meisten Fällen vor der globalen Finanzkrise 2007/2008 kein explizites Finanzstabilitätsmandat hatten, so war die Stützung des Finanzsystems in Krisenzeiten bereits ihrer Rolle als LOLR inhärent. Die Geschichte des Zentralbankwesens in den USA illustriert dies. Während der Panik von 1907 übernahm ein privates New Yorker Institut die Rolle des LOLR und stellte Liquidität bereit. Aufgrund dieser Erfahrung wurde 1913 die US-Notenbank Federal Reserve gegründet, nicht zuletzt, um in zukünftigen Krisen diese Aufgabe zu übernehmen (Meltzer 2003). Zudem sind Maßnahmen, die die Kreditvergabe beeinflussen und somit sowohl in Zielsetzung als auch in Funktionsweise ähnlich modernen makroprudenziellen Instrumenten sind, bereits Jahrzehnte vor der globalen Finanzkrise 2007/2008 im Instrumentenkoffer einiger Zentralbanken zu finden (Goodhart 1988; Goodhart 2011; Ugolini 2017). Im Fall der USA gestattete der Federal Reserve Act von 1913 Geschäftsbanken die Vergabe von Hypotheken für landwirtschaftliche Zwecke, definierte jedoch einen maximalen Beleihungsauslauf von 50% (Elliot et al. 2013). Der Beleihungsauslauf, auch genannt Kreditvolumen-Immobilienwert-Relation (im Englischen: LTV) ist eines der am häufigsten eingesetzten makroprudenziellen kreditnehmerbasierten Instrumente in Europa (ESRB 2021). In vielen Ländern trugen Zentralbanken zudem bereits vor der Etablierung makroprudenzieller Politik zur mikroprudenziellen Aufsicht von Finanzinstitutionen bei und entwickelten umfassende Expertise, Risiken im Finanzsystem einzuschätzen, zu bewerten und deren Implikationen für die Realwirtschaft abzuschätzen (EZB 2001). Makroprudenzielle Aufsicht ist somit zwar ein neues gesetzliches Mandat für Zentralbanken, Finanzstabilität *de facto* aber seit jeher eine wichtige Erwägung in ihrer Arbeit (EZB 2001).

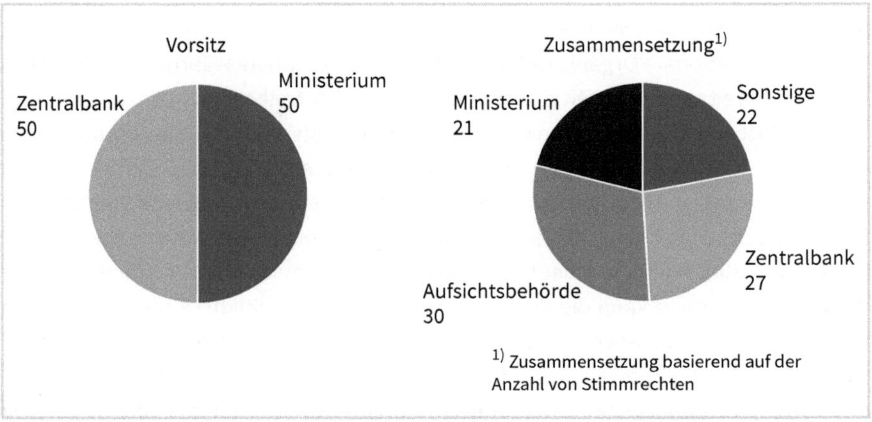

Abb. 3.7: Ausschüsse für Finanzstabilität in der Europäischen Union – in % (Quelle: Eigene Darstellung basierend auf den Websites der verschiedenen nationalen Institutionen sowie wissenschaftlichen Veröffentlichungen)

Entscheidungsträger in den Zentralbanken sind Technokraten und haben in der Regel längere Zeithorizonte als politische Vertreter (Thiemann/Stellinga 2023; Maggetti 2007; Flinders/Buller 2006). Beides kann einem *Inaction Bias* im präventiven Handeln vorbeugen. Zentralbanken agieren als Hüter der Preis- und Finanzstabilität im öffentlichen und gesellschaftlichen Interesse. Sie sind unabhängig von privaten Interessen und politökonomischen Erwägungen (Buch 2021; Borio 2018). Gleichzeitig impliziert eine prominente Rolle für Zentralbanken in der makroprudenziellen Politik eine herausgehobene Rolle nicht gewählter Entscheidungsträger – und das in einem Bereich, in dem das Mandat weniger konkret und deutlich schlechter messbar ist als in der Geldpolitik. Zudem beeinflussen makroprudenzielle Maßnahmen Kreditzyklen und können Verteilungswirkungen entfalten (siehe Kap. 3.2.1) (Baker 2015; Goodhart 2011; Tucker 2014, 2016, 2018). Hierdurch kann makroprudenzielle Politik in Konflikt mit den Zielsetzungen anderer Politikbereiche geraten und unter der politischen Abwägung dieser Konflikte könnte letztlich die Unabhängigkeit der Zentralbank insgesamt leiden (SVR 2014).

In einigen Ländern sind Zentralbanken mikroprudenzielle Aufseher, in anderen sind sie nicht in die mikroprudenzielle Aufsicht involviert. In wieder anderen, wie z. B. Deutschland, nehmen sie Aufgaben in der mikroprudenziellen Aufsicht gemeinsam mit anderen Behörden wahr. In Deutschland wird die mikroprudenzielle Bankenaufsicht im Rahmen des einheitlichen Bankenaufsichtsmechanismus (engl. *Single Supervisory Mechanism*, SSM) von der EZB, der BaFin und der Deutschen Bundesbank ausgeübt. Die Zusammenarbeit zwischen den Behörden ist in der Aufsichtsrichtlinie geregelt (Deutsche Bundesbank 2016). **Mikroprudenzielle Aufsichtsbehörden** besitzen aufgrund ihrer originären Aufgaben für die entsprechenden Akteure im Finanzsystem spezifische Expertise und Erfahrung, die auch für die makroprudenzielle

Überwachung zentral sind. Aufsichtliche Erkenntnisse sind wichtiger Bestandteil makroprudenzieller Risikoanalyse. Eine umfassende und intensive mikroprudenzielle Überwachung ist zudem die Basis für eine effektive makroprudenzielle Politik. Sie sichert die Einhaltung makroprudenzieller Mindestanforderungen. Eine Verschärfung mikroprudenzieller Überprüfungen kann auch ein erster Schritt hin zu einer Verschärfung makroprudenzieller Maßnahmen sein (IMF 2014). Knapp ein Drittel der Stimmrechte in den in der EU existierenden Finanzstabilitätsausschüssen fallen aus diesem Grund mikroprudenziellen Aufsehern zu (siehe Abb. 3.7).

Zentralbanken nehmen ihre Aufgaben in der makroprudenziellen und ggf. auch der mikroprudenziellen Aufsicht in enger Zusammenarbeit mit Behörden wahr, die nicht politisch unabhängig sind. In Finanzstabilitätsausschüssen sind beispielsweise mehrheitlich auch Vertreter von **Ministerien** vertreten. In der Hälfte der in der Europäischen Union existierenden Finanzstabilitätsausschüsse halten Vertreter des Ministeriums zudem dessen Vorsitz (siehe Abb. 3.7). Makroprudenzielle Politik ist damit nicht in dem Maße politisch unabhängig, wie es die Geldpolitik z. B. in der Europäischen Union ist. Eine starke Einbindung von Regierungsbehörden sichert die demokratische Legitimität makroprudenzieller Politik und kann nicht zuletzt auch hilfreich sein, um die politische Unterstützung für Politikmaßnahmen zu sichern. Eine Mitgliedschaft speziell des Finanzministeriums ist darüber hinaus sinnvoll, da makroprudenzielle Entscheidungen mit fiskalischen Kosten verbunden sein können (Edge/Liang 2020; SVR 2014). Gleichzeitig können durch die Einbindung von Ministerien Interessenkonflikte entstehen. Dies kann bspw. der Fall sein, wenn Maßnahmen beschlossen werden sollen, die sich zwar positiv auf die Finanzstabilität, aber negativ auf die Konjunktur (und damit auf die Wahrscheinlichkeit für die regierenden Parteien, wiedergewählt zu werden)[26] auswirken würden. Dies kann zum Beispiel dazu führen, dass antizyklisch wirkende makroprudenzielle Maßnahmen, die Kreditwachstum oder Immobilienpreise abschwächen, insbesondere kurz vor Wahlen relativ schwächer sind (Müller 2019).

Die Institutionen, die in die makroprudenzielle Politik involviert sind, unterscheiden sich in ihren Zugriffsmöglichkeiten auf die in Kapitel 3.2 beschriebenen makroprudenziellen Instrumente. Einige sind in der Lage, makroprudenzielle Instrumente einzusetzen. Andere können »*comply or explain*«-Mechanismen aktivieren, das heißt z. B. Empfehlungen abgeben, denen der Adressat entweder Folge leisten muss (»*comply*«) oder aber eine Abweichung von der Empfehlung erläutern muss (»*explain*«). Manche können lediglich unverbindlich zu Risiken kommunizieren, Informationsaustausch zwischen Institutionen fördern oder ein Forum für die Koordinierung von Politiken bieten. Ein Beispiel für unverbindliche Kommunikation durch an der makroprudenziellen Politik beteiligte Behörden sind die Finanzstabilitätsberichte von Zentralbanken oder Finanzstabilitätskomitees. Die Wirkung dieser Form der Kommunikation auf

26 Vgl. bspw. Lewis-Beck und Stegmaier 2000 für eine Literaturübersicht.

die Erwartungen und Aktivitäten von Marktteilnehmern ist jedoch empirisch schwer zu fassen. Studien legen nahe, dass die Berichte von Zentralbanken vorrangig gegenwartsbezogen sind (Cihak et al. 2012) und die Botschaften zwar mit dem Finanzzyklus korrelieren, jedoch wenig Einfluss auf den Finanzzyklus zu haben scheinen (Correa et al. 2021). Die Kompetenzen der nationalen Behörden basieren zum einen auf nationaler Gesetzgebung, bspw. wenn die entsprechenden makroprudenziellen Instrumente auf nationaler Ebene geschaffen und rechtlich verankert wurden. Dies betrifft in den Mitgliedstaaten der EU unter anderem die kreditnehmerbasierten Instrumente (siehe Kap. 3.2) (ESRB 2021). Zum anderen werden die Kompetenzen nationaler Behörden durch europäische Gesetzgebung bestimmt.

In der **europäischen Gesetzgebung** ist die makroprudenzielle Politik in der Eigenkapitalrichtlinie (CRD) und der Kapitaladäquanzverordnung (CRR) geregelt. Während eine Verordnung direkt in den Mitgliedstaaten gilt, bedürfen Richtlinien einer Umsetzung in nationales Recht. Die wesentlichen makroprudenziellen Instrumente sind in der CRD verankert, wodurch sich bestimmte Unterschiede in der nationalen Umsetzung der makroprudenziellen Instrumente ergeben. Dadurch können die Instrumente an nationale Spezifika angepasst werden (siehe Kap. 3.2). Der europäische Gesetzgeber differenziert weiterhin zwischen der national zuständigen Behörde (*National Competent Authority,* NCA) und einer national benannten Behörde (*National Designated Authority,* NDA). Erstere ist die nationale mikroprudenzielle Behörde; Letztere ist für das Setzen des antizyklischen Kapitalpuffers zuständig und kann – falls vom nationalen Gesetzgeber gewünscht – von der NCA abweichen.[27] Alle anderen in der europäischen Gesetzgebung verankerten Instrumente, wie bspw. der Systemrisikopuffer (SyRB), können nach europäischer Gesetzgebung entweder in die Hände der NCA oder in die Hände der NDA gelegt werden.

Zusätzlich empfahl der ESRB, dass die Mitgliedstaaten makroprudenzielle Behörden bestimmen, die mindestens für die Identifikation und Überwachung von Finanzstabilitätsrisiken auf nationaler Ebene verantwortlich sind sowie in der Lage sind, Finanzstabilitätsrisiken präventiv zu verhindern oder akut adressieren zu können (sog. *Macroprudential Authority,* MPA; vgl. ESRB Empfehlung ESRB/2011/3). Das bedeutet auch, dass diese Behörden Instrumente oder Mechanismen zur Verfügung haben müssen, diese Aufgaben zu erfüllen. In der Praxis zeigt sich, dass MPA und NDA in mehr als der Hälfte der EU-Mitgliedstaaten die gleiche Behörde sind (siehe Abb. 3.8) und dass die nationalen Zentralbanken häufig MPA oder/und NDA sind (siehe Abb. 3.8). Alternativ wurden auf nationaler Ebene Ausschüsse gebildet, die die Rolle der MPA ausfüllen und selten auch die der NDA (siehe Abb. 3.8). In den verbleibenden Fällen ist entweder die Zentralbank, eine Aufsichtsbehörde oder – in wenigen Fällen – eine Regierungsbehörde die zuständige makroprudenzielle Behörde, d. h. die NDA im Sinne der CRD/CRR.

27 NDA nach CRD 138 EU 2013.

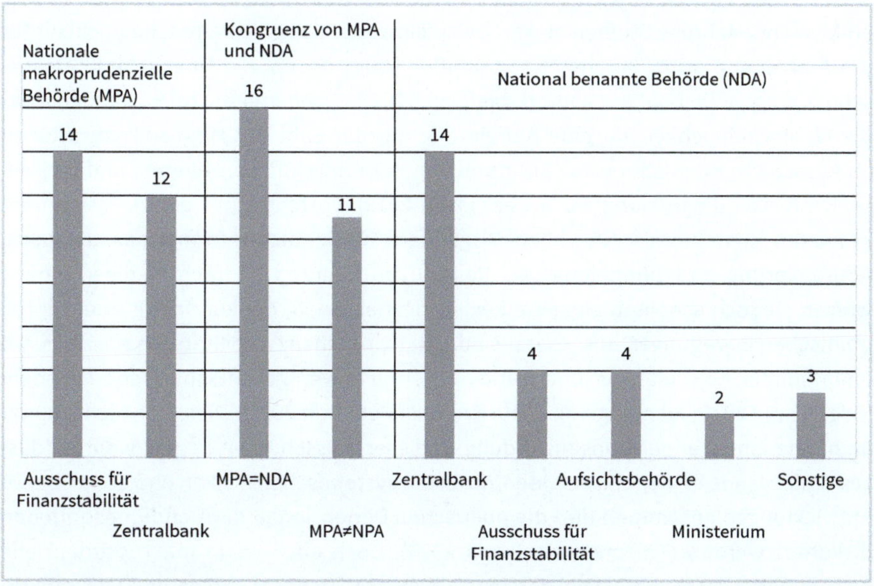

Abb. 3.8: Wirtschaftspolitische Akteure im Bereich Finanzstabilität in der EU – Anzahl der Gremien bzw. Institutionen (Quelle: Eigene Darstellung basierend auf ESRB (2021))

Abbildung 3.8 zeigt auch, dass Finanzstabilitätsausschüsse nicht notwendigerweise die Behörden sind, die auch für den Einsatz makroprudenzieller Instrumente zuständig sind. Lediglich in vier von 27 Mitgliedstaaten der EU ist ein Ausschuss für Finanzstabilität die national benannte Behörde (NDA). In der Mehrzahl der Länder ist es die Zentralbank. Abbildung 3.9 illustriert die Unterschiede in den Kompetenzen der Finanzstabilitätsausschüsse. Die Bandbreite reicht hier von einer reinen symbolischen politischen Delegierung von Kompetenzen bis hin zu tatsächlich funktionaler Delegierung von Kompetenzen (Edge/Liang 2020). Lediglich etwas mehr als die Hälfte der Ausschüsse in der EU können makroprudenzielle Instrumente festsetzen. Knapp neun von zehn Ausschüssen können »*comply or explain*«-Mechanismen aktivieren. Fast alle haben kommunikative Instrumente zur Verfügung, wie bspw. die Veröffentlichung von (Rechenschafts-)Berichten. In allen Fällen unterstützt die Existenz eines Ausschusses den Informationsaustausch zwischen den an der makroprudenziellen Politik beteiligten Behörden.

Angesichts der großen Unterschiede im institutionellen Design makroprudenzieller Politik stellt sich die Frage, **wie diese Unterschiede die Umsetzung makroprudenzieller Politik beeinflussen**. Dabei überrascht kaum, dass vergleichende Untersuchungen darauf hinweisen, dass Institutionen mit einer starken *Governance* schneller und entschlossener agieren, d. h., wenn die Akteure unabhängig sind, Rechenschafts- und Transparenzanforderungen unterliegen und umfassende formelle Kompetenzen besitzen. Dennoch sind die Schlussfolgerungen empirischer Untersuchungen ambivalent. Mehrere Studien zeigen beispielsweise, dass die Wahrscheinlichkeit für die Aktivierung antizyklischer Kapitalpuffer steigt, wenn ein Finanzstabilitätsausschuss diese selbst setzen kann (Edge/Liang 2020; Gischer et al. 2019). Jedoch sinkt die Wahrscheinlichkeit für eine Aktivierung mit der Zahl der Mitgliedsinstitutionen im Ausschuss, möglicherweise aufgrund von Koordinierungsproblemen und Interessenkonflikten (Edge/Liang 2020; Bengtsson 2019). Vorteile eines divers zusammengesetzten Ausschusses mit vielen Mitgliedern hinsichtlich Informationsaustausch, Koordinierung und Bündelung von Ressourcen könnten dadurch weniger schwer wiegen. Jedoch scheinen einzelne Regierungsbehörden, die kurzfristig orientierten politischen Erwägungen ausgesetzt sind, relativ zu Finanzstabilitätsausschüssen mit umfassenden Kompetenzen und starker *Governance* weniger entschlossen zu handeln (Edge/Liang 2020; Aikman et al. 2019; Bremus/Menkhoff 2021). Dies mag nicht zuletzt an häufig langwieriger Konsensfindung in diesen Ausschüssen liegen, währenddessen umfassende Evidenz zu den identifizierten systemischen Risiken und erwartbaren Entwicklungen gesammelt und die politischen Dimensionen der Handlungsoptionen diskutiert werden (Thiemann/Stellinga 2023). Doch auch wenn makroprudenzielle Instrumente ausschließlich bei der Zentralbank verortet sind und damit in technokratischer Hand, scheint es nur begrenzt antizyklische Aktivität zu geben (Lepers 2021). Insgesamt unterstreichen die Untersuchungen jedoch die Bedeutung der zu Beginn des Kapitels genannten *Governance*-Kriterien sowie – im Sinne einer effizienten und agilen makroprudenziellen Politik – die Vorteile eines institutionellen Rahmens, in dem Verantwortlichkeiten und Instrumente gebündelt und nicht über viele verschiedene Institutionen und Behörden verteilt sind (Aikman et al. 2019; Edge/Liang 2020).

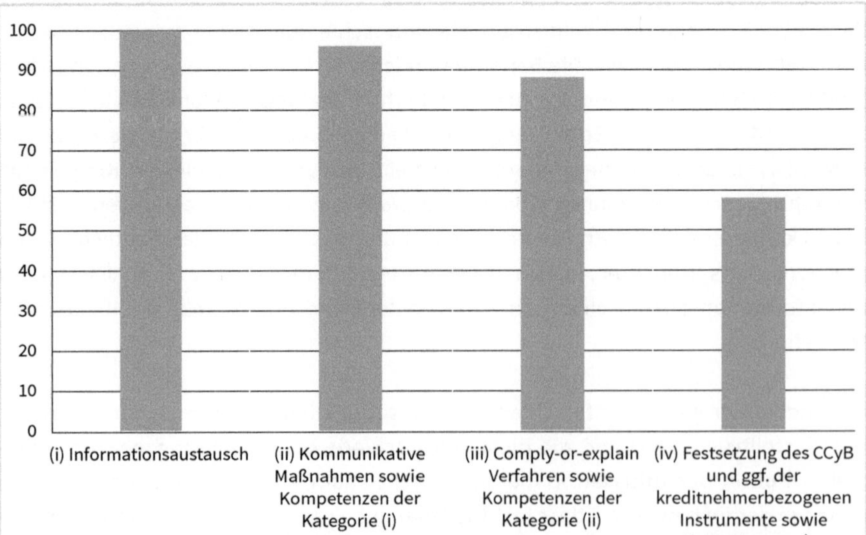

Abb. 3.9: Instrumente der nationalen makroprudenziellen Behörden in der EU – in % (Quelle: Eigene Darstellung basierend auf den Websites der verschiedenen nationalen Institutionen sowie wissenschaftlichen Veröffentlichungen)

3.3.2 Institutionen makroprudenzieller Politik

In der EU liegt die Verantwortung für makroprudenzielle Politik, d.h. für die verwaltungsrechtlichen oder kommunikativen Maßnahmen zur Wahrung der Finanzstabilität und die makroprudenzielle Überwachung, primär auf nationaler Ebene. In Deutschland ist der AFS das zentrale Gremium für Fragen der Finanzstabilität. Nationale und supranationale Zuständigkeiten greifen jedoch eng ineinander, um eine umfassende Einschätzung systemischer Risiken inklusiver möglicher grenzüberschreitender Effekte und eine Harmonisierung der dezentral organisierten makroprudenziellen Aufsicht sicherzustellen. So wird die nationale Ebene durch eine europäische und eine globale Perspektive ergänzt. Auf globaler Ebene sind die wichtigsten Akteure der Finanzstabilitätsrat, der Internationale Währungsfonds (engl. *International Monetary Fund*, IMF) sowie der Ausschuss für das weltweite Finanzsystem bei der Bank für Internationalen Zahlungsausgleich (engl. *Bank for International Settlements*, BIS). Auf europäischer Ebene spielen das ESRB sowie die EZB eine hervorgehobene Rolle.

3.3.2.1 Der globale institutionelle Rahmen

Nationale Notenbanken haben seit jeher eine hervorgehobene Rolle in der makroprudenziellen Politik, insbesondere in der makroprudenziellen Überwachung. Auch auf internationaler Ebene existiert bei der BIS – der Bank der Zentralbanken – bereits seit 1971 ein ständiger **Ausschuss für das weltweite Finanzsystem** (*Committee on the Global Financial System*, CGFS). Gegenwärtig sind im Ausschuss 28 Zentralbanken vertreten. Je nach Themenschwerpunkt nehmen aber auch Vertreter anderer Zentralbanken an den Sitzungen und Arbeitsgruppen teil. Der Ausschuss berichtet regelmäßig an das *Global Economy Meeting* der Präsidenten von 31 nationalen Zentralbanken (BIS 2021b; BIS 2021a).

Das CGFS hat einen analytischen Fokus und untersucht und bewertet Risiken für die internationale Finanzstabilität. Ursprünglich konzentrierte sich das CGFS – bis 1991 noch unter dem Namen *Euro-Currency Standing Committee* (ECSC) – auf die Überwachung des internationalen Bankensystems und die geldpolitischen Implikationen der rasanten Entwicklungen auf den *Off-Shore*-Kredit- und Anlagemärkten. Der Schwerpunkt der Arbeit des Ausschusses verlagerte sich jedoch zunehmend auf übergeordnete Fragen der Finanzstabilität und die Folgen struktureller Veränderungen im gesamten Finanzsystem, weshalb er 1999 nicht nur umbenannt, sondern auch sein Mandat angepasst wurde. Im Rahmen des CGFS diskutieren die Mitglieder ihre Einschätzungen und verschiedene Arbeitsgruppen arbeiten an mittel- und langfristigen analytischen und statistischen Projekten, deren Ergebnisse in einer Vielzahl von Berichten veröffentlicht werden. Die Arbeiten des Ausschusses und dessen verschiedenen Arbeitsgruppen konzentrieren sich in der Regel auf unterschiedliche Aspekte der Funktionsfähigkeit und -weise der Finanzmärkte, untersuchen aktuelle und potenzielle Entwicklungen im internationalen Finanzsystem, evaluieren politische Maßnahmen und entwickeln entsprechende Empfehlungen. Gegeben die stabilitätspolitischen Zentralbankmandate, spielt die Interaktion zwischen Geldpolitik und Finanzstabilität eine herausgehobene Rolle in den Untersuchungen. Zudem dient der Ausschuss als Koordinierungsstelle für die Weiterentwicklung der internationalen Banken- und Finanzmarktstatistiken der BIS und fördert somit die Transparenz zu Entwicklungen im internationalen Finanzsystem (BIS 1999; BIS 2021b; BIS 2021a; CGFS 2021b).

Zur Stärkung der internationalen Koordination makroprudenzieller Politik wurde 2009 der **Finanzstabilitätsrat** (*Financial Stability Board*, FSB) von den Staats- und Regierungschefs der G20 als zentrales internationales Koordinierungsgremium für Finanzstabilitätsfragen gegründet. Sein Vorläufer war das Finanzstabilitätsforum (*Financial Stability Forum*, FSF). Neben den für Finanzstabilität zuständigen nationalen Behörden der G20-Staaten[28] sind auch die entsprechenden Behörden aus Hongkong, den Niederlanden, der Schweiz, Singapur und Spanien Mitglied.[29] Auch eine Reihe relevanter internationaler Institutionen und internationaler Standardsetzer ist Mitglied des FSB.[30] Der FSB hat seinen Sitz bei der BIS und ist eine juristische Person nach Schweizer Recht (FSB 2021b).

Ziel des FSB ist ein stabiles globales Finanzsystem. Er fördert den Informationsaustausch und die Kooperation zwischen den für die Finanzmarktaufsicht und regulierung zuständigen Behörden und Institutionen. Dadurch soll ein internationaler Unterbietungswettlauf (*»race to the bottom«*) in der Finanzmarktregulierung vermieden und eine konsistente Anwendung von Standards und Kodizes sichergestellt werden (*Level Playing Field*). Zu diesem Zweck analysiert er Verwundbarkeiten im internationalen Finanzsystem, entwickelt Vorschläge, wie diese adressiert werden können, und überwacht die Umsetzung der entsprechenden Maßnahmen. Tätigkeitsschwerpunkte des FSB waren in der Vergangenheit der Umgang mit global systemrelevanten Finanzinstituten, Arbeiten zur Reduzierung von Risiken, die von Derivatemärkten ausgehen, sowie die Regulierung von Finanzintermediären außerhalb des Finanzsystems (auch genannt *Schattenbanken*) (vgl. u. a. FSB 2021a; Deutsche Bundesbank 2019; Barewell 2013).

Ein wesentlicher Teil der Arbeit des FSB ist die Veröffentlichung von Studien und Empfehlungen. Der Finanzstabilitätsrat trägt damit maßgeblich zur Transparenz internationaler makroprudenzieller Politik bei. Die Empfehlungen des FSB sind jedoch rechtlich nicht bindend. Die politische Unterstützung durch die G20 ist damit von ent-

28 Maximal drei Behörden dürfen vertreten sein. Für Deutschland sind dies die Deutsche Bundesbank, das BMF und die BaFin.

29 Auch Länder, die nicht Mitglied des FSB sind, werden über sechs Regionalgruppen in dessen Arbeit eingebunden.

30 Dazu gehören die EZB, die Europäische Kommission, der IMF, die IBRD, die BIZ sowie die dort verankerten Ausschüsse, die OECD, die IOSCO, die IAIS sowie der IASB.

scheidender Bedeutung für den Erfolg des Gremiums. Ein weiterer wichtiger Aspekt der Arbeit des FSB sind die regelmäßig stattfindenden internationalen partnerschaftlichen Überprüfungsverfahren (*Peer Reviews*), im Rahmen derer die Mitgliedstaaten ihre Finanzsektoren und die nationale makroprudenzielle Politik sowie deren institutionelle Rahmenwerke und Instrumente begutachten lassen (vgl. u.a. FSB 2021a; Deutsche Bundesbank 2019; Barewell 2013).

Die Änderung der Rolle des CGFS in der BIS wurde auch von einer Änderung der Arbeit des **Internationalen Währungsfonds** (IMF) begleitet. Er leistet heute einen bedeutenden Beitrag zur Überwachung der globalen Finanzstabilität als Teil seiner Aufgabe, die Stabilität des internationalen Währungssystems sicherzustellen. Er beobachtet die Wirtschafts- und Finanzpolitik seiner 189 Mitgliedsländer, versucht, mögliche Risiken für die globale Finanzstabilität aufzudecken, und leitet daraus Handlungsempfehlungen ab. Dazu veröffentlicht er halbjährlich den *Global Financial Stability Report*, der aktuelle globale Finanzstabilitätsentwicklungen analysiert und bewertet. Ebenso führt er gemeinsam mit der Weltbank regelmäßige Überprüfungen der nationalen Finanzsysteme (*Financial Sector Assessment Program*, FSAP) durch und evaluiert die Resilienz des jeweiligen Finanzsystems, Qualität und Umfang des regulatorischen Rahmenwerks sowie der nationalen Finanzaufsicht und die Kapazitäten zum Umgang mit Finanzkrisen. Basierend auf der Untersuchung, gibt er Empfehlungen zur Weiterentwicklung der mikro- und makroprudenziellen Aufsicht und Politik ab (IMF 2021). Auch die FSB-Mitglieder haben sich verpflichtet, sich den Finanzsektorüberprüfungen des IWF und der Weltbank zu unterziehen.

3.3.2.2 Der europäische institutionelle Rahmen

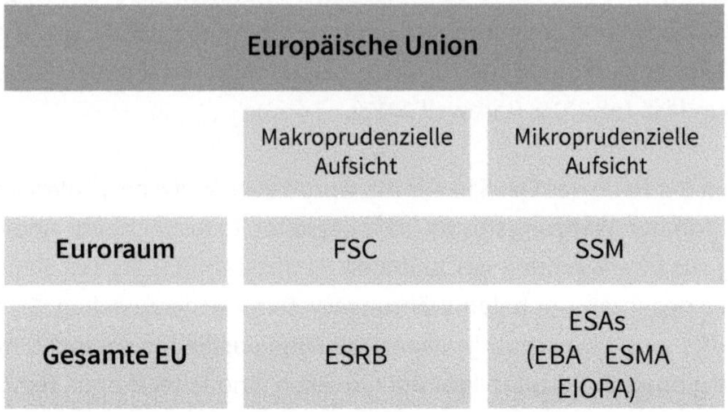

- Europäischer Ausschuss für Systemrisiken (European Systemic Risk Board, ESRB)
- Ausschuss für Finanzstabilität (Financial Stability Committee, FSC)
- Einheitlicher Aufsichtsmechanismus (Single Supervisory Mechanism, SSM)
- EU-Aufsichtsbehörden (European Supervisory Authorities, ESAs)
- Europäische Bankenaufsichtsbehörde (European Banking Authority, EBA)
- Europäische Wertpapier- und Marktaufsichtsbehörde (European
- Securities and Markets Authority, ESMA)
- Europäische Aufsichtsbehörde für das Versicherungswesen und die betriebliche Altersvorsorge (European Insurance and Occupational Pensions Authority, EIOPA)

Abb. 3.10: Institutionen makroprudenzieller Politik in Europa (Quelle: Eigene Darstellung)

Da die makroprudenzielle Politik und Überwachung in Europa maßgeblich von den Mitgliedstaaten verantwortet wird, ist auch die Koordination auf europäischer Ebene von herausragender Bedeutung. Hierfür hat man in der EU den **Europäischen Ausschuss für Systemrisiken** (ESRB) im Jahr 2010[31] als das zentrale Gremium makroprudenzieller Aufsicht und Politik der EU gegründet, vergleichbar zum FSB auf globaler Ebene. Stimmberechtigte Mitglieder des ESRB-Entscheidungsgremiums – dem ESRB-Verwaltungsrat – sind Vertreter der EZB und der nationalen Zentralbanken, ein Vertreter der EU-Kommission sowie Vertreter der europäischen Aufsichtsbehörden (EBA, EIOPA und ESMA) und der beiden den ESRB beratenden Ausschüsse (der beratende wissenschaftliche Ausschuss (*Advisory Scientific Committee*, ASC) und der

31 Als Reaktion auf die Finanzkrise 2007/2008 beauftragte die Europäische Kommission eine Arbeitsgruppe unter Vorsitz von Jacques de Larosière mit der Entwicklung eines Vorschlags zur Neuausrichtung der europäischen Finanzaufsicht. In ihrem Bericht empfahl die Arbeitsgruppe die Einrichtung eines Gremiums, das das EU-Finanzsystems als Ganzes überwacht; The High-Level Group on Financial Supervision in the EU 2009.

beratende Fachausschuss (*Advisory Technical Committee*, ATC). Vertreter der nationalen Aufsichtsbehörden und der EU-Kommission sind ebenfalls Mitglieder, jedoch ohne Stimmrecht. Gemeinsam mit den europäischen mikroprudenziellen Aufsichtsbehörden (*European Supervisory Authorities*, ESAs), der Europäischen Bankenaufsichtsbehörde (*European Banking Authority*, EBA), der Europäischen Wertpapier- und Marktaufsichtsbehörde (*European Securities und Markets Authority*, ESMA) und der Europäischen Aufsichtsbehörde für das Versicherungswesen und die betriebliche Altersversorgung (*European Insurance and Occupational Pensions Authority*, EIOPA) bildet das ESRB das europäische Finanzaufsichtssystem (*European System of Financial Supervision*, ESFS) (siehe Abb. 3.10).

Sein Mandat, der Entstehung von systemischen Risiken vorzubeugen und bestehende systemische Risiken einzudämmen, umfasst alle Bereiche des europäischen Finanzsystems. Identifiziert das ESRB systemische Risiken, kann es Warnungen und Empfehlungen gegenüber der EU, den EU-Mitgliedstaaten oder den europäischen und nationalen Aufsichtsbehörden aussprechen. Warnungen weisen auf konkrete systemische Risiken hin, sind aber ein reines Kommunikationselement ohne direkte Implikationen für die Akteure. Empfehlungen sind zwar ebenfalls nicht rechtsverbindlich, benennen aber zusätzlich konkrete Handlungsoptionen zu den festgestellten Risiken und initiieren einen »*comply or explain*«-Mechanismus. Sowohl Warnungen als auch Empfehlungen können entweder vertraulich oder öffentlich ausgesprochen werden.

Mit dem Start der Bankenunion Ende 2014 wurde ein Teil der mikroprudenziellen Aufsicht im Eurosystem zur **EZB** verlagert. Sie übt seitdem unter anderem die Bankenaufsicht über systemrelevante Institute im Rahmen des einheitlichen Aufsichtsmechanismus aus (SSM) (siehe Abb. 3.10). Die EZB erhielt in diesem Kontext auch Kompetenzen in der makroprudenziellen Politik für den Bankensektor der teilnehmenden Länder (die Länder des Eurosystems). Sie kann seither eine Verschärfung nationaler makroprudenzieller Regulierungsmaßnahmen im Bankensektor veranlassen, bspw. eine Erhöhung des antizyklischen Kapitalpuffers einfordern.[32] Diese sogenannte *top-up Power* soll einem potenziellen nationalen *Inaction Bias* entgegenwirken, insbesondere dann, wenn Risiken für die Stabilität des gesamten europäischen Finanzsystems drohen. Nationale Maßnahmen abschwächen kann die EZB hingegen nicht. Innerhalb der EZB ist das Finanzstabilitätskomitee (*Financial Stability Committee*, FSC) für die europäische makroprudenzielle Aufsicht zuständig. In der Regel unter dem Vorsitz der EZB[33] setzt sich das FSC zusammen aus Vertretern der EZB und der nationalen Zentralbanken (sog. Standard-Zusammensetzung).[34] Tagt das FSC zu Angelegenheiten des SSM, nehmen auch die national zuständigen Behörden (NCAs) nach

32 Vgl. SSM.
33 Vgl. SSM.
34 Vgl. EZB 1999, SSM.

CRR/CRD teil (sog. SSM-Zusammensetzung).[35] Für Deutschland nehmen Vertreter von der Bundesbank und – in der SSM-Zusammensetzung – Vertreter der BaFin teil.

3.3.2.3 Akteure makroprudenzieller Politik in Deutschland

In Deutschland steht die makroprudenzielle Politik und Überwachung seit 2013 auf einer gesetzlichen Grundlage, dem Gesetz zur Überwachung der Finanzstabilität (Finanzstabilitätsgesetz, FinStabG). Mit diesem Gesetz wurde der **Ausschuss für Finanzstabilität (AFS)** als zentrales Gremium makroprudenzieller Politik auf nationaler Ebene etabliert.[36] Ähnlich dem FSB und ESRB, ist eine zentrale Aufgabe des Ausschusses die Koordination der existierenden Behörden. Im AFS kommen die BaFin, die Bundesbank und das Bundesministerium der Finanzen (BMF) (Vorsitz) mit jeweils drei stimmberechtigten Vertretern zusammen (siehe Abb. 3.11). Für die BaFin nimmt zudem ein Vertreter für den Bereich Abwicklung teil, jedoch ohne Stimmrecht. Die drei Institutionen leisten in ihren jeweiligen Funktionen als Aufsichtsbehörde, Zentralbank und zuständiges Ministerium auch einzeln wichtige Beiträge zur Wahrung der Finanzstabilität in Deutschland. Die Zusammensetzung des AFS gewährleistet, dass die beteiligten Behörden untereinander kontinuierlich relevante Informationen austauschen und koordiniert zusammenarbeiten. Der AFS kommt mindestens viermal im Jahr zusammen und berichtet seit 2014 einmal jährlich an den Deutschen Bundestag zur Lage und Entwicklung der Finanzstabilität in Deutschland.

Das Mandat des Ausschusses bezieht sich auf alle Bereiche des Finanzsystems, von denen mögliche Gefahren für die Finanzstabilität in Deutschland ausgehen können.[37] Aufgaben des AFS sind die Überwachung der Risikolage im deutschen Finanzsystem, basierend auf Analysen der Bundesbank und Erkenntnissen aus der gemeinsamen Aufsichtstätigkeit von BaFin und Bundesbank, und die Kommunikation zu Finanzstabilitätsrisiken. Bei Bedarf veröffentlicht der AFS Warnungen und Empfehlungen, mit denen er auf bestehende Risiken aufmerksam macht oder konkrete makroprudenzielle Maßnahmen empfiehlt, bspw. den Einsatz makroprudenzieller Instrumente (siehe Kap 3.2). Wie im Fall des ESRB, weisen Warnungen auf identifizierte systemische Risiken hin, entwickeln aber weder Handlungsoptionen noch entfalten sie eine bindende Wirkung. Empfehlungen beinhalten konkrete Maßnahmen zum Umgang mit und zur Abmilderung von identifizierten systemischen Risiken und sind – wie beim ESRB – geknüpft an einen »comply or explain«-Mechanismus. Das **BMF** kann zudem das Initiativrecht der Bundesregierung nutzen, um eine rechtliche Umsetzung zeitnah anzustoßen.

---

35 Cassola et al. 2019. Die BaFin nimmt demnach erst seit Inkrafttreten der SSM-Verordnung teil (vgl. auch SSM. Das FSC kann auch in der erweiterten Zusammensetzung mit EZB und den nationalen Zentralbanken aller EU-Staaten tagen.

36 Hiermit folgte Deutschland dem ESRB.

37 Vgl. AFS 2020.

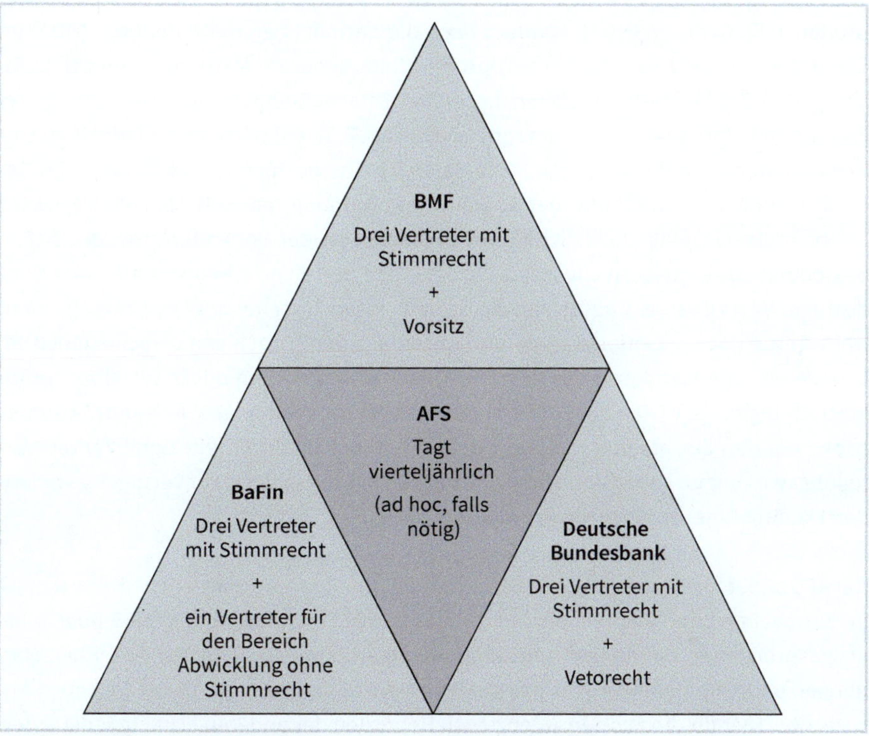

Abb. 3.11: Zusammensetzung Ausschuss für Finanzstabilität (Quelle: Eigene Darstellung)

Nach dem Finanzstabilitätsgesetz hat die **Deutsche Bundesbank** explizit die Aufgabe, zur Wahrung der Finanzstabilität im Inland beizutragen. Diesen Beitrag leistet sie insbesondere dadurch, dass sie innerhalb des AFS für die Analyse aller Risiken zuständig ist, die die Stabilität des deutschen Finanzsystems bedrohen können. Sie schlägt dem Ausschuss außerdem Warnungen und Empfehlungen vor und bewertet deren Umsetzung durch die Adressaten. Dieses Mandat erfasst damit auch Bereiche des deutschen Finanzsystems, in deren Aufsicht die Bundesbank nicht direkt eingebunden ist, wie beispielsweise Versicherungsunternehmen. Die Bundesbank ist eine weisungsfreie Behörde und damit politisch unabhängig. Während die Bundesbank den AFS analytisch unterstützt und Handlungsoptionen entwickeln kann, hat sie jenseits von kommunikativen Mitteln selbst keine makroprudenziellen Instrumente zur Verfügung. Für den Einsatz und die Ausgestaltung aller verbindlich wirksamen makroprudenzieller Instrumente ist in Deutschland die **BaFin**[38] verantwortlich, d. h. sowohl für die makroprudenziellen Kapitalanforderungen als auch für die kreditnehmerbezogenen Instrumente sowie für Entscheidungen über die reziproke Anwendung makroprudenzieller Instrumente anderer Länder. Sie ist demnach nicht nur die national zuständige mikro-

38 Die BaFin ist nach dem Finanzdienstleistungsaufsichtsgesetz (FinDAG) als Allfinanzbehörde für die mikroprudenzielle Markt- und Solvenzaufsicht über Finanzunternehmen zuständig.

prudenzielle Behörde (NCA), sondern auch die national benannte Behörde (NDA) im Sinne der CRR/CRD sowie die makroprudenzielle Behörde (MPA) im Sinne des ESRB (siehe Kap. 3.3.1). In einigen Fällen, bspw. bei Entscheidungen zur Ausgestaltung der kreditnehmerbezogenen Instrumente (siehe Kap. 3.2), entscheidet sie jedoch im Einvernehmen mit der Bundesbank.[39] Die BaFin ist eine nachgeordnete Behörde im Geschäftsbereich des BMF und damit weisungsgebunden, genießt aber eine gewisse Unabhängigkeit. Eine zusätzliche Kontrollinstanz ist der Verwaltungsrat der BaFin, bestehend aus Vertretern von Interessengruppen und Bundesministerien sowie Bundestagsabgeordneten. Dadurch ist die BaFin in ihren Entscheidungen einerseits nicht frei von politischer Einflussnahme und unterliegt dem Druck von verschiedenen Interessengruppen, andererseits sind ihre Entscheidungen zumindest mittelbar demokratisch legitimiert (Handke 2011).[40] Letzteres ist von besonderer Relevanz, wenn es bspw. um den Einsatz von makroprudenziellen Instrumenten mit signifikanten Verteilungswirkungen geht. Dies ist der Fall bei den in Deutschland zur Verfügung stehenden kreditnehmerbasierten Instrumenten (siehe Kap. 3.2).

Der AFS bildet für Deutschland die Schnittstelle zur makroprudenziellen Überwachung in Europa. Er ist der Ansprechpartner für das ESRB. Er informiert das ESRB über seine ausgesprochenen Warnungen und Empfehlungen. Ebenso berät der AFS über Warnungen und Empfehlungen, die das ESRB an Deutschland richtet. Der AFS ist auch Ansprechpartner für die makroprudenziellen Behörden der anderen EU-Mitgliedsländer.

3.4 Krisenmanagement und finanzielle Sicherheitsnetze

Oliver Kruse

Unter Krisenmanagement werden alle Handlungen und Entscheidungen zusammengefasst, die bei Gefahr eines Krisenausbruches oder bei Eintritt des Krisenfalls vorgenommen bzw. getroffen werden (vgl. ähnlich Stasch 2009, S. 41). Die dazu eingesetzten makroprudenziellen Instrumente und Maßnahmen können sowohl ex ante präventiven als auch ex post protektiven Charakter haben (vgl. Lampert 2015, S. 4). Unter dem Begriff »finanzielle Sicherheitsnetze« werden hier dementsprechend alle makroprudenziellen Maßnahmen und Instrumente zusammengefasst, mit denen Krisen im Finanzsystem abgewendet bzw. bewältigt werden können und durch die Stabilität gewahrt werden kann. Im Folgenden wird analysiert, welche Bedeutung der Schutz von Einlagen, die Liquiditätsbereitstellung durch Zentralbanken sowie Abwicklungsmechanismen zur Prävention vor und für die Bewältigung von Finanzstabilitätskri-

39 Bei der Entscheidung über die reziproke Anwendung von Instrumenten in EWR-Staaten nach EU entscheidet die BaFin im Benehmen mit der Bundesbank.

40 Die personelle Ausstattung des BMF ist de facto jedoch ein limitierender Faktor in der Wahrnehmung der Fachaufsicht über die BaFin (Handke 2011).

sen haben können. Wegen ihrer dominanten Rolle als der zentrale Finanzintermediär wird sich in der Betrachtung auf Banken beschränkt. Dabei darf jedoch nicht übersehen werden, dass Finanzstabilitätsgefahren auch von anderen Akteuren wie etwa zentralen Gegenparteien, Versicherungsunternehmen oder Kapitalanlagegesellschaften ausgehen können (vgl. dazu etwa Zeitler 2014, S. 17).

3.4.1 Grundsätzliche Motive für Absicherungsmechanismen im Krisenfall

Ausgangspunkt der Argumentation und Legitimation für das Schaffen von Absicherungsmechanismen zur Vermeidung oder Abwendung von Krisen bilden die Besonderheiten der Finanzmärkte, auf denen Banken besondere Funktionen erfüllen (vgl. dazu die Diskussion bei Stasch 2009, S. 58 f.). Damit verbunden ist ein hohes Risiko, dass es durch Bank Runs, Ansteckungsgefahren und Informationsdefizite zu Systemrisiken kommt, deren Realisierung hohe gesamtgesellschaftliche Kosten nach sich ziehen würden (vgl. Stasch 2009, S. 79 sowie erläuternd die Ausführungen in Kapitel 1). Schließlich besteht die Gefahr, dass es zu negativen Spillover-Effekten auf die Realwirtschaft kommt, die zu einer gesamtwirtschaftlichen Rezession führen können (vgl. dazu die Ausführungen bei Stolz-Gerhardt 2019, S. 127 ff.).

Einschränkend ist zu dieser Begründung anzuführen, dass kurzfristiges staatliches Handeln zur Stabilisierung des Finanzsystems in der Regel ebenfalls mit direkten Kosten verbunden ist. Gleichfalls sind mögliche kurz- und langfristige Folgen, vor allem negative Allokations- und Wettbewerbseffekte, zu berücksichtigen. Insbesondere kann es zu einem Moral-Hazard-Verhalten von Banken kommen, wenn diese vermehrt risikoreiche Geschäfte eingehen, wohl wissend, dass sie sich bei daraus resultierenden finanziellen Schwierigkeiten auf staatliche Rettungsmaßnahmen verlassen können. Zudem kann allein das Vertrauen, das in Krisen vor allem systemrelevante Banken gerettet werden, Fusions- und Übernahmeaktivitäten begünstigen, sodass kurzfristige Stabilisierungsmaßnahmen langfristig destabilisierend wirken können. Insofern ist bei Rettungsmaßnahmen der Zielkonflikt (Trade-off) zwischen dem Erhalt der Finanzstabilität und negativen Anreizeffekten abzuwägen.

3.4.2 Voraussetzungen für ein funktionierendes Krisenmanagement

Damit Absicherungsmechanismen im Krisenfall das Finanzsystem tatsächlich stabilisieren können, negative Allokationseffekte möglichst vermieden werden und die Kosten tragfähig bleiben, werden zur Aufhebung des Spannungsfeldes zwischen Finanzstabilität und Moral Hazard in der Literatur folgende Lösungsansätze diskutiert:

- Grundsätzlich ist im Vorfeld einer Krise festzulegen, welche Maßnahmen im Krisenfall in welcher Ausgestaltung zum Tragen kommen und wie diese zusam-

menwirken sollen (vgl. Gortsos 2021, S. 9). Dabei geht es darum, klare und glaubwürdige Regeln für die Marktteilnehmer zu definieren, sodass diese antizipieren können, was sie im Krisenfall zu erwarten bzw. nicht zu erwarten haben. Dazu gehört in Abhängigkeit vom Instrument auch die Unsicherheit für Institute, dass sie sich einer staatlichen Rettung nicht per se sicher sein können (vgl. dazu die Strategie der *constructive ambiguity*[41]). Gleichfalls soll auf diese Weise die Notwendigkeit diskretionären Verhaltens von Staaten, Zentralbanken und Regulierern reduziert werden.
- Da sich Krisen innerhalb kurzer Zeit ausbreiten können, sollte schnell interveniert werden. Dafür ist es notwendig, dass die Kompetenzen zwischen den einzelnen Autoritäten wie Staat, Zentralbanken, Einlagensicherungseinrichtungen und Abwicklungsbehörden auf nationaler Ebene und in einem Währungsverbund klar geregelt sind. Vor dem Hintergrund, dass Instabilitäten auf einzelnen Finanzmärkten zunehmend globale Auswirkungen haben, sollte die Zusammenarbeit auf nationaler, europäischer und globaler Ebene weiter intensiviert werden.
- Zur Steigerung der Bankenresilienz und zur Krisensteuerung ist zur Vermeidung von Krisen auf eine wirksame Regulatorik und effektive Finanzaufsicht Wert zu legen.

3.4.3 Mögliche Maßnahmen im Krisenfall

Nishimura und Caruana zählen vier Komponenten auf, die zur Sicherstellung der Finanzstabilität beitragen können. Als primär präventive Maßnahmen führen sie eine wirksame Regulatorik und Finanzaufsicht zur Stärkung der Bankenresilienz sowie eine funktionierende Finanzmarktinfrastruktur an. Für den konkreten Krisenfall sehen sie ein Einlagensicherungssystem sowie einen effektiven Bankenabwicklungsmechanismus vor (vgl. Nishimura 2010, S. 1 ff.; Caruana 2016, S. 1 ff.). Diese sich im Idealfall ergänzenden und aufeinander abgestimmten Komponenten sind zum Teil Bestandteil der seit dem Jahr 2012 in der EU aufgebauten »Bankenunion«. Dabei handelt es sich um einheitliche, gemeinsame Regeln im Bereich der Bankenaufsicht, der Einlagensicherung sowie der Restrukturierung und Abwicklung von Banken. Insbesondere wurden zentrale Entscheidungskompetenzen für den Euroraum auf europäischer Ebene verankert. Zudem verweist die Literatur auf Zentralbanken, die im Krisenfall die Funktion als LOLR übernehmen können (Dobler et al., 2016, S. 4 ff.). Auch im Euroraum kam es in der Finanz- und Währungskrise zur Gewährung von Liquiditätshilfen durch das Europäische System der Zentralbanken (ESZB) (vgl. dazu die Ausführungen

41 Dahinter steht die Annahme, dass eine gewisse Unsicherheit bzgl. der Gewährung von Unterstützungsmaßnahmen im Krisenfall an Banken diese davon abhält, übermäßige Risiken einzugehen.

in Kapitel 3.4.3.2). Im Folgenden werden die Funktionen der Maßnahmen für die Finanzstabilität diskutiert.

3.4.3.1 Einlagensicherung

ESS dienen zunächst dem Schutz von Kleinanlegern, denen es in der Regel nicht möglich ist, die Solvenz einer Bank zu prüfen. Sie erhalten auf diese Weise Zugang zu einem sicheren Finanzinstrument für Sparzwecke und zur Tätigkeit von Zahlungen (vgl. Gortsos 2021, S. 4). Gleichfalls schützen sie Banken vor einem Bank Run. ESS zielen im letzteren Fall darauf ab, durch die Garantie des Sicherungsfonds[42] die Anreize für Einlageabzüge zu reduzieren. Dadurch soll das öffentliche Vertrauen in das Bank- und letztlich in das Finanzsystem aufrechterhalten werden.

Damit jedoch die Einleger im Krisenfall dem ESS vertrauen, sind diese glaubwürdig und verlässlich auszugestalten (vgl. Lampert 2015, S. 2). Zudem ist zu vermeiden, dass Banken risikoreiche Geschäfte durch geschützte Einlagen finanzieren. Bzgl. einer adäquaten Ausgestaltung werden in der Literatur folgende Merkmale angeführt (vgl. dazu die Erläuterungen bei Gortsos 2021, S. 18 ff.):

- Schaffung einer eindeutigen Rechtsgrundlage: Gesicherte Einlagen sind klar und öffentlich zu bestimmen und gesetzlich zu definieren, einschließlich der Höhe des Schutzniveaus und der Sicherungsobergrenze.
- Sicherungssumme: Die Höhe des Schutzniveaus und die Sicherungsobergrenze sind so zu wählen, dass einerseits das Risiko von Bank Runs minimiert wird und dass andererseits die Marktdisziplin nicht außer Kraft gesetzt wird. So sollte der Großteil der Privateinleger aller Banken geschützt sein, zugleich sollte ein wesentlicher Teil der Einlagen ungeschützt bleiben (Einlagen über der Sicherungsobergrenze). Auf diese Weise sollen Einleger weiterhin motiviert werden, ihre Bank effektiv zu überwachen.
- Auszahlungsfrist: Die Mehrheit der Anleger sollte schnell, d. h. nach wenigen Tagen nach Feststellung des Erstattungsverfahrens, entschädigt werden.
- Informationspflicht: Die Anleger sind regelmäßig über das für sie zutreffende ESS zu informieren, damit die Anleger ihren Anspruch auf Entschädigung kennen. Das Wissen über das ESS soll einen Bank Run im Krisenfall verhindern.
- Finanzierung: Die ESS sollten über ein adäquates Vermögen im Verhältnis zu den zu schützenden Einlagen verfügen: Zudem sind Mechanismen zu implementieren, mit denen im Entschädigungsfall weitere Mittel kurzfristig generiert werden können. Schließlich sind die Beiträge zur Einlagensicherung ausschließlich von den Banken selbst aufzubringen. Die jeweilige Höhe der Institutsbeiträge sollte von deren individuellen Risikoprofilen abhängig gemacht werden.

---

42 Auf Versicherungslösungen wie die Federal Deposit Insurance Corporation in den USA kann hier nicht näher eingegangen werden.

Ein Großteil dieser Ausgestaltungsmerkmale wurde auch bei der Harmonisierung der europäischen Einlagensicherung berücksichtigt (vgl. Kasten Eckpfeiler der europäischen Einlagensicherung). Entgegen dem Vorschlag der EU-Kommission aus dem Jahre 2015 wurden die jeweiligen nationalen Sicherungsfonds noch nicht in einem vergemeinschafteten europaweiten Einlagensicherungsfonds (engl. *European Deposit Insurance Scheme,* EDIS) zusammengeführt[43]. Für EDIS spricht aus Sicht der Finanzstabilität dessen großes Volumen und das damit verbundene höhere Vertrauen der Einleger in die Schlagkraft der Einlagensicherung. Dagegen spricht jedoch, dass Sparer und Institute[44] sich auf die Haftung Dritter verlassen und infolgedessen unverhältnismäßig höhere Risiken eingehen könnten (vgl. dazu die von der EZB aufgelegte Studie, die von Carmassi et al. 2018 durchgeführt wurde, sowie die Diskussion bei Clemens/Gebauer/König 2020, die letztlich EDIS befürworten. Vgl. zudem die Argumentation bei Gros 2019, der aus Sicht der bayrischen Genossenschaftsbanken EDIS ablehnt.).

Eckpfeiler der europäischen Einlagensicherung[45]

Rechtsgrundlage: Richtlinie 2014/49 EU vom 16. April 2014 über Einlagensicherungssysteme

Ziele:

- Vereinheitlichung des Einlegerschutzes in der EU
- Verhinderung von Bank Runs bei drohender Insolvenz einer Bank
- Beitrag zur allgemeinen Finanzstabilität im Binnenmarkt

Wesen: In jedem Mitgliedstaat ist ein ESS vorgesehen, mit dem Einleger bis zu einem festgelegten Betrag entschädigt werden, wenn die Bank insolvent wird und ihre Einlagen nicht verfügbar sind. Im Insolvenzfall hat das ESS in der Lage zu sein, die Einleger für die in der Richtlinie geschützten Einlagen zu entschädigen.

Sicherungssumme: 100.000 Euro pro Einleger und Bank. Der Schutz kann sich für einen bestimmten Zeitraum auf Einlagen bis zu 500.000 Euro erhöhen, die für die Lebensführung des Einlegers von besonderer Bedeutung sind. Nicht geschützt sind Einlagen von Staaten und institutionellen Kunden.

Auszahlungsfrist: Im Falle einer Insolvenz sollen Anleger spätestens ab 2024 ihre Einlagen innerhalb von sieben Tagen zurückerhalten.

Informationspflicht: Banken müssen ihre Kunden bei Eröffnung eines Kontos sowie zusätzlich einmal jährlich über die gesetzliche Einlagensicherung unter Verwendung eines gesetzlich vorgeschriebenen Musters informieren.

43 Vorschlag zur Änderung der VO Nr. 806/2014 im Hinblick auf die Schaffung eines einheitlichen ESS.

44 In der Literatur wird zudem angeführt, dass auch Mitgliedstaaten in einer Währungsunion sich darauf verlassen könnten, dass Einlagen durch supranationale Institutionen gesichert werden. Das damit verbundene Moral-Hazard-Verhalten könnte zum Tragen kommen, falls aus nationalen Interessen die Abwicklung von Banken verzögert oder verhindert wird und eventuelle spätere höhere Abwicklungskosten bewusst in Kauf genommen werden, wohl wissend, dass bei letztlichem Scheitern von Banken unzureichend gefüllte nationale Einlagensicherungsfonds und damit fehlende liquide Mittel von supranationalen Institutionen beizusteuern sind. Vgl. diesbezüglich die zur Europäische Währungsunion geführten Diskussionen bei Gros/Schoenmaker 2012 oder Lampert 2015, S. 5 ff.

45 Vgl. dazu Beck/Prinz 2017, S. 99.

Finanzierung: Jedes Land hat einen eigenen Einlagensicherungsfonds aufzubauen. Die nationalen Fonds sollen mit 0,8 % der national gesicherten Einlagen ausgestattet werden. Die Beiträge sind ausschließlich von den Banken selbst, teilweise in Abhängigkeit von deren Risikoprofilen zu erbringen.

3.4.3.2 Liquiditätshilfen durch Zentralbanken

Die Liquiditätsbereitstellung durch Zentralbanken im Krisenfall zählt ebenfalls zu den wesentlichen Elementen eines finanziellen Sicherheitsnetzes. Zugleich wird ihre Rolle aus Sicht der Finanzstabilität als zwiespältig angesehen (vgl. Domanski et al. 2014, S. 4). Nach dem durch Bagehot begründeten traditionellen Ansatz können Zentralbanken finanzielle Mittel für illiquide, aber solvente Banken für eine begrenzte Zeitperiode zur Verfügung stellen, um somit den Zusammenbruch des Finanzsystems zu verhindern (vgl. Bagehot 1873). Für die Bereitstellung der Liquidität hat die Bank Sicherheiten bereitzustellen und nach Wiedererlangung der Zahlungsfähigkeit Strafzinsen zu entrichten. Auf diese Weise sollen Zentralbanken in die Lage versetzt werden, insolvente Banken, die nach den Vorstellungen Bagehots nicht unterstützt werden sollen, zu identifizieren und von den Liquiditätshilfen auszuschließen. Zentralbanken werden in dem Zusammenhang die Rolle des LOLR zugesprochen, da starke Synergien zwischen der Bereitstellung von Liquidität für das Bankensystem, der Wahrung der Stabilität von Zahlungssystemen und der Wahrung der Finanzstabilität bestehen. Gleichfalls können nur Zentralbanken im Notfall unbegrenzt Liquidität zur Verfügung stellen (vgl. Danthiene 2014, S. 8).

Anknüpfend an den traditionellen Ansatz, werden aus Sicht der Finanzstabilität verschiedene Ausgestaltungsformen diskutiert (vgl. dazu Stasch 2009, S. 93 ff.):

- Zunächst stellt sich die Frage, ob die Liquiditätshilfen tatsächlich zu einem erhöhten Zinssatz gewährt werden sollen. Dafür spricht vor allem die Verminderung von Risikoanreizen. Auf diese Weise soll sichergestellt werden, dass Banken nur auf die Zentralbankunterstützung zurückgreifen, wenn sie am Markt keine Liquidität mehr erhalten. Dagegen wird angeführt, dass die Bedingungen für die Liquiditätsgewährung so attraktiv sein müssen, dass die in Zahlungsschwierigkeiten geratenen Banken diese tatsächlich in Anspruch nehmen. Zu hohe Zinsen könnten das Bankmanagement zudem dazu veranlassen, risikoreiche Alternativstrategien zu entwickeln (»*gamble for resurrection*«[46]). Schließlich besteht die Gefahr, dass hohe Zinsen die Krise noch verschlimmern können, wenn die in Schieflage geratenen Banken den Kapitaldienst nicht mehr leisten können (vgl. dazu die Diskussion bei Freixas et al. 2000, S. 17).

46 Verhaltensweisen, bei denen höhere Risiken eingegangen werden, um bereits entstandene Verluste ausgleichen zu können (Freixas et al. 2000, S. 17).

- Des Weiteren ist zu entscheiden, ob für die Gewährung von Liquiditätshilfen Sicherheiten verlangt werden. Bereits Bagehot argumentiert, dass dadurch Risikoanreize minimiert werden und nur objektiv kreditwürdige Banken Liquiditätshilfen erhalten. Dagegen spricht, dass Banken in Zahlungsschwierigkeiten in der Regel nicht mehr über genügend Sicherheiten verfügen. Außerdem kann es sein, dass auch objektiv kreditwürdige Banken aufgrund von Informationsdefiziten und Koordinationsversagen der Banken auf dem Markt keine Kredite mehr aufnehmen können.
- Zudem ist festzulegen, ob Zentralbanken für die Bereitstellung von Liquiditätshilfen über einen Ermessensspielraum verfügen sollen. Ein fehlender Ermessensspielraum stärkt das Vertrauen in das Finanzsystem, wenn Banken und Einleger antizipieren können, wann eine Bank mit Liquiditätshilfen zu rechnen hat und wann nicht. Bleibt die endgültige Entscheidung jedoch bei der Zentralbank und können die Banken nicht sicher sein, ob sie im Falle der Zahlungsunfähigkeit Liquiditätshilfen erhalten werden oder nicht, reduziert dies die Anreize, unverhältnismäßig hohe Risiken einzugehen (Strategie der *constructive ambiguity*, vgl. Fußnote 51).

Während nach der traditionellen Auffassung nur illiquide, aber solvente Banken Finanzmittel erhalten sollen, kann eine Zentralbank auch dem gesamten Bankensystem vergünstigte Liquiditätshilfen zukommen lassen (vgl. dazu und im Folgenden: Stolz-Gerhardt 2019, S. 140 f.). Einerseits kann sie über die Senkung des Leitzinses allen Banken die Aufnahme von Zentralbankgeld zu günstigen Konditionen ermöglichen. Infolgedessen sind die Banken weiterhin in der Lage, sich gegenseitig günstige Interbankkredite zu gewähren und somit die Liquidität im Bankensystem insgesamt zu erhalten und bei Bedarf weiter zu erhöhen. Andererseits kann sie über die Ausdehnung ihrer Offenmarktgeschäfte Zentralbankgeld gefährdeten Systemteilnehmern zur Verfügung stellen und somit den Liquiditätsproblemen einzelner Banken entgegenwirken.

Im Zuge der globalen Finanzkrise und Krise im Euroraum wurden seitens der EZB eine Reihe von konventionellen und auch unkonventionellen Maßnahmen durchgeführt, die auch die Liquiditätsversorgung von Banken sicherstellen sollten. Eine strikte Trennung von Maßnahmen, die ausschließlich der Liquiditätsbereitstellung für Banken oder der Geldpolitik dienten, ist dabei nicht immer trennscharf möglich (vgl. die Diskussion bei Freixas et al. 2000, S. 8). Zudem erhielten im Zuge der europäischen Staatsschuldenkrise auch Mitgliedstaaten, die den Zugang zu den Kapitalmärkten verloren hatten, durch Anleiheankäufe mittelbar finanzielle Mittel zur Finanzierung ihrer Staatshaushalte. In der Literatur wird die EZB in diesem Zusammenhang auch als »Buyer of Last Resort« bezeichnet (vgl. Acharya et al. 2016, S. 1). Zudem akzeptierte die EZB Staatsanleihen mit geringer Werthaltigkeit von Banken als Sicherheit für Liquiditätshilfen (vgl. Burghof 2012, S. 4). Insgesamt lässt sich jedoch über den Zeitverlauf feststellen, dass mit Ausbruch der Krise die Liquiditätsversorgung der Banken im

Vordergrund stand, während im weiteren Verlauf der Krise durch die EZB deflationäre Tendenzen verhindert werden sollten.

So wurde zu Beginn der Krise der Zinssatz für Hauptrefinanzierungsgeschäfte (»Leitzins«) von 4,25% (Juli 2008) auf 0,0% (März 2016 bis Juli 2022) abgesenkt. Des Weiteren wurden seit 2010 mehrere unlimitierte Refinanzierungsgeschäfte mit dreimonatiger Laufzeit durchgeführt. Im Jahre 2011 wurden zudem zwei Refinanzierungsgeschäfte mit einer Laufzeit von jeweils drei Jahren angeboten. Bei beiden Maßnahmen konnten Banken gegen Stellung von Sicherheiten von der EZB beliebig hohe Geldsummen erhalten (sog. Mengentender mit Vollzuteilung). Zudem bekamen Banken auf Basis mehrerer Programme die Möglichkeit, gedeckte Schuldverschreibungen am Primär- und Sekundarmarkt an die EZB zu verkaufen, um ihnen die Liquiditätsbeschaffung zu erleichtern. Schließlich konnten Banken in einigen europäischen Ländern bei ihren nationalen Zentralbanken auch Notfall-Liquiditätshilfen (sogenannte ELA-Kredite (Emergency Liquidity Assistance)) in Anspruch nehmen.

Letztlich wurden diese Stützungsmaßnahmen im Eurosystem notwendig, da zumindest bis zur Schaffung der Bankenunion auch nationale Interessen bei der Beaufsichtigung und dem Fortbestand von Banken eine Rolle spielten. Gleichfalls wurden die Kosten für den Erhalt der Banken teilweise von der europäischen Staatengemeinschaft getragen, was letztlich Moral Hazard induzierte. Durch die Schaffung der Bankenunion mit der Bündelung von Aufsichts- und Abwicklungskompetenzen auf europäischer Ebene sollen künftig falsche Anreizwirkungen sowohl auf nationaler als auch auf europäischer Ebene verhindert werden (vgl. Goodhart/Schoenmarker 2014).

3.4.3.3 Restrukturierungs- und Abwicklungsmechanismen

Die Implementierung von Bankenabwicklungsmechanismen gilt als eine weitere Maßnahme für ein funktionierendes Krisenmanagement. Sie sollen unter finanzieller Beteiligung der Eigentümer und Gläubiger (Bail-in) die geordnete Restrukturierung und Abwicklung einer Bank ermöglichen. Im Hinblick auf die Finanzstabilität stellen sie ein wichtiges Korrektiv für finanzielle Sicherheitsnetze dar, weil Letztere als Insolvenzversicherung durch die Marktteilnehmer verstanden werden könnten. Diese Wahrnehmung kann zu einem Moral-Hazard-Verhalten sowie zu Wettbewerbsverzerrungen führen. Dies trifft besonders auf große Banken im Kontext der TBTF-Problematik zu, für die eine Stützung durch staatliche Institutionen erwartet wird. Daraus folgt als Ziele von Abwicklungsregimen die Stärkung des Marktmechanismus sowie der Schutz öffentlicher Gelder und gesicherter Einlagen (diese Ziele finden sich etwa auch wieder in Artikel 14 der SRM-VO).

Zur Erreichung der zuvor aufgeführten Ziele finden sich in der Literatur u. a. folgende Gestaltungshinweise (vgl. dazu auch die Key Attributes des FSB 2014):

- Voraussetzung für die Implementierung eines Abwicklungsregimes ist zunächst die kontinuierliche Analyse des Bankensystems in Summe sowie aller Einzelinstitute hinsichtlich deren Größe, deren Vernetzung und deren Resilienz (vgl. Camassi 2010, S. 10). Das daraus gewonnene Wissen ist notwendig, um im Krisenfall schnell entscheiden zu können, welche Teile einer Bank abgewickelt werden können und welche systemrelevanten Funktionen einer Bank ggf. aufrechtzuerhalten sind. Dies stellt eine Lehre aus der Finanzkrise dar, zu deren Beginn eine Vielzahl von Banken durch Staaten schon deshalb gerettet werden mussten, da man die Bedeutung der einzelnen Institute für die globale oder nationale Finanzstabilität nicht einschätzen konnte. Als Konsequenz sind heute in der europäischen Bankenunion Kreditinstitute und Aufsichtsbehörden gleichermaßen gefordert, als Präventivmaßnahme Sanierungs- bzw. Abwicklungspläne aufzustellen (vgl. Speyer 2013, S. 11).
- Ökonomisch ist es für die Finanzstabilität bedeutsam, dass der Abwicklungsmechanismus so ausgestaltet ist, dass Entscheidungen rechtzeitig und schnell getroffen werden und Banken effektiv und effizient abgewickelt werden können (vgl. Koschyk 2013, S. 3). Das verlangt einen eindeutigen Rechtsrahmen sowie klare Entscheidungskompetenzen – und ggf. -abgrenzungen zwischen den zuständigen Behörden innerhalb eines Landes oder eines Währungsverbundes. Für grenzüberschreitend agierende Banken bedarf es darüber hinaus zwischenstaatlicher und bilateraler Abwicklungsabkommen ggf. auch mit fiskalischen Backstops, um Ansteckungsgefahren zu vermeiden (vgl. Deutsche Bundesbank 2014b, S. 88). Neben der Schaffung der rechtlichen Voraussetzungen muss darüber hinaus auch der Wille bestehen, die Regeln konsequent und einheitlich anzuwenden.
- Zur Schaffung einer Marktdisziplin ist die Glaubwürdigkeit des Abwicklungsregimes essenziell. Anteilseignern und nicht durch ESS geschützten Gläubigern sollte klar vermittelt werden, dass sie Verluste aus einer eventuellen Bankenabwicklung zu tragen haben. Dafür bedarf es zunächst einer klaren Haftungskaskade, sodass ex ante Klarheit besteht, wann und in welcher Reihenfolge Anteilseigner und Gläubiger an den Kosten einer Bankenabwicklung beteiligt werden. Des Weiteren ist sicherzustellen, dass Banken über genügend Verlustabsorptionsmasse verfügen und dass es nicht zu einer Verringerung der Haftungsmasse bei möglichen Anzeichen einer Krise und/oder nach Eintritt des Krisenfalls kommt. Zudem bedarf es eines Abwicklungsfonds mit hinreichend finanzieller Ausstattung. Dieser sollte durch Beiträge der Banken finanziert werden. Die Höhe der individuellen Beiträge sollte sich idealerweise nach den systemischen Risiken der jeweiligen Banken richten (vgl. Deutsche Bundesbank 2014a, S. 66). Jegliche Ausgaben aus dem Fonds sollten durch höhere Abgaben des Bankensektors wieder ausgeglichen werden. Auf diese Weise soll der Einsatz von staatlichen Geldern im Zuge der Bankenabwicklung möglichst verhindert werden.

- Schließlich ist zu gewährleisten, dass die Anwendung der Bail-in-Anforderungen die Finanzmärkte nicht destabilisiert. Um etwaige Dominoeffekte zu vermeiden, sollten Kapitalmarktinstrumente, die einen etwaigen Bail-in vorsehen, auf den Kapitalmärkten breit gestreut werden und von Anlegern gehalten werden, die über ausreichende Fähigkeit zur Verlusttragung und zum Risikomanagement verfügen (vgl. Tröger 2018, S. 26).

Seit Anfang 2016 besteht mit dem Single Resolution Mechanism (SRM) in der EU ein europäisches Abwicklungsregelwerk für Banken. Rechtsgrundlage bilden eine entsprechende Verordnung (EU-Verordnung 2014 – SRM-VO[47]) sowie Richtlinie (EU-Richtlinie 2014 – BRRD – RL[48]). Einen Überblick zur Funktionsweise des SRM findet sich in der Abbildung 3.12.

47 VO (EU) Nr. 806/2014.
48 RL 2014/59/EU

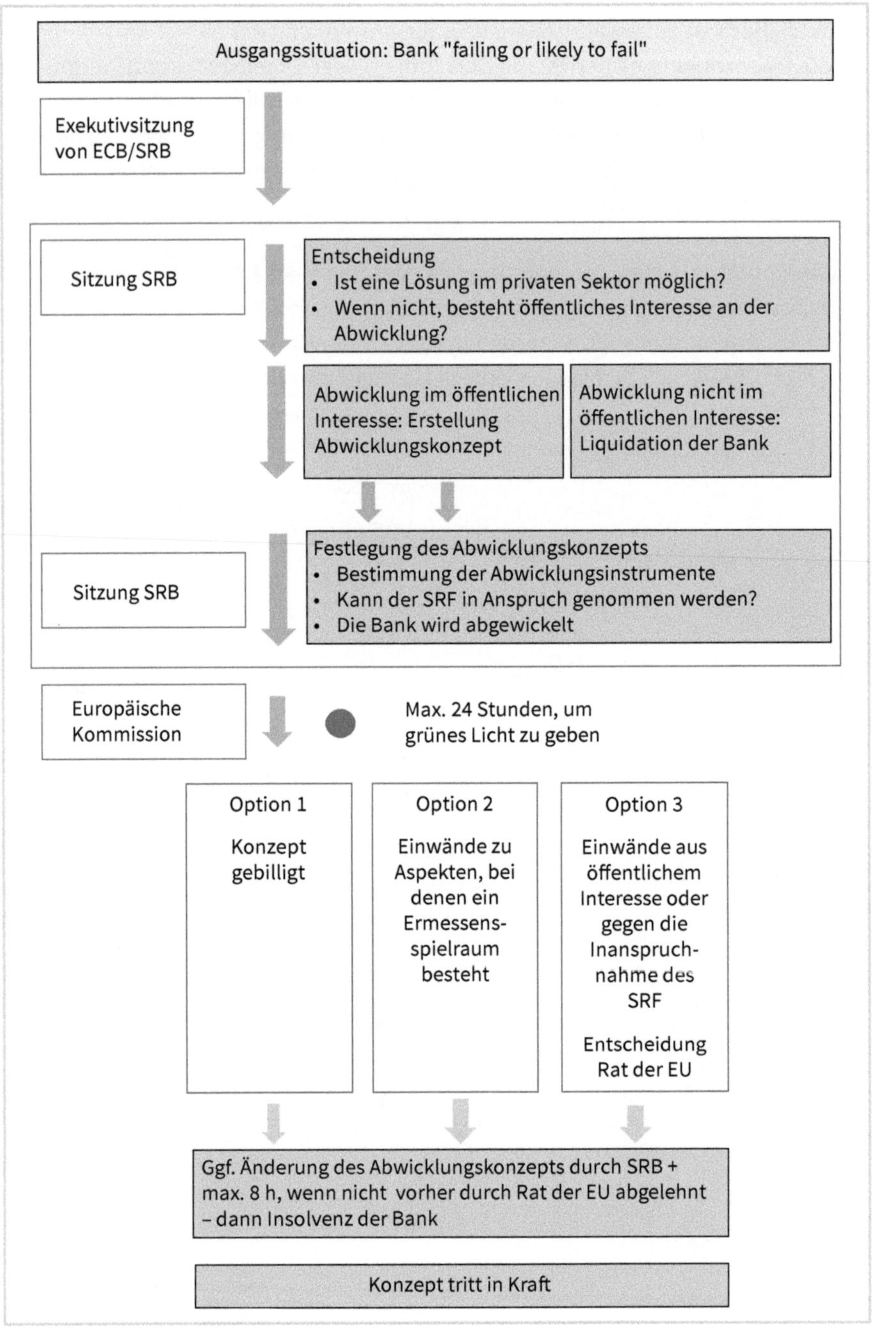

Abb. 3.12: Entscheidungswege bei Abwicklungsverfahren im SRM (Quelle: Eigene Darstellung)

Ausgewählte Kritikpunkte und bisherige Praxiserfahrungen zum SRM finden sich in nachstehendem Kasten.

Auf Basis der Kritikpunkte hat die Europäische Kommission im April 2023 Anpassungen des Rahmenwerkes für das Krisenmanagement und für die Einlagensicherung im Bankensektor vorgeschlagen (»*Crisis Management und Deposit Insurance (CMDI) Reform*«). Mit den Änderungen soll der Schutz von Einlegern im Falle einer Bankenpleite ausgebaut, eine Harmonisierung der EU-weiten Abwicklungspraktiken erreicht und der Anwendungsbereich des Abwicklungsregimes auf eine größere Anzahl von kleinen und mittelgroßen Banken erweitert werden. Da gegenwärtig jedoch nicht abzusehen ist, inwieweit und wann die Vorschläge verabschiedet werden, wird im Folgenden nicht näher darauf eingegangen, die Kernpunkte des Kommissionsentwurfs finden sich jedoch im Kasten »Kernpunkte des CMDI-Reformentwurfs für das Krisenmanagement und die Einlagensicherung«.

Single Resolution Mechanism: Ausgewählte Kritikpunkte und Praxiserfahrungen

Ausgewählte Kritikpunkte:

- **Einflussmöglichkeiten der Politik:** Durch die Beteiligung der EU-Kommission und ggf. den Rat der EU an den Abwicklungsentscheidungen bleibt die Möglichkeit der politischen Einflussnahme bestehen, sodass die Intention des SRM, den Staaten-Banken-Nexus zu durchbrechen, infrage gestellt werden könnte (vgl. Michler/Penatzer 2015, S. 1363).
- **Umfangreicher und komplexer Entscheidungsprozess:** Die Entscheidungsstrukturen des SRM sind durch Einbindung von EU-Kommission und ggf. dem Rat der EU komplex, sodass fraglich ist, ob angesichts knapper Entscheidungsfristen eine fundierte Entscheidungsabwägung in jedem Fall möglich ist und ob es tatsächlich durchgängig zu effizienten Abwicklungsentscheidungen kommt (vgl. Henze 2016, S. 63 f.).
- **Eingeschränkte Reichweite des Abwicklungsregimes:** Zunächst erstreckt sich der SRM nur auf systemrelevante Institute sowie grenzüberschreitend tätige Banken, die der direkten EZB-Aufsicht unterliegen. Die unmittelbaren Abwicklungskompetenzen für kleinere Banken sind hingegen begrenzt, was hinsichtlich eines möglichen Gleichlaufs von Risiken bei kleineren Instituten (too many to fail) zu hinterfragen ist (vgl. SVR 2014, S. 184 f.). Zudem fallen weitere systemrelevante Finanzintermediäre wie CCPs, Investmentgesellschaften oder Versicherungsunternehmen nicht unter den SRM (vgl. Deutsche Bundesbank 2014b, S. 90 f.).
- **Mittelumfang des** Single Resolution Funds **(SRF):** Schätzungen gehen davon aus, dass der Fonds nach Beendigung der Aufbauphase im Jahre 2023 über ein Volumen von etwa 55 Mrd. Euro verfügt (tatsächlich wird er laut Single Resolution Board (SRB) zum Jahresende 2023 über rund 78 Mrd. Euro verfügen, vgl. SRB Press Release vom 6. Juli 2023). Mit Blick auf die Bilanzgröße von europäischen Banken in Höhe von bis zu 2 Billionen Euro stellt sich die Frage, ob die Mittel bei einer erneuten Finanzkrise hinreichend sein werden. Reicht das Fondsvolumen jedoch nicht aus, besteht die Gefahr, dass letztlich die Nationalstaaten einspringen müssen oder – wie in der Finanzkrise – Banken durch Rückgriff auf den ESM gerettet werden (vgl. Dierks 2014, S. 789).

Bisherige Praxiserfahrungen zur Anwendung des SRM (vgl. zu der Darstellung etwa Rutkowski et al. 2018, S. 15; Tröger 2018, S. 42; Best/Read 2017, S. 42 ff.):

- Anfang 2017 wurde **die Banca Monte dei Paschi di Siena** mit EU-Erlaubnis unter Berufung auf eine »vorbeugende Bankenrekapitalisierung« durch den italienischen Staat gerettet. Auf diese Weise wurde dem Auslösen der Abwicklung durch den SRM zuvorgekommen. Zwar wurden auch Aktionäre und nachrangige Gläubiger beteiligt, die finanzielle Hauptlast trug mit 5,4 Mrd. Euro aber der italienische Staat. Er hält seitdem 64% der Aktienanteile. Ein späterer Verkauf der Bank im Jahre 2021 durch Verkauf der Anteile an die UniCredit scheiterte.
- Am 7. Juni 2017 wurde die **Banco Popular Espanol** von der Banco Santander im Sinne einer privatwirtschaftlichen Lösung für den symbolischen Preis von 1 Euro gekauft. Die Übernahme war das Ergebnis der Abwicklung durch den SRM. Damit rettete erstmals nicht der Staat eine Bank, stattdessen wurden im Sinne eines Bail-in die Verluste von den Aktionären und den Inhabern nachrangiger Schuldtitel getragen.
- Ende Juni 2017 stellte das SRB fest, dass eine Abwicklung der beiden in Schieflage geratenen Banken **Veneto Banca** und **Banco Popolare di Vicenza** auf europäischer Ebene nicht im öffentlichen Interesse lag. Die Institute wurden folglich auf Basis des nationalen Insolvenzrechts liquidiert. Dabei erachtete der italienische Staat den Einsatz staatlicher Mittel als erforderlich. Wie im Fall der **Banca Monte dei Paschi** beschränkte sich die Verlustbeteiligung auf Aktionäre und nachrangige Gläubiger, einen Bail-in vorrangiger Verbindlichkeiten gab es nicht.
- Im Februar 2022 stellte der SRB fest, dass die **Sberbank Europe AG** in Österreich sowie ihre Tochtergesellschaften in Kroatien (Sberbank d.d.) und Slowenien (Sberbank banka d.d.) infolge einer raschen Verschlechterung ihrer Liquiditätslage als ausfallend oder wahrscheinlich ausfallend einzustufen sind. In enger Zusammenarbeit mit den nationalen Abwicklungsbehörden und der EZB entschied das SRB, dass für die österreichische Muttergesellschaft, die Sberbank Europe AG, keine Abwicklungsmaßnahmen erforderlich sind, und beschloss Abwicklungspläne für ihre Tochterunternehmen in Kroatien (Sberbank d.d.) und Slowenien (Sberbank banka d.d.). Die Europäische Kommission hat die beiden Abwicklungsbeschlüsse gebilligt. Das Vorgehen entsprach dem Rechtsrahmen der europäischen Bankenabwicklung, es waren keine öffentlichen Mittel zur Abwicklung erforderlich (siehe dazu die Presseerklärung des SRB vom 1. März 2022). Aufgrund der Komplexität des grenzüberschreitenden Abwicklungsfalls gilt er als »Musterbeispiel« im Sinne des europäischen Abwicklungsregimes (siehe dazu die Pressemitteilung der OeNB vom 4. Mai 2022).

Kernpunkte des CMDI-Reformentwurfs für das Krisenmanagement und die Einlagensicherung[49]

- Abwicklungsinstrumente sollen künftig auch auf Banken mit regionalem Geschäftsmodell angewendet werden können. Zudem wird die Beweispflicht für Abwicklungsbehörden erhöht darzulegen, dass eine Abwicklung nicht im öffentlichen Interesse ist.

49 Vgl. Deloitte (2023).

- Der neue Vorstoß wäre für betroffene kleine bis mittelgroße Banken mit höheren Compliancekosten verbunden und würde diese verpflichten, sich dezidiert mit ihrer Abwicklungsfähigkeit zu beschäftigen.
- Um sowohl die Glaubwürdigkeit von Abwicklungsstrategien als auch die Finanzierung im Falle einer Abwicklung zu verbessern, soll es künftig möglich sein, ESS in Abwicklungsmaßnahmen miteinzubeziehen, die auf Transferstrategien beruhen.
- Zusätzlich beinhaltet der CMDI-Reformentwurf Anpassungen in der Insolvenzrangfolge: Künftig soll es keinen Vorrang von Forderungen von Einlagensicherungssystemen mehr geben (Wegfall der sogenannten »Superpriority«). Ziel ist es, die Verwendung von Mitteln der Einlagensicherungssysteme zur Unterstützung der Abwicklung zu erleichtern und zu vermeiden, dass Einlegern im Falle einer Insolvenz Verluste auferlegt werden.

3.5 Makroprudenzielle Politik in einer Währungsunion

Katharina Knoll/Benjamin Weigert

Innerhalb einer Währungsunion, wie dem Euroraum, ist eine souveräne nationale Geldpolitik nicht möglich. Die Verantwortung für die makroprudenzielle Politik liegt hingegen zu einem überwiegenden Teil auf nationaler Ebene (siehe Kap. 3.2.1 und Kap. 3.3). Da sowohl die Geldpolitik als auch die makroprudenzielle Politik mit ihren Maßnahmen im Finanzsektor ansetzen, kommt es zu Wechselwirkungen zwischen den beiden Politikbereichen (siehe Kap. 3.1) und damit auch zwischen der europäischen, das heißt der supranationalen, und der nationalen Ebene.

Offene Volkswirtschaften in einer Währungsunion sind sowohl realwirtschaftlich als auch finanziell eng miteinander verbunden. Finanzielle Verflechtungen ergeben sich aus grenzüberschreitenden Forderungen und Verbindlichkeiten von Finanzintermediären, Staaten, nichtfinanziellen Unternehmen und Haushalten. Eine enge Verflechtung von Finanzsystemen bietet viele Vorteile (vgl. Obstfeld/Taylor 2004). Sie impliziert aber auch, dass sich Ereignisse in einem (oder mehreren) Länder(n), direkt und indirekt auf andere Länder auswirken können (engl. Spillovers), sich potenziell verstärken und wieder zurückwirken (engl. Spillbacks). Auch krisenhafte Entwicklungen in einem (oder mehreren) nationalen Finanzsystem(en) können sich über diese Kanäle auf andere Länder übertragen. Die Große Depression der 1930er-Jahre, die globale Finanzkrise von 2007/2008 und die Krise im Euroraum der 2010er-Jahre sind prominente Beispiele grenzüberschreitender Ansteckungseffekte.

Nach einer ersten Phase finanzieller Globalisierung zwischen dem Ende des 19. Jahrhunderts und dem Beginn des 1. Weltkriegs nahm die internationale finanzielle Verflechtung unter der Belastung der beiden Weltkriege, der Weltwirtschaftskrise und den politischen und wirtschaftlichen Spannungen, die diese Zeit begleiteten, drastisch ab (Schularick 2004). Erst nach dem Ende des Bretton-Woods-Systems Anfang der 1970er-Jahre beschleunigte sich die finanzielle Globalisierung wieder deutlich, auch in Europa (Deutsche Bundesbank 2020; Lane/Milesi-Ferretti 2008). Mit der Europäischen Währungsunion hat sich die finanzielle Integration zwischen den Ländern des Euroraums nochmals intensiviert, nicht zuletzt aufgrund der Aufhebung des Währungsrisikos und der weiteren Annäherung nationaler Gesetzgebung und Regulierung (Lane 2009; Lane/Milesi-Ferretti 2008; Kalemli-Ozcan et al. 2010; Hoffmann et al. 2019). Im Ergebnis dieser Entwicklungen sind die Mitglieder der Europäischen Währungsunion finanziell eng miteinander verflochten und die Verflechtung ist tendenziell ausgeprägter als zwischen Nicht-EU-Industrieländern (Lane/Milesi-Ferretti 2008; Buch et al. 2021).

Die enge finanzielle Verflechtung der Länder des Euroraums impliziert ein besonders hohes Potenzial für grenzüberschreitende *Spillovers* krisenhafter Entwicklungen. Zugleich können in einer Währungsunion die nachfolgenden Anpassungsprozesse in den betroffenen Ländern besonders gravierend sein, denn der Spielraum für außenwirtschaftliche Anpassungen, das heißt Abwertung der Währung, ist begrenzt. Dementsprechend erfolgt die erforderliche Anpassung zur Wiederherstellung des außenwirtschaftlichen Gleichgewichts vorrangig an den inländischen Märkten über Veränderungen der relativen Preise und Löhne (Buch et al. 2021; Buch et al. 2016; Gros/Alcidi 2015).

Gleichzeitig bestehen zwischen den Mitgliedern des Euroraums erhebliche strukturelle Unterschiede, beispielsweise mit Blick auf die relative Bedeutung verschiedener volkswirtschaftlicher Sektoren, die Finanzierungsstrukturen von Unternehmen und Haushalten, die Vermögensstrukturen privater Haushalte (European Banking Federation 2022; Sondermann et al. 2019) und institutionelle Rahmenbedingungen. Auch die Finanz- und Konjunkturzyklen in den einzelnen Ländern verlaufen nicht synchron (siehe Kap. 2.1). Viele Politikbereiche, deren Maßnahmen sich auf den Aufbau von Verwundbarkeiten im Finanzsystem auswirken können, liegen zumindest partiell in nationaler Verantwortung (siehe auch Kap. 3.1). Doch nicht nur die Art und der Aufbau von Verwundbarkeiten, sondern auch die realwirtschaftlichen und fiskalischen Kosten von Finanzkrisen können sich aufgrund struktureller und zyklischer Eigenschaften deutlich zwischen den Mitgliedsländern der Europäischen Währungsunion unterscheiden.

In einer Währungsunion trifft auf diese strukturelle und zyklische Heterogenität der Mitgliedsländer eine einheitliche Geldpolitik, die damit auf unterschiedliche Weise und/oder in unterschiedlichem Ausmaß Finanzstabilitätsimplikationen entfalten kann (siehe auch Kap. 3.1) (Buch et al. 2021; Buch 2022, 2021). So kann sie unter anderem zu deutlich voneinander abweichenden Realzinsen in den einzelnen Ländern führen und über diesen Kanal potenziell zum Aufbau zyklischer Verwundbarkeiten beitragen (Afflatet 2016). Nationale, das heißt länderspezifische makroprudenzielle

Politik kann derartige unbeabsichtigte Nebeneffekte einer einheitlichen Geldpolitik dämpfen. Allgemeiner kommt einer länderspezifischen makroprudenziellen Politik in einer Währungsunion eine größere Bedeutung zu, weil die einheitliche Geldpolitik dem Aufbau von Verwundbarkeiten in einzelnen Ländern nicht passgenau mit geldpolitischen Mitteln entgegenwirken könnte, selbst wenn sie es zur Erfüllung ihres Mandats für geboten hielte (vgl. dazu Kap. 3.1). Gleichzeitig unterstützt die nationale makroprudenzielle Politik die einheitliche Geldpolitik darin, ihr Preisstabilitätsmandat zu erfüllen, und ist inhärenter Bestandteil einer stabilitätsorientierten Währungsunion (siehe Kap. 3.1). Nicht tragfähige öffentliche Schuldenstände können sich in Fällen fiskalischer Dominanz (engl. Fiscal Dominance) auf geldpolitische Entscheidungen auswirken. Der Stabilitäts- und Wachstumspakt berücksichtigt die Bedeutung tragfähiger öffentlicher Haushalte in einer Währungsunion und konzentriert sich auf Mechanismen, um den Aufbau einer übermäßigen Staatsverschuldung auf Ebene der einzelnen Mitgliedstaaten zu begrenzen. Ebenso können hohe private Schuldenstände eine notwendige geldpolitische Straffung verzögern, wenn diese die Stabilität von Finanzinstituten gefährden könnte (finanzielle Dominanz, engl. Financial Dominance) (Boissay et al. 2023; Borio et al. 2022). Darüber hinaus kann eine hohe private Verschuldung beispielsweise im Falle von Bail-outs notleidender Finanzinstitute die öffentliche Schuldentragfähigkeit beeinträchtigen und damit das Risiko einer Situation fiskalischer Dominanz erhöhen.

Das Spannungsfeld zwischen finanzieller Integration und nationaler Heterogenität spiegelt sich in der Verteilung der makroprudenziellen Zuständigkeiten zwischen nationaler und supranationaler Ebene wider. In der Gestaltung makroprudenzieller Politik müssen der länderspezifische Aufbau zyklischer und struktureller Verwundbarkeiten, die institutionellen und politischen Rahmenbedingungen berücksichtigt werden ebenso wie der Umstand, dass die Kosten von Finanzkrisen überwiegend auf nationaler Ebene getragen werden. In Europa haben die entsprechenden nationalen Behörden die Aufgabe, die Verwundbarkeiten im nationalen Finanzsystem und damit potenzielle Risiken für die Finanzstabilität zu identifizieren, und das Mandat, diese zu überwachen und zu adressieren (siehe Kap. 3.3). Die Verantwortung für makroprudenzielle Politik liegt primär auf nationaler Ebene und die Verantwortung für den Großteil der makroprudenziellen Instrumente in den Händen nationaler Behörden (siehe Kap. 3.2.1).

Durch die potenzielle Transmission von Finanzstabilitätsrisiken über Ländergrenzen hinweg (Spillovers) können sich international negative externe Effekte entfalten. Dies begründet neben der nationalen eine supranationale Verantwortung (siehe Kap. 3.3). Dabei haben nicht nur die Art und das Ausmaß nationaler Verwundbarkeiten, sondern auch die Ausrichtung nationaler makroprudenzieller Politik das Potenzial, international negative externe Effekte zu entfalten. Das heißt, wenn die nationale makroprudenzielle Politik Risiken für die Finanzstabilität nicht oder nicht ausreichend adressiert, können letztlich Finanzstabilitätsrisiken in anderen Ländern steigen. So könnten nationale Akteure angesichts hoher (politischer) Kosten makroprudenzieller Maßnahmen untätig bleiben (siehe Kap. 3.3) oder die Aufsicht über international tätige Finanzinstitute nicht ausreichend untereinander koordinieren (Calzolari et al. 2018; Dell'ariccia/Marquez 2006; Dewatripont/Freixas 2011). Externe negative Effekte können sich auch aus Regulierungsarbitrage ergeben, wenn Finanzinstitute aufgrund vergleichsweiser restriktiver Regulierung riskante Aktivitäten in andere Jurisdiktionen verlagern (Houston et al. 2012; Buch/Goldberg 2017). Eine supranationale Perspektive erlaubt es, potenzielle Spillovers zu identifizieren und effektiver zu bekämpfen, auch Spillovers makroprudenzieller Maßnahmen (Aiyar et al. 2014; Buch/Goldberg 2017; Buch/Weigert 2019; Cecchetti/Tucker 2016).

Die institutionelle Ausgestaltung der makroprudenziellen Politik in Europa verankert eine geteilte nationale und supranationale Verantwortung. Sie berücksichtigt damit die spezifischen Herausforderungen makroprudenzieller Politik in einer Währungsunion: Auf nationaler Ebene wurden verschiedenartige institutionelle Strukturen zur makroprudenziellen Überwachung und Implementierung makroprudenzieller Politik etabliert (siehe Kapitel 3.3) (ESRB 2023). In der EU koordiniert das ESRB die nationalen makroprudenziellen Politiken (siehe Kap. 3.3 und 3.2.1) und überwacht grenzübergreifende Finanzstabilitätsrisiken. Dessen Warnungen und Empfehlungen unterstützen die Gestaltung nationaler makroprudenzieller Politik. Es bietet ein Forum, die Risikolage in den nationalen und in den europäischen Finanzsystemen und Politikoptionen zu diskutieren. Im Euroraum (EA) koordiniert die EZB die makroprudenzielle Politik in der Bankenunion und verfügt über Aufstockungsbefugnisse für makroprudenzielle Instrumente des Bankensektors (eng. top-up Power) (Schammo 2019). Die top-up Power der EZB kann nationale Entscheidungen korrigieren, wenn systemische Risiken für die Währungsunion insgesamt nicht ausreichend adressiert werden. Damit kann sie auch einen Inaction Bias nationaler makroprudenzieller Politik adressieren (siehe Kap. 3.3).

Literaturverzeichnis

Abildgren, K./Thomsen, J. (2011): A Tale of Two Danish Banking Crises, Monetary Review 1st Quarter 2011 – Part 1, Danmarks Nationalbank, Kopenhagen.

Acemoglu, D./Egorov, G./Sonin, K. (2013): A Political Theory of Populism, The Quarterly Journal of Economics, 128(2), S. 771–805.

Acharya, V. V. (2009): A theory of systemic risk and design of prudential bank regulation, Journal of Financial Stability, 5(3), S. 224–255.

Acharya, V. V./Crosignani, M./Eisert, T./Eufinger, C. (2020): Zombie Credit and (Dis-) Inflation: Evidence from Europe, National Bureau of Economic Research Working Paper Series, No. 27158, May 2020.

Acharya, V. V./Pedersen, L. H./Philippon, T./Richardson, M. (2010): Measuring Systemic Risk, Review of Financial Studies, 30(1), S. 2–47.

Acharya, V. V./Pierret, D./Steffen, S. (2016): Lender of Last Resort vs. Lender of Last Buyer – The Impact of the European Central Bank Actions on the Bank-Sovereign-Nexus, ZEW Discussion Paper 16-019, Zentrum für Europäische Wirtschaftsforschung, Mannheim.

Acharya, V. V./Yorulmazer T. (2007): Too many to fail – An analysis of time-inconsistency in bank closure policies, Journal of Financial Intermediation, 16(1), S. 1–31.

Adrian, T./Boyarchenko, N./Giannone, D. (2019): Vulnerable Growth, American Economic Review 109(4), S. 1263–89.

Adrian, T./Shin, H. S. (2014): Procyclical Leverage and Value-at-Risk, The Review of Financial Studies, 27(2), S. 373–403.

Afflatet, N. (2016): Geldpolitik im heterogenen Währungsraum und die offene Frage der Konvergenz, Wirtschaftsdienst 96(3), S. 193–197.

AFS (2015): Empfehlung vom 30. Juni 2015. https://www.afs-bund.de/afs/Content/DE/Downloads/AFS-Aktivitaeten/03-afs-empfehlung-wohnimmobilien.pdf?__blob=publicationFile&v=3. Abrufdatum: 14.11.2023.

AFS (2017): FAQs zu makroprudenziellen Instrumente für den Wohnimmobilienmarkt. https://www.afs-bund.de/afs/Content/EN/Downloads/FAQs-on-residential-real-estate.pdf?__blob=publicationFile&v=3. Abrufdatum: 14.11.2023.

AFS (2019): Erhöhung des antizyklischen Kapitalpuffers, AFS-Empfehlung zum CCyB, 27.05.2019, https://www.afs-bund.de/afs/Content/DE/Standardartikel/AFS-Aktivitaten/Warnungen-Empfehlungen/2019-05-27-erhoehung-antizyklischer-kapitalpuffer.html#, Abrufdatum 01.09.2023.

AFS (2020): Herabsenkung des antizyklischen Kapitalpuffers durch die BaFin wird vom AFS begrüßt, 18.03.2020, https://www.afs-bund.de/afs/Content/DE/Standardartikel/AFS-Aktivitaten/Makroprudenzielle-Instrumente/2020-03-18-herabsenkung-des-antizyklischen-kapitalpuffers.html, Abrufdatum 01.09.2023.

AFS (2021): Beibehaltung des antizyklischen Kapitalpuffers in Höhe von 0 % bis Ende 2021, 26.02.2021, https://www.afs-bund.de/afs/Content/DE/Standardartikel/AFS-Aktivitaten/

Makroprudenzielle-Instrumente/2021-02-26-beibehaltung-ccyb-auf-null-bis-ende2021.html, Abrufdatum 01.09.2023.

AFS (2022): Ausschuss für Finanzstabilität begrüßt die Absicht der Bundesanstalt für Finanzdienstleistungsaufsicht, makroprudenzielle Maßnahmen zu ergreifen, 12.01.2022, https://www.afs-bund.de/afs/Content/DE/Standardartikel/AFS-Aktivitaten/Makroprudenzielle-Instrumente/2022-01-12-makroprudenzielle-massnahmen.html, Abrufdatum: 01.09.2023.

AFS (2023a): AFS-Kommunikation. https://www.afs-bund.de/afs/Content/DE/Standardartikel/Makroprudenzielle-Aufsicht/AFS-Kommunikation/afs-kommunikation.html#. Abrufdatum: 13.11.2023.

AFS (2023b): AFS-Empfehlungen. https://www.afs-bund.de/afs/DE/Makroprudenzielle-Aufsicht/AFS-Empfehlungen/afs-empfehlungen.html. Abrufdatum: 13.11.2023.

AFS (2023c): AFS-Warnungen. https://www.afs-bund.de/afs/DE/Makroprudenzielle-Aufsicht/AFS-Warnungen/afs-warnungen.html. Abrufdatum: 13.11.2023.

AFS (2023d): Antizyklischer Kapitalpuffer. https://www.afs-bund.de/afs/DE/Makroprudenzielle-Aufsicht/Makroprudenzielle-Instrumente/Antizyklischer-Kapitalpuffer/antizyklischer-kapitalpuffer.html. Abrufdatum: 13.11.2023.

AFS (2023e): Kapitalerhaltungspuffer. https://www.afs-bund.de/afs/DE/Makroprudenzielle-Aufsicht/Makroprudenzielle-Instrumente/Kapitalerhaltungspuffer/kapitalerhaltungspuffer.html. Abrufdatum: 13.11.2023.

AFS (2023f): Kapitalerhaltungspuffer für systemrelevante Institute. https://www.afs-bund.de/afs/DE/Makroprudenzielle-Aufsicht/Makroprudenzielle-Instrumente/Kapitalpuffer-fuer-systemrelevante-Institute/kapitalpuffer-fuer-systemrelevante-institute.html. Abrufdatum: 13.11.2023.

AFS (2023 g): Instrumente für Immobilienkredite. https://www.afs-bund.de/afs/DE/Makroprudenzielle-Aufsicht/Makroprudenzielle-Instrumente/Instrumente-fuer-Immobilienkredite/instrumente-fuer-immobilienkredite.html. Abrufdatum: 13.11.2023.

AFS (2023h): Systemrisikopuffer. https://www.afs-bund.de/afs/DE/Makroprudenzielle-Aufsicht/Makroprudenzielle-Instrumente/Systemrisikopuffer/systemrisikopuffer.html. Abrufdatum: 13.11.2023.

Aikman, D./Bridges, J./Kashyap, A./Sieger, C. (2019): Would macroprudential regulation have prevented the last crisis? Journal of Economic Perspectives, 33(1), S. 107–130.

Aikman, D./Kiley, M./Lee, S. J./Palumbo, M. G./Warusawitharana, M. (2017): Mapping heat in the U.S. financial system, Journal of Banking&Finance, 81, S. 36–64.

Aiyar, S./Calomiris, C./Wieladek T. (2014): Does macro-pru leak? Evidence from a UK policy experiment, Journal of Money, Credit and Banking 46 (s1), S. 181–214.

Ajello, A./Boyarchenko, N./Gourio, F./Tambalotti, A. (2022): Financial Stability Considerations for Monetary Policy: Theoretical Mechanisms, Federal Reserve Bank of New York Staff Reports, No. 1002, February 2022.

Aldasoro, I./Borio, C./Drehmann, M. (2018): Early warning indicators of banking crises: expanding the family, BIS Quarterly Review, March 2018.

Allen, G. (2010): Recession and recovery, in House of Parliament (Hrsg.): Key Issues for the New Parliament 2010, House of Parliament Library Research, S. 28–29, https://www.parliament.uk/globalassets/documents/commons/lib/research/key_issues/Full-doc.pdf, Abrufdatum: 28.11.2023.

Allen, L./Bali, T. G./Tang, Y. (2012): Does Systemic Risk in the Financial Sector Predict Future Economic Downturns? The Review of Financial Studies, 25(10), S. 3000–3036.

Altunbas, Y./Gambacorta, L./Marques-Ibanez, D. (2014): Does Monetary Policy Affect Bank Risk?, International Journal of Central Banking, 10 (1), S. 95–136.

Ampudia, M./Lo Duca, M./Farkas, M./Pérez-Quirós, G./Pirovano, M./Rünstler/Gereanu, E. (2021): On the effectiveness of macroprudential policy, ECB Working Paper Series No. 2559, Mai 2021.

Aramonte, S./Schrimpf, A./Shin, H. S. (2023): Margins, debt capacity, and systemic risk, BIS Working Papers, No. 1121, September 2023.

Araujo, J./Patnam, M./Popescu, A./Valencia, F/Yao, W. (2020): Effects of Macroprudential Policy: Evidence from over 6,000 Estimates, IMF Working Paper No. 2020/067.

Atkinson, A. B./Morelli, S. (2011): Economic crises and Inequality, Human Development Research Paper 2011/06, United Nations Development Programme, New York.

BaFin (2019): Allgemeinverfügung zur Quote des inländischen antizyklischen Kapitalpuffers nach § 10d KWG, https://www.bafin.de/SharedDocs/Veroeffentlichungen/DE/Aufsichtsrecht/Verfuegung/vf_190628_allgvfg_antizykl_kapitalpuffer.html;jsessionid=C035FD047653E0674B7C63AA3DF4030B.internet951?nn=19645482, Abrufdatum: 01.09.2023.

BaFin (2022a): Allgemeinverfügung zur Quote des inländischen antizyklischen Kapitalpuffers nach § 10d KWG, https://www.bafin.de/SharedDocs/Veroeffentlichungen/DE/Aufsichtsrecht/Verfuegung/vf_220131_allgvfg_antizykl_kapitalpuffer.html;jsessionid=C035FD047653E0674B7C63AA3DF4030B.internet951?nn=19645482, Abrufdatum: 01.09.2023.

BaFin (2022b): Allgemeinverfügung zur Anordnung eines Kapitalpuffers für systemische Risiken nach § 10e KWG, https://www.bafin.de/SharedDocs/Veroeffentlichungen/DE/Aufsichtsrecht/Verfuegung/vf_220331_allgvfg_systemrisikopuffer.html;jsessionid=CD9CD33BF23796A31DBF2361ED82E4D0.internet951?nn=19659504, Abrufdatum: 01.09.2023.

BaFin (2022c): Anderweitig systemrelevante Institute, https://www.bafin.de/DE/Aufsicht/BankenFinanzdienstleister/Eigenmittelanforderungen/ASRI/asri_node.html, Abrufdatum: 14.11.2023.

Bagehot, W. (1873): Lombard Street – A Description of the Money Market, in: Goodhart, C. A. E./Illing, G. (Hrsg.): Financial Crisis, Contagion and the Lender of Last Resort: A Reader, Oxford, 2002, S. 1–68.

Baker, A. (2015): The Bankers' Paradox: The Political Economy of Macroprudential Regulation, Systematic Risk Centre, Discussion Paper, No. 37, London School of Economics.

Bakker, B. B./Dell'Ariccia, G./Laeven, L./Vandenbussche, J./Igan, D./Tong, Hui (2012): Policies for Macrofinancial Stability: How to Deal with Credit Booms, IMF Staff Discussion Note, Nr. 12/06, Juni 2007.

Baltzer, M. (2007): Der Berliner Kapitalmarkt nach der Reichsgründung 1871, Gründerzeit, internationale Finanzmarktintegration und der Einfluss der Makroökonomie, LIT Verlag, Münster.

Bank of England (2011): Instruments of macroprudential policy, Discussion Paper, Dezember 2011.

Barewell, R. (2013): Macroprudential Policy: Taming the wild gyrations of credit flows, debt stocks and asset prices, Palgrave Macmillan, London.

Baron, M./Verner, E./Xiong, W. (2021): Banking Crises without Panics, Quarterly Journal of Economics, 1361(1), S. 56–113.

Barrett, A./McGuinness, S. (2012): The Irish Labour Market and the Great Recession, CESifo DICE Report, Nr. 2/2012, https://www.esri.ie/system/files?file=media/file-uploads/2015-07/JACB201234.pdf, Abrufdatum: 28.11.2023.

BCBS (2012): A framework for dealing with domestic systemically important banks, BIS, https://www.bis.org/publ/bcbs233.pdf, Abrufdatum: 13.11.2023.

BCBS (2017): High-level summary of Basel III reforms, BIS, https://www.bis.org/bcbs/publ/d424_hlsummary.pdf, Abrufdatum: 01.12.2023.

BCBS (2019a): LCR – Liquidity Coverage Ratio, BIS, https://www.bis.org/basel_framework/standard/LCR.htm, Abrufdatum: 14.11.2023.

BCBS (2019b): NSF – Net Stable Funding Ratio, BIS, https://www.bis.org/basel_framework/standard/NSF.htm. Abrufdatum: 14.11.2023.

BCBS (2021): The Basel Framework, Scope and Definitions, SCO 40: global systemically important banks, 9 November 2021, https://www.bis.org/basel_framework/chapter/SCO/40.htm, Abrufdatum: 01.12.2023.

BCBS (2022a): Buffer usability and cyclicality in the Basel framework, BIS, https://www.bis.org/bcbs/publ/d542.pdf, Abrufdatum: 13.11.2023.

Bean, C. (2012): Central banking in boom and slump, Speech given at the JSG Wilson Lecture in Economics, University of Hull, 31.10.2012, https://www.bankofengland.co.uk/-/media/boe/files/speech/2012/central-banking-in-boom-and-slump.pdf, Abrufdatum: 01.09.2023.

Beck, H./Prinz, A. (2017): Europäische Bankenunion, WISU, 1, S. 94–100.

Behn, M./Jarmulska, B./Lang, J. H./Lo Duca, M. (2023): European Central Bank: Real estate markets, financial stability and macroprudential policy, ECB, https://www.ecb.europa.eu/pub/financial-stability/macroprudential-bulletin/html/ecb.mpbu202210_1~53d521bde7.en.html, Abrufdatum: 14.11.2023.

Bengtsson, E. (2019): Macroprudential policy in the EU – policy reflections on institutional contexts and governance arrangements, FSC Research Workshop, 2019.

Berliner Sparkasse (1931): Jahresbericht für das 113. Geschäftsjahr, Berlin.

Bernanke, B./Gertler M. (1989): Agency Costs, Net Worth and Business Fluctuations, American Economic Review, 73(1), S. 14–31.

Besley, T./Coate, S. (2003): Elected Versus Appointed Regulators: Theory and Evidence, Journal of the European Economic Association, 1(5), S. 1176–1206.

Best, S./Read, O. (2017): Bankenabwicklungsrichtlinie. Theorie und Praxis der europäischen Bankenabwicklung, Risikomanager, 8, 2017, S. 40–45.

Beutel, J./List, S./Schweinitz, G. (2019): An evaluation of early warning models for systemic banking crises: Does machine learning improve predictions? Journal of Financial Stability, 45, 100693.

BIS (1999): Committee on the Global Financial System: mandate, https://www.bis.org/cgfs/mandate.htm?m=3%7C15%7C81, Abrufdatum: 23.11.2021.

BIS (2001): Group of Ten – Report on Consolidation in the Financial Sector, https://www.bis.org/publ/gten05.pdf, Abrufdatum: 24.11.2023.

BIS (2018): The G-SIB framework – Executive Summary, BIS/FSI Connect, FSI Executive Summaries, Oktober 2018, https://www.bis.org/fsi/fsisummaries/g-sib_framework.htm, Abrufdatum: 13.11.2023.

BIS (2019): The capital buffers in Basel III – Executive Summary, https://www.bis.org/fsi/fsisummaries/g-sib_framework.htmNovember 2019, https://www.bis.org/fsi/fsisummaries/b3_capital.htm., Abrufdatum: 13.11.2023.

BIS (2021a): Committee on the Global Financial System 2021, https://www.bis.org/cgfs/, Abrufdatum: 23.11.2021.

BIS (2021b): Fact Sheet: Committee on the Global Financial System 2021, https://www.bis.org/about/factcgfs.htm?m=3%7C15%7C82, Abrufdatum: 23.11.2021.

BIS (2023a): Countercyclical capital buffer (CCyB), https://www.bis.org/bcbs/ccyb/, Abrufdatum: 29.11.2023.

BIS (2023b): Global systemically important banks: assessment methodology and the additional loss absorbency requirement, https://www.bis.org/bcbs/gsib/, Abrufdatum: 29.11.2023.

Bodea, C./Houle, C./Kim, H. (2021): Do financial crises increase income inequality?, World Development, 147, 105635.

Boisnault, D./Fournier, J.-M./Jinnuri, G./Leblanc, P./Mauro, L./Redoulès, O. (2010): The French economy in 2009: a recession of unprecedented scale since the Second World War, INSEE (French National Institute of Statistics and Economic Studies), https://www.insee.fr/en/statistiques/1372479?sommaire=1372493, Abrufdatum: 28.11.2023.

Boissay, F./Borio, C./Leonte, C. S./Shim, I. (2023): Prudential policy and financial dominance: exploring the link, BIS Quarterly Review, March 2023.

Boissay, F./Cantú, C./Claessens, S./Villegas, A. (2019): Impact of financial regulations: insights from an online repository of studies, BIS Quarterly Review, March 2019.

Bokan, N./Grgurić, L./Krznar, I./Lang, M. (2009): The Impact of the Financial Crisis and Policy Responses in Croatia, Croatian National Bank, Working Paper, Nr. 22, Dezember 2009.

Bordalo, P./Gennaioli, N./Shleifer, A. (2018): Diagnostic Expectations and Credit Cycles, The Journal of Finance, 73 (1), S. 199–227.

Bordo, M. (1983): Some Aspects of the Monetary Economics of Richard Cantillon, Journal of Monetary Economics, 12(2), S. 235–258.

Bordo, M./Eichengreen, B./Klingebiel, D./Martinez-Peria, M. S./Rose, A. K. (2001): Is the Crisis Problem Growing More Severe?, Economic Policy, 16(32), S. 51, 53–82.

Bordo, M./Meissner, C. M. (2016): Fiscal and Financial Crises, Handbook of Macroeconomics, Vol. 2, S. 355–412.

Borio, C. (2002): Towards a macroprudential framework for financial supervision and regulation?, BIS Working Papers No. 128, BIS, Basel.

Borio, C. (2009): Implementing the macroprudential approach to financial regulation and supervision, in: Banque de France (Hrsg.): Financial Stability Review, 13, September 2009, S. 31–41.

Borio, C. (2014): The financial cycle and macroeconomics: What have we learnt?, Journal of Banking & Finance, 45, 2014, S. 182–198.

Borio, C. (2018): Macroprudential frameworks: experience, prospects and a way forward, speech on the Bank's Annual General Meeting, BIS, Basel, 24. June 2018.

Borio, C./Drehmann, M. (2009): Towards an operational framework for financial stability: »fuzzy« measurement and its consequences, BIS Working Papers No. 284, BIS, Basel.

Borio, C./Farag, M./Zampolli, F. (2023): Tackling the fiscal policy-financial stability nexus, BIS Working Papers No. 1090, BIS, Basel.

Borio, C./Lowe, P. (2002): Asset prices, financial and monetary stability: exploring the nexus, BIS Working Papers No. 114, BIS, Basel.

Borio, C./Shim, I./Shin, S. H. (2022): Macro-financial stability frameworks: experience and challenges, BIS Working Papers No. 1057, BIS, Basel.

Borio, C./White, W. (2004): Whither monetary and financial stability? The implications of evolving policy regimes. BIS Working Papers No. 147, BIS, Basel.

Bremus, F./Menkhoff, L. (2021): Eigenkapitalpuffer im Abschwung wirksam? Wirtschaftsdienst, 101(3), S. 207–212.

Brings, F. (2013): Makroprudenzielle Aufsicht: Neues Gefüge auf globaler, europäischer und nationaler Ebene, BaFin Journal, Fachartikel vom 06.06.2013, https://www.bafin.de/ref/19616940, Abrufdatum: 13.11.2023.

Brunnermeier, M. K. (2009): Deciphering the Liquidity and Credit Crunch 2007–2008, Journal of Economic Perspectives, 23(1), S. 77–100.

Brunnermeier, M. K./Garicano, L./Lane, P. R./Pagano, M./Reis, R./Santos, T./Thesmar, D./Van Nieuwerburgh, S./Vayanos, D. (2016): The Sovereign-Bank Diabolic Loop and ESBies, American Economic Review, 106 (5), S. 508–512.

Brunnermeier, M./Oehmke, M. (2013): Bubbles, Financial Crises, and Systemic Risk, Gopinath, G./Helpman, E./Rogoff K. (Hrsg.): Handbook of the Economics of Finance, North Holland, Amsterdam.

Brunnermeier M. K./Sannikov, Y. (2014): A Macroeconomic Model with a Financial Sector, American Economic Review, 104 (2), S. 379–421.

Buch, C. M. (2018): Resilientes Retail Banking: Weichenstellung für einen robusten Finanzsektor, Keynote-Speech, Retail-Bankentag der Börsen-Zeitung, 08.05.2023.

Buch C. M. (2021a): Fiscal and Monetary Responses and Financial Stability, Introductory statement prepared for the Panel Discussion at the Financial Stability Conference: »Planning for Surprises, Learning from Crises«, virtual, Deutsche Bundesbank, Frankfurt/Main, 17.11.2021.

Buch, C. M. (2021b): Central bank independence: mandates, mechanisms, and modifications, Remarks prepared for the panel discussion: «Lessons from Central Bank History?, virtual, Frankfurt/Main, 09.09.2021.

Buch, C. M. (2021c): A Decade of Macroprudential Policy, Rede bei der 5th ESRB Annual Conference, ESRB, Frankfurt/Main, https://www.bundesbank.de/en/press/speeches/a-decade-of-macroprudential-policy-881600, Abrufdatum: 03.11.2023.

Buch, C. M. (2022): Financial Stability in a Monetary Union, Rede an der Universität Tübingen, Tübingen, https://www.bundesbank.de/en/press/speeches/financial-stability-in-a-monetary-union--899304, Abrufdatum: 03.11.2023.

Buch, C. M./Buchholz, M./Knoll, K./Weigert, B. (2021): Why macroprudential policy matters in a monetary union, Oxford Economic Papers 73(4), S. 1604–1633.

Buch, C. M./Buchholz, M./Lipponer, A./Prieto, E. (2016a): Liquidity provision, financial vulnerability, and internal adjustment to a sudden stop, unveröffentlichtes Arbeitspapier, Deutsche Bundesbank. Frankfurt/Main.

Buch, C. M./Goldberg, L. S. (2017): Cross-Border Prudential Policy Spillovers: How Much? How Important? Evidence from the International Banking Research Network, International Journal of Central Banking, 48, S. 505–508.

Buch, C. M./Reich, J./Weigert, B. (2016b): Makroprudenzielle Politik, Wirtschaftsdienst, 96(8), S. 557–562.

Buch, C. M./Vogel, E./Weigert, B. (2018): Evaluating Macroprudential Policies, ESRB Working Paper Series No. 2018/76, ESRB, Frankfurt/Main.

Buch, C. M./Weigert, B. (2019): Macroprudential policy in a currency union, Review of World Economics/Weltwirtschaftliches Archiv, 155(1), S. 23–33.

Buiter, W. (2012): The Role of Central Banks in Financial Stability: How has it changed?, CEPR Discussion Paper No. 8780, CEPR Press, Paris&London.

Bundesamt für Bevölkerungsschutz und Katastrophenhilfe (2021): Klärung und Erweiterung des KRITIS-Vokabulars, Broschüre Januar 2021.

Bundesamt für Bevölkerungsschutz und Katastrophenhilfe (2023), KRITIS-Sektor: Finanz- und Versicherungswesen, https://www.bbk.bund.de/DE/Themen/Kritische-Infrastrukturen/Sektoren-Branchen/Finanz-Versicherungswesen/finanz-versicherungswesen_node.html#vt-sprg-4, Abrufdatum: 04.12.2023.

Bundesministerium für Wirtschaft und Klimaschutz (2023):Funktionierenden Wettbewerb schützen, https://www.bmwk.de/Redaktion/DE/Dossier/wettbewerbspolitik.html, Abrufdatum: 04.12.2023.

Burghof, H.P. (2012): Bankenunion: Ist eine gemeinsame europäische Bankenaufsicht ein neues Instrument der Bankenrettung?, Ifo-Schnelldienst, 65(14), S. 3–25.

Calzolari, G./Colliard, J.-E./Lóránth, G. (2018): Multinational Banks and Supranational Supervision, The Review of Financial Studies 32(8), S. 2997–3035.

Cantillon, R. (2012 [1755]): An Essay on Economic Theory, Auburn (Alabama).

Carmassi J./Dobkowitz S./Evrard J./Parisi L./Silva A./Wedow M. (2018): Completing the Banking Union with a European Deposit Insurance Scheme: who is afraid of cross-subsidisation?, ECB Occasional Paper No. 208, ECB, Frankfurt/Main.

Carmassi, J./Luchetti, E./Micossi, S. (2010): Overcoming Too-Big-To-Fail, Report of the CEPS-Assonime Task Force on Bank Crisis Resolution, Centre for European Policy Studies.

Caruana, J. (2016): Post-crisis financial safety net framework: lessons, responses and remaining challenges, Keynote address at the FSI-IADI Conference on »Bank resolution, crisis management and insurance issues«, BIS, Basel.

Cassola, N./Kok, C./Mongelli, F. P. (2019): The ECB after the crisis: existing synergies among monetary policy, macroprudential policies and banking supervision, European Central Bank, Occasional paper Series No. 237, ECB, Frankfurt/Main.

Cecchetti. G./Tucker, P. (2016): Is there macroprudential policy without international cooperation? CEPR Discussion Paper No. 11042, CEPR Press, London & Paris.

Cerra, V./Saxena, S. C. (2008): Growth Dynamics: The Myth of Economic Recovery, American Economic Review, 98(1), S. 439–457.

CGFS (2010): Macroprudential instruments and frameworks: a stocktaking of issues and experiences, CGFS Papers No. 38, Mai 2010.

CGFS (2016): Objective-setting and communication of macroprudential policies, Report submitted by a Study Group established by the Committee on the Global Financial System, CGFS Papers No. 57, November 2016.

CGFS (2022): Private sector debt and financial stability, CGFS Papers No. 67, Mai 2022.

Chen, Y.-A./Sivec, V/Volk, M. (2019). Empirical Evidence on the Effectiveness of Capital Buffer Release, Bank of Slovenia Working Paper Nr. 5/2019, Ljubljana.

Chodorow-Reich, G. (2014): The Employment Effects of Credit Market Disruptions: Firm-level Evidence from the 2008-9 Financial Crisis, The Quarterly Journal of Economics, 29(1), S. 1–59.

Choi, J./Kronlund, M. (2018): Reaching for Yield in Corporate Bond Mutual Funds, Review of Financial Studies, 31(5), S. 1930–1965.

Cihak, M./Munoz, S./Sharifuddin, S./Tintchev, K. (2012): Financial Stability Reports: What are they Good For? IMF Working Paper, WP/12/1, IMF, Washington DC.

Claessens, S./Ghosh, S. R./Mihet, R. (2014): Macro-Prudential Policies to Mitigate Financial System Vulnerabilities, IMF Working Paper, WP/14/155 IMF, Washington DC.

Claessens, S./Kose, M. A. (2018): Frontiers of macrofinancial linkages, BIS Papers No. 95, BIS, Basel.

Claessens, S./Kose, M. A./Terrones, M. E. (2012): How do business and financial cycles interact?, Journal of International Economics, 87(1), 2012, S. 178–190.

Clemens, M./Gebauer, S./König, T. (2020): Europäische Bankeinlagensicherung könnte Folgen von coronabedingter Insolvenzwelle bei Unternehmen abfedern, DIW-Wochenbericht, 32/33, S. 544–552.

Clement, P. (2010): The term »macroprudential«: origins and evolution, BIS Quarterly Review, March 2010, BIS, Basel.

Constâncio, V. (2017), Foreword, in: Dees, S./Henry, J./Martin, E. (Hrsg.): STAMP€: Stress-Test Analytics for Macroprudential Purposes in the euro area, ECB, Frankfurt/Main.

Correa, R./Garud, K./Londono, J./Mislang, N. (2017): Sentiment in Central Banks' Financial Stability Reports, Review of Finance, 25(1), S. 85–120.

CPPS/IOSCO (2012): Principles for financial market infrastructures, CPMI papers, No. 101, April 2012.

Danielsson, J. (2013): Global Financial Systems: Stability & Risk, Pearson, Harlow.

Danthine, J.-P.: Machen Zentralbanken zu viel?, Referat Martigny, 09.10.2014, www.snb.ch/de/mmr/speeches/id/ref20141009_jpd, Abrufdatum: 06.11.2023.

de Grauwe, P. D./Macchiarelli, C. (2015): Animal spirits and credit cycles, Journal of Economic Dynamics and Control, 59, S. 95–117.

de Mooij, R. A./Keen, M. (2016): Debt, Taxes, and Banks, Journal of Money, Credit and Banking, 48, S. 5–33.

de Soyres, C./Kawai, R./Wang, M. (2022): Public Debt and Real GDP: Revisiting the Impact, IMF Working Papers, No. 22/76, April 2022.

Deckers, T./Silbermann, L./Stein, I./Tente, N. (2015): Der antizyklische Kapitalpuffer in Deutschland, Analytischer Rahmen zur Bestimmung einer angemessenen inländischen Pufferquote, Deutsche Bundesbank, Frankfurt/Main.

Dell'Ariccia, G./Ferreira, C./Jenkinson, N./Laeven, L./Martin, A./Minoiu, C./Popov, A. (2018): Managing the sovereign-bank nexus, Departmental Paper No. 2018/016, IMF, Washington DC.

Dell'Ariccia, G./Laeven, L./Suarez, G. (2017): Bank Leverage and Monetary Policy's Risk-Taking Channel: Evidence from the United States, Journal of Finance, 72(2), S. 613–654.

Dell'Ariccia, G./Marquez, R. (2006): Competition among regulators and credit market integration, Journal of Financial Economics, 79(2), S. 401–430.

Deloitte (2023): Weiterentwicklung des europäischen Krisenmanagement- und Einlagensicherungsrahmenwerkes, https://www2.deloitte.com/de/de/pages/risk/articles/reformentwurf-europaeisches-krisenmanagement-und-einlagensicherungs-rahmenwerk.html, Abrufdatum: 06.08.2023.

Demirgüc-Kunt, A./Karacaovali, B./Laeven, L. (2005): Deposit Insurance around the World: A comprehensive Database, World Bank Policy Research Working Paper 3628, The World Bank, Washington DC.

Deutsche Bundesbank (2014a): Der Start in die Bankenunion – Der einheitliche Aufsichtsmechanismus in Europa, Monatsbericht Oktober, S. 45–67.

Deutsche Bundesbank (2014b): Implikationen der Bankenunion für die Finanzstabilität, Finanzstabilitätsbericht 2014, S. 73–93.

Deutsche Bundesbank (2015): Die Bedeutung der makroprudenziellen Politik für die Geldpolitik, Monatsbericht März, S. 41–76.

Deutsche Bundesbank (2018a): Die Fertigstellung von Basel III, Monatsbericht Januar, S. 77–94.

Deutsche Bundesbank (2018b): Finanzstabilitätsbericht 2018.

Deutsche Bundesbank (2019a): Finanzstabilitätsbericht 2019.

Deutsche Bundesbank (2019b): Finanzzyklen im Euroraum, Monatsbericht Januar, S. 55–79.

Deutsche Bundesbank (2019c): Geld und Geldpolitik.

Deutsche Bundesbank (2020): Globale finanzielle Verflechtung und Übertragungseffekte zwischen den G20-Ländern, Monatsbericht September, S. 53–73.

Deutsche Bundesbank (2021): Makroprudenzielle Politik und Growth-at-Risk, Monatsbericht August, S. 71–90.

Deutsche Bundesbank (2022a): Aktuelle Bewährungsproben für das zentrale Clearing, Finanzstabilitätsbericht 2022, S. 122–135.

Deutsche Bundesbank (2022b): Finanzstabilitätsbericht 2022.

Deutsche Bundesbank (2023a): Leverage Ratio, https://www.bundesbank.de/de/aufgaben/bankenaufsicht/einzelaspekte/leverage-ratio/leverage-ratio-598484#:~:text=Ein%20wesentlicher%20Bestandteil%20des%20Basel,zu%20ihrem%20Gesamtengagement%20(Nenner), Abrufdatum: 13.11.2023.

Deutsche Bundesbank (2023b): Liquiditätsregulierung, https://www.bundesbank.de/de/aufgaben/bankenaufsicht/einzelaspekte/liquiditaet/liquiditaetsregulierung-598474, Abrufdatum: 14.11.2023.

Deutsche Bundesbank (2023c): Makroprudenzielle Instrumente, https://www.bundesbank.de/de/aufgaben/finanz-und-waehrungssystem/finanz-und-waehrungsstabilitaet/makroprudenzielle-instrumente/makroprudenzielle-instrumente-601952, Abrufdatum: 13.11.2023.

Deutsche Bundesbank (2023d): Makroprudenzielle Maßnahmen, https://www.bundesbank.de/de/aufgaben/bankenaufsicht/einzelaspekte/makroprudenzielle-massnahmen/makroprudenzielle-massnahmen-598540, Abrufdatum: 13.11.2023.

Deutsche Bundesbank (2023e): Überwachung des Zahlungsverkehrs und der Wertpapierabwicklung, Zentralverwahrer, https://www.bundesbank.de/de/aufgaben/unbarer-zahlungsverkehr/ueberwachung/ueberwachung-642858?index=7#dossierItem, Abrufdatum: 04.12.2023.

Devereux M./Johannesen N./Vella J. (2019): Can Taxes Tame the Banks? Evidence from the European Bank Levies, Economic Journal, 129(624), S. 3058–3091.

Dewatripont, M./Freixas, X. (2011): Bank resolution: a framework for the assessment of regulatory intervention, Oxford Review of Economic Policy, 27(3), S. 411–436.

Di Maggio, M./Kacperczyk, M. (2017): The unintended consequences of the zero lower bound policy. Journal of Financial Economics, 123(1), S. 59–80.

Dierks, L. H. (2014): Auf dem Weg zur europäischen Bankenunion, WISU, 6, S. 785–790.

Dizikes, P. (2022): How the debt crisis of 2008-09 fueled populist politics, MIT News Office, https://news.mit.edu/2022/hungary-debt-crisis-populist-0616, Abrufdatum: 28.11.2023.

Dobler M./Gray S./Murphy D./Radzewicz-Bak B. (2016): The Lender of Last Resort Function after the Global Financial Crisis, IMF Working Paper, WP/16/10, IMF, Washington DC.

Doerr, S./Gissler, S./Peydró, J. L./Voth, H. J. (2022): Financial Crises and Political Radicalization: How Failing Banks Paved Hitler's Path to Power, The Journal of Finance, 77(6), S. 3339–3372.

Domanski, D./Moessner, R./Nelson, W. (2014): Central Banks as Lender of Last Resort: experiences during the 2007–2010 crisis and lessons for the future, www.federalreserve.gov/econresdata/feds/2014/files/2014110pap.pdf, Abrufdatum: 06.11.2023.

Drehmann, M./Borio, C./Tsatsaronis, K. (2012): Characterising the financial cycle: don't lose sight of the medium term!, BIS Working Papers No. 380, BIS, Basel.

Dursun-de Neef, Ö./Schandlbauer, A./Wittig, C. (2023): Countercyclical Capital Buffers and Credit Supply: Evidence from the COVID-19 Crisis, Journal of Banking&Finance, 154, 106930.

ECB (1998): Rules of Procedure of the European Central Bank (7 July 1998) – Consolidated version 1999. CVCE, http://www.cvce.eu/obj/rules_of_procedure_of_the_european_central_bank_7_july_1998_consolidated_version_1999-en-89434c78-82c4-4900-bb19-01ab03d8e9eb.html, Abrufdatum: 01.02.2022.

ECB (2001): The Role of Central Banks in Prudential Supervision, https://www.ecb.europa.eu/pub/pdf/other/prudentialsupcbrole_en.pdf, Abrufdatum: 23.11.2021.

ECB (2018): Financial Stability Review, May 2018.

ECB (2019): Assessing the systemic footprint of euro area banks, Special Feature B, Financial Stability Review, November 2019, S. 119–127.

ECB (o. J.): Information Guide for TARGET participants, Part 2 – CLM&RTGS, Version 1.0, 2023.

Edge, R. M./Liang, J. N. (2020): Financial stability committees and the countercyclical capital buffer, Deutsche Bundesbank Discussion Paper 04/2020.

Efstathiou K./Mathä T. Y./Veiga C./Wintr L. (2018): Short-time work in Luxembourg: evidence from a firm survey, Journal of Labour Market Research, 52(14).

Eggertsson, G. B./Krugman, P. (2012): Debt, Deleveraging, And The Liquidity Trap: A Fisher-Minsky-Koo Approach, The Quarterly Journal of Economics, 127(3), S. 1469–1513.

Eitrheim, O./Erlandsen, S. K. (2004): House Price Indices for Norway, 1819–2003, in: Eitrheim, O./Klovland, J. T./Qvigstad, J. F. (Hrsg.): Historical Monetary Statistics for Norway 1819–2003, Norges Bank Skriftserie/Occasional Papers, Vol. 35, S. 349–375.

Elliot, D./Feldberg, G./Lehnert, A. (2013): The History of Cyclical Macroprudential Policy in the United States, Finance and Economics Discussion Series Paper 2013-29, Board of Governors of the Federal Reserve System.

ESRB (2011): Recommendation of the European Systemic Risk Board, https://www.esrb.europa.eu/pub/pdf/ESRB_Recommendation_on_National_Macroprudential_Mandates.pdf?87d545ebc9fe76b76b6c545b6bad218c, Abrufdatum: 01.02.2022.

ESRB (2013): Central counterparties and systemic risk, Macro-prudential Commentaries, Issue No. 6, November 2013, ESRB, Frankfurt/Main.

ESRB (2014a): Flagship Report on Macroprudential Policy in the Banking Sector, ESRB, Frankfurt/Main.

ESRB (2014b): The ESRB Handbook on Operationalising Macroprudential Policy in the Banking Sector, ESRB, Frankfurt/Main.

ESRB (2016): Handbook on the assessment of compliance with ESRB recommendations, Frankfurt am Main, ESRB, Frankfurt/Main.

ESRB (2019): Features of a macroprudential stance: initial considerations, ESRB, Frankfurt/Main.

ESRB (2021a): Financial stability implications of support measures to protect the real economy from the COVID-19 pandemic, ESRB, Frankfurt/Main.

ESRB (2021b): Other measures. Online verfügbar unterhttps://www.esrb.europa.eu/national_policy/other/html/index.en.html; Abrufdatum: 30.11.2021.

ESRB (2022): Warnings, https://www.esrb.europa.eu/mppa/warnings/html/index.en.html, Abrufdatum: 13.11.2023.

ESRB (2023a): Crypto-assets and decentralised finance, Systemic implications and policy options, https://www.esrb.europa.eu/pub/pdf/reports/esrb.cryptoassetsanddecentralisedfinance202305~9792140acd.en.pdf, Abrufdatum: 04.12.2023.

ESRB (2023b): European financial crises database, https://www.esrb.europa.eu/pub/financial-crises/html/index.en.html, Abrufdatum: 23.11.2023.

ESRB (2023c): National Policy, https://www.esrb.europa.eu/national_policy/html/index.en.html, Abrufdatum: 14.11.2023.

ESRB (2023d): Reciprocation of measures, https://www.esrb.europa.eu/national_policy/reciprocation/html/index.en.html, Abrufdatum: 29.11.2023.

ESRB (2023e): List of ESRB Members and National Macroprudential Authorities, https://www.esrb.europa.eu/about/orga/list/html/index.en.html, Abrufdatum: 03.11.2023.

European Banking Federation (2022): EBF Facts & Figures 2022, 2021 Banking Statistics, https://www.ebf.eu/wp-content/uploads/2022/12/Banking-in-Europe-EBF-Facts-and-Figures-2022.-FINAL.pdf, Abrufdatum: 03.11.2023.

Farhi E./Tirole J. (2012): Collective Moral Hazard, Maturity Mismatch, and Systemic Bailouts, American Economic Review, 102(1), S. 60–93.

Faruqui, U./Huan, W./Takáts, E. (2018): Clearing risks in OTC derivatives markets: the CCP-bank nexus, BIS Quarterly Review, December 2018.

Feld L. P./Heckemeyer J. P./Overesch M. (2013): Capital structure choice and company taxation: A meta-study, Journal of Banking & Finance, 37(8), S. 2850–2866.

Ferguson, N./Kornejew, M./Schmelzing, P./Schularick, M. (2023): The Safety Net: Central Bank Balance Sheets and Financial Crises, 1587–2020, CEPR Discussion Paper No. 17858. CEPR Press, Paris & London.

Fink, K./Krüger, U./Meller, B./Wang, L.-H. (2016): The credit quality channel: Modeling contagion in the interbank market, Journal of Financial Stability, 25, S. 83–97.

Fishback, P./Rose, J./Snowden, K. (2013): Well Worth Saving. How the New Deal Safeguarded Home Ownership, The University of Chicago Press, Chicago.

Fisher, C./Kent, C. (2011): Two Depressions, One Banking Collapse: Lessons from Australia, Journal of Financial Stability, 7(3), S. 126–137.

Fisher, I. (1933): A Debt-Deflation Theory of Great Depressions, Econometrica, 1(4), S. 337–357.

Flinders, M./Buller, J. (2006): Depoliticisation: Principles, Tactics and Tools, British Politics, 1, 293–318.

Fostel, A./Geanakoplos, J. (2014): Endogenous Collateral Constraints and the Leverage Cycle, Annual Review of Economics, 6(1), S. 771–799.

Fratzscher, M./Mehl, A./Vansteenkiste, I. (2011): 130 Years of Fiscal Vulnerabilities and Currency Crashes in Advanced Economies, IMF Economic Review, 59, S. 683–716.

Freixas, X./Giannini C./Hoggarth G./Soussa F. (2000): Lender of Last Resort, What have we learned since Bagehot?, Journal of Financial Services Research, 18, S. 63–84.

Freixas, X./Laeven, L./Peydró, J. L. (2015): Systemic Risk, Crises, and Macroprudential Regulation, The MIT Press, Cambridge, Massachusetts.

FSB (2014): Key Attributes of Effective Resolution Regimes for Financial Institutions, https://www.fsb.org/wp-content/uploads/r_141015.pd, Abrufdatum: 06.11.2023.

FSB (2021a): Evaluation of the Effects of Too-Big-To-Fail Reforms: Final Report, https://www.fsb.org/wp-content/uploads/P010421-1.pdf, Abrufdatum: 04.12.2023.

FSB (2021b): FSB Financial Stability Surveillance Framework, https://www.fsb.org/wp-content/uploads/P300921.pdf, Abrufdatum: 24.11.2023.

FSB (2021c): Financial Stability Board Charter, https://www.fsb.org/wp-content/uploads/r_090925d.pdf?page_moved=1, Abrufdatum: 23.11.2021.

FSB (2021d): Members of the FSB – Financial Stability Board, https://www.fsb.org/about/organisation-and-governance/members-of-the-financial-stability-board/, Abrufdatum: 23.11.2021.

FSB (2022): 2022 List of Global Systemically Important Banks (G-SIBs), https://www.fsb.org/2022/11/2022-list-of-global-systemically-important-banks-g-sibs/, Abrufdatum: 14.11.2023.

Funke, M. (2017): Short-term pain: Financial crises and the rich, Dissertation, Freie Universität Berlin.

Funke, M./Schularick, M./Trebesch, C. (2016): Going to extremes: Politics after financial crises, 1870–2014, European Economic Review, 88, S. 227–260.

Funke, M./Schularick, M./Trebesch, C. (2023): Populist Leaders and the Economy, American Economic Review, 113(12), S. 3249–88.

Gärtner, K. (2013): Household Debt and Economic Recovery: Evidence from the U.S. Great Depression, EHES Working Papers in Economic History, No. 36, European Historical Economics Society.

Galati, G./Moessner, R. (2012): Macroprudential Policy – a literature review, Journal of Economic Surveys 27(5), S. 846–878.

Galati, G./Moessner, R. (2018): What Do We Know About the Effects of Macroprudential Policy?, Economica, 85(340), S. 735–770.

Georg, C.-P. (2011): The effect of the interbank network structure on contagion and common shocks, Bundesbank Discussion Paper Series 2: Banking and Financial Studies No. 12/2011.

Georgescu, O. M./Vila Martin, D. (2021): Do macroprudential measures increase inequality? Evidence from the euro area household survey, ECB Working Paper Series, No. 2567, ECB, Frankfurt/Main.

Gerlach, S. (2009): Defining and Measuring Systemic Risk, White Paper for European Parliament's Economic and Monetary Affairs Committee, https://www.europarl.europa.

eu/document/activities/cont/200911/20091124ATT65154/20091124ATT65154EN.pdf, Abrufdatum: 24.11.2023.

Gertler, M./Kiyotaki, N./Prestipino, A. (2016): Wholesale Banking and Bank Runs in Macroeconomic Modeling of Financial Crises, in: Taylor, J. B./Uhlig, H. (Hrsg.): Handbook of Macroeconomics, North Holland, Amsterdam, S. 1345–1425.

Gischer. H. B./Menkhoff, L. (2019): Antizyklischer Kapitalpuffer aktiviert – zu spät, zu wenig und dennoch richtig, Wirtschaftsdienst 99(11), 784–788.

Goodhart, C. A. E. (1988): The evolution of central banks, MIT Press, Cambridge.

Goodhart, C. A. E. (2008): The Boundary Problem of Financial Regulation, National Institute Economic Review, 206, S. 48–55.

Goodhart, C. A. E. (2011): The Changing Role of Central Banks, Financial History Review, 18(2), S. 2135–154.

Goodhart, C. A. E./Schoenmaker, D. (2014): The ECB as lender of last resort, https://voxeu.org/article/ecb-lender-last-resort, Abrufdatum: 18.02.2022.

Gortsos, C. (2021): Theoretische Grundlagen und internationale »Financial Standards«, in: Raschauer, N./Stern, T. (Hrsg.): Einlagensicherung, Rechtsvergleich, Praxisfälle, Bedeutung für die Finanzstabilität, Linde Verlag, Wien.

Gourinchas, P. O./Obstfeld, M. (2012): Stories of the Twentieth Century for the Twenty-First, American Economic Journal: Macroeconomics, 4(1), S. 226–265.

Greenspan, A. (2005): Economic flexibility: a speech to the National Association for Business Economics, Chicago, 27. September 2005, https://www.federalreserve.gov/boarddocs/speeches/2005/20050927/default.htm, Abrufdatum: 02.07.2023.

Greenwood, R. M./Hanson, S. G./Jin, L. J. (2016): A model of credit market sentiment, Harvard Business School Working Paper, Nr. 17–015, August 2016.

Greenwood, R. M./Hanson, S. G./Shleifer, A./Sørensen, J. A. (2022): Predictable Financial Crises, The Journal of Finance, 77(2), S. 863–921.

Grimm, M./Jordà, Ò./Schularick, M./Taylor, A. M. (2023): Loose Monetary Policy and Financial Instability, NBER Working Paper Series, Nr. 30958, Februar 2023.

Gros, D.: (2019): 10 Missverständnisse zu EDIS, Profil 01/2019; https://www.profil.bayern/01-2019/positionen/zehn-missverstaendnisse-zu-edis, Abrufdatum: 06.11.2023.

Gros, D./Alcidi, C. (2015): Country adjustment to a ›sudden stop‹: does the euro make a difference?, International Economics and Economic Policy, 12, S. 5–20.

Gros, D./Schoenmaker, D. (2012): The case for euro deposit insurance, https://voxeu.org/article/case-euro-deposit-insurance, Abrufdatum: 19.02.2022.

Grossman, R. S. (2010): Unsettled Account: The Evolution of Banking in the Industrialized World since 1800, Princeton University Press, Princeton, New Jersey.

Guerrieri, V./Lorenzoni, G. (2017): Credit Crises, Precautionary Savings, and the Liquidity Trap, The Quarterly Journal of Economics, 132(3), S. 1427–1467.

Halac, M. C./Schmukler, S. L. (2004): Distributional Effects of Crises: The Financial Channel, World Bank Policy Research Working Paper No. 3173, The World Bank, Washington DC.

Hall, R. E. (2011): The Long Slump. In: American Economic Review, Vol. 101 (2), April 2011, S. 431–469.

Haldane, A. (2013a): Rethinking the financial network, in: Jansen, S./Schröter, E./Stehr, N. (Hrsg.): Fragile Stabilität – stabile Fragilität, Springer VS, Wiesbaden, S. 243–278.

Haldane, A. (2013b): Why institutions matter (more than ever), https://www.bis.org/review/r130909b.pdf, Abrufdatum: 01.02.2022.

Handke, S. (2011): Die Angst des Ministeriums vor der Aufsicht – Das Bundesfinanzministerium in der deutschen Finanzmarktpolitik, Politische Vierteiljahresschrift, 52(4), 663–687.

Hanson, S. G./Kashyap, A. K./Stein, J. C. (2011): A Macroprudential Approach to Financial Regulation, Journal of Economic Perspectives, 25(1), S. 3–28.

Hartwig, B./Meinerding, C./Schüler, Y. S. (2021): Identifying indicators of systemic risk, Journal of International Economics, 132, 103512.

Hau, H./Lai, S. (2016): Asset allocation and monetary policy: Evidence from the eurozone, Journal of Financial Economics, 120(2), S. 309–329.

Hellwig, M. (2014): Financial Stability, Monetary Policy, Banking Supervision, and Central Banking, Preprints of the Max Planck Institute for Research on Collective Goods 2014/9, Bonn.

Hellwig, M. (2018): Competition Policy and Sector-Specific Regulation in the Financial Sector, Discussion Papers of the Max Planck Institute for Research on Collective Goods 2018/7, Bonn.

Henze, M. (2016): Einheitliche Abwicklung für Europas Banken, Die zentrale Bankenabwicklung in der Eurozone auf dem Prüfstand, Springer Gabler, Wiesbaden.

Hermann, C./Flecker, J. (2012): The Austrian model and the financial and economic crisis, in: Lehndorf, S. (Hrsg.): A triumph of failed ideas – European models of capitalism in the crisis, Brüssel, https://www.etui.org/sites/default/files/C6 %2012 %20A%20triumph%20of%20failed%20ideas%20WEB.pdf, Abrufdatum: 28.11.2023.

Hoffmann, P./Kremer, M./Zaharia, S. (2019): Financial integration in Europe through the lens of composite indicators, ECB Working Paper No. 2319, ECB, Frankfurt/Main.

Holmsen, A. (2014): The theoretical background for macroprudential policy, Rede beim Norges Bank's Finance Workshop, Oslo, 9. Oktober.

Hoshi, T./Kashyap, A. (1999): The Japanese Banking Crisis: Where did it come from and how will it end?, NBER Working Paper Series, Nr. 7250, Juli 1999.

Houston, J. F./Lin, C./Ma, Y. (2012): Regulatory Arbitrage and International Bank Flows, HKIMR Working Paper, 15/2012, Hong Kong Institute for Monetary Research.

Iacoviello, M./Neri, S. (2010): Housing Market Spillovers: Evidence from an Estimated DSGE Model, American Economic Journal: Macroeconomics, 2(2), S. 125–164.

IMF (2012a): Growth Resuming, Dangers Remain, World Economic Outlook, April 2012.

IMF (2012b): IMF Survey: Cloudy Outlook for Sweden After Years of Success, https://www.imf.org/en/News/Articles/2015/09/28/04/53/socar070512c, Abrufdatum: 28.11.2023.

IMF (2013a): Key Aspects of Macroprudential Policy, International Monetary Fund, Washington D.C., 10. Juni.

IMF (2013b): Key Aspects of Macroprudential Policy, Background Paper, IMF, Washington DC, 10. Juni.

IMF (2014): Staff Guidance Note On Macroprudential Policy, IMF Policy Paper, https://www.imf.org/external/np/pp/eng/2014/110614.pdf, Abrufdatum: 23.11.2021.

IMF (2019): Global Financial Stability Report, April 2019.

IMF (2021): Financial Sector Assessment Program (FSAP), https://www.imf.org/external/np/pp/eng/2013/061013b.pdf, Abrufdatum: 23.11.2021.

IMF/FSB/BIS (2016): Elements of effective macroprudential policies – lessons from international experience, 31. August 2016, BIS, Basel.

Ioannidou, V./Ongena, S./Peydró, J. (2015): Monetary policy, risk-taking and pricing: Evidence from a quasi-natural experiment, Review of Finance, 19(1), S. 95–144.

IPCC (Intergovernmental Panel on Climate Change) (2023): Summary for Policymakers, Climate Change 2023: Synthesis Report. Contribution of Working Groups I, II and III to the Sixth Assessment Report of the Intergovernmental Panel on Climate Change, https://www.ipcc.ch/report/ar6/syr/downloads/report/IPCC_AR6_SYR_SPM.pdf, Abrufdatum: 04.12.2023.

Jackson, M./Pernoud, A. (2021): Systemic Risk in Financial Networks: A Survey, Annual Review of Economics, 2021, 13, S. 171–202.

Jiménez, G./Kuvshinov, D./Peydro, J./Richter, B. (2022): Monetary policy, inflation, and crises: New evidence from history and administrative data, CEPR Discussion Paper No. 17761, CEPR Press, Paris & London.

Jiménez, G./Ongena, S./Peydró, J.-L./Saurina, J. (2017), Macroprudential policy, countercyclical bank capital buffers, and credit supply: Evidence from the Spanish dynamic provisioning experiments, Journal of Political Economy, 125(6), 2126–2177.

Jones, C./Midrigan, V./Philippon, T. (2018): Household Leverage and the Recession, Arbeitspapier, http://www.virgiliumidrigan.com/uploads/1/3/9/8/13982648/paper_jmp_v9.pdf. Abrufdatum: 11.12.2023.

Jordà, Ò./Kornejew, M./Schularick, M./Taylor, A. M. (2022): Zombies at Large? Corporate Debt Overhang and the Macroeconomy, The Review of Financial Studies, 35(10), S. 4561–4586.

Jordà, O./Richter, B./Schularick, M./Taylor, A. M. (2021): Bank Capital Redux: Solvency, Liquidity, and Crisis, The Review of Economic Studies, 88(1), S. 260–286.

Jordà, Ò./Schularick, M./Taylor, A. M. (2013): When Credit Bites Back, Journal of Money, Credit and Banking, 45(s2), S. 3–28.

Jordà, Ò./Schularick, M./Taylor, A. M. (2015a): Betting the house, Journal of International Economics, 96(1), S. 2–18.

Jordà, Ò./Schularick, M./Taylor, A. M. (2015b): Leveraged bubbles, Journal of Monetary Economics, 76, Supplement, S. 1–20.

Jordà, Ò./Schularick, M./Taylor, A. M. (2016a): Sovereigns Versus Banks: Credit, Crises, and Consequences. In: Journal of the European Economic Association, 14(1), S. 45–79.

Jordà, Ò./Schularick, M./Taylor, A. M. (2016b): The great mortgaging: housing finance, crises and business cycles, Economic Policy, 31(85), S. 107–152.

Jordà, Ò./Schularick, M./Taylor, A. M. (2017): Macrofinancial History and the New Business Cycle Facts, in: Eichenbaum, M./Parker, J. A. (Hrsg.): NBER Macroeconomics Annual 2016, Vol. 31, Chicago, S. 213–263.

Kaehler, J./Weber, C. S. (2023): Inflation in the aftermath of financial crises, Economic Modelling, 128, 106512.

Kalemli-Ozcan, S./Papaioannou, E./Peydró, J.-L. (2010): What lies beneath the euro's effect on financial integration? Currency risk, legal harmonization, or trade?, Journal of International Economics, 81, S. 75–88.

Kaminsky G./Lizondo S./Reinhart C. (1998): Leading Indicators of Currency Crisis, IMF-Staff Papers, 45(1), S. 1–48.

Kaminsky, G. L./Reinhart, C. M. (1999): The Twin Crises: The Causes of Banking and Balance-of-Payments Problems, The American Economic Review, 89(3), S. 473–500.

Kekre, R./Lenel, M. (2022): Monetary Policy, Redistribution, and Risk Premia, Econometrica, 90(5), S. 2249–2282.

Kindleberger, C. P. (1978): Manias, Panics, and Crashes: A History of Financial Crises, 1. Aufl., Basic Books, New York.

Kindleberger, C. P. (2013): The World in Depression, 1929–1939, 40th Anniversary Edition, University of California Press, Oakland, California.

Kindleberger, C. P. (2000): Manias, Panics, and Crashes: A History of Financial Crises, 4. Aufl., Wiley, New York.

King, M. (1994): Debt Deflation: Theory and Evidence, European Economic Review, 38 (3–4), S. 419–445.

Kiyotaki, N./Moore, J. (1997): Credit Cycles, Journal of Political Economy, 105(2), S. 211–248.

Koo, R. (2008): The Holy Grail of Macroeconomics: Lessons from Japan's Great Recession, Wiley, New York.

Koschyk, H. (2013): Einheitlicher Abwicklungsmechanismus (SRM) für Europas Banken: Wie ist der Vorschlag der EU-Kommission zu bewerten, ifo Schnelldienst, 17/2013, S. 3–5.

Krishnamurthy, A./Li, W. (2020): Dissecting mechanisms of financial crises: Intermediation and sentiment, NBER Working Paper, Nr. 27088, Mai 2020.

Krishnamurthy, A./Muir, T. (2017): How Credit Cycles across a Financial Crisis, NBER Working Paper, Nr. 23850, September 2017.

Kuhn, M./Schularick, M./Steins, U. (2018): Income and Wealth Inequality in America, 1949–2016, CEPR Discussion Paper No. 12218, CEPR Press, Paris & London.

Kumhof, M./Rancière, R./Winant, P. (2015): Inequality, Leverage, and Crises, American Economic Review, 105(3), S. 1217–45.

Laeven, L./Maddaloni, A./Mendicino, C. (2022): Monetary and macroprudential policies: trade-offs and interactions, ECB Research Bulletin No. 92, 24 February 2022.

Laeven, L./Valencia, F. (2012): Systemic Banking Crises Database: An Update, IMF Working Paper, WP/12/163, IMF, Washington DC.

Laeven, L./Valencia, F. (2020a): Systemic Banking Crises Database: A Timely Update in COVID-19 Times, CEPR Discussion Paper No. 14569, CEPR Press, Paris & London.

Laeven, L./Valencia, F. (2020b): Systemic Banking Crises Database II, IMF Economic Review, 68, S. 307–361.

Lampert, C. (2015): Die Debatte um die Einlagensicherung: Hintergründe und Perspektiven, DIW Round up, 2015, https://www.diw.de/de/diw_01.c.496980.de/publikationen/roundup/2015_0056/die_debatte_um_die_einlagensicherung__hintergruende_und_perspektiven.html, Abrufdatum: 06.11.2023.

Lane, P. R. (2009): EMU and financial integration, in: Mackowiak B./Mongelli F. P./Noblet G./Smets F. (Hrsg.): The Euro at Ten: Lessons and Challenges, ECB, S. 82–115, https://www.ecb.europa.eu/pub/pdf/other/euroattenen2009en.pdf, Abrufdatum: 02.11.2023.

Lane, P. R./Milesi-Ferretti, G. M. (2008): The Drivers of Financial Globalization, American Economic Review 98(2), S. 327–332.

Lang, J. H./Izzo, C./Fahr, S./Ruzicka, J. (2019): Anticipating the bust: a new cyclical systemic risk indicator to assess the likelihood and severity of financial crises, ECB Occasional Paper Series No. 219, ECB, Frankfurt/Main.

Latvijas Banka (2020): Financial Stability Report 2020.

Lepers, E. (2021): Who is Best at Taking away the Punch Bowl? Institutional arrangements and Macro-prudential activity, Working Paper, unveröffentlicht.

Lewis-Beck, S., M./Stegmaier M. (2000): Economic Determinants of electoral outcomes, Annual Review of Political Science, 3, S. 183–219.

López-Salido, D./Stein, J. C./Zakrajšek E. (2017): Credit-Market Sentiment and the Business Cycle, The Quarterly Journal of Economics, 132(3), S. 1373–1426.

Maddaloni, A./Peydró, J. (2011): Bank Risk-taking, Securitization, Supervision, and Low Interest Rates: Evidence from the Euro-area and the U.S. Lending Standards, The Review of Financial Studies, 24(6), S. 2121–2165.

Maes, I. (2009): On the origins of the BIS macro-prudential approach to financial stability: Alexandre Lamfalussy and financial fragility, Working Paper Research No 176, National Bank of Belgium, Brüssel.

Maggetti, M. (2007): De facto independence after delegation: A fuzzy-set analysis, Regulation & Governance, 1(4), S. 271–294.

Manasse, P./Roubini, N./Schimmelpfennig, A (2003): Predicting Sovereign Debt Crises IMF Working Paper, WP/03/221, IMF, Washington DC.

Masselink, M./van den Noord, P. (2009): The Global Financial Crisis and its effects on the Netherlands, ECFIN Country Focus, 6(10), Europäische Kommission, Brüssel.

Mbaye, S./Moreno-Badia, M./Chae, K. (2018): Bailing Out the People? When Private Debt Becomes Public, IMF Working Paper, WP/18/141, IMF, Washington DC.

Meller, B./Soons, O. (2023): Know your (holding) limits: CBDC, financial stability and central bank reliance, ECB Occasional Paper Series No. 326, ECB, Frankfurt/Main.

Meltzer, Allan H. (2003): A history of the Federal Reserve, University of Chicago Press, Chicago.

Mian, A./Rao, K./Sufi, A. (2013): Household Balance Sheets, Consumption, and the Economic Slump, Quarterly Journal of Economics, 128(4), S. 1687–1726.

Mian, A./Sufi, A. (2010): The Great Recession: Lessons from Microeconomic Data, American Economic Review, 100(2), S. 51–56.

Mian, A./Sufi, A. (2011): House Prices, Home Equity-Based Borrowing, and the U.S. Household Leverage Crisis, American Economic Review, 101(5), S. 2132–2156.

Mian, A./Sufi, A. (2014): House of Debt: How They (and You) Caused the Great Recession, and How We Can Prevent It from Happening Again, Chicago.

Mian, A./Sufi, A./Trebbi, F. (2014): Resolving Debt Overhang: Political Constraints in the Aftermath of Financial Crises, American Economic Journal: Macroeconomics, 6(2), S. 1–28.

Mian, A./Sufi, A./Verner, E. (2017): Household Debt and Business Cycles Worldwide, The Quarterly Journal of Economics, 132(4), November 2017, S. 1755 -1817.

Michler, A. F./Penatzer, M. (2015): Die europäische Bankenunion, WISU, 12, S. 1358–1367.

Minsky, H.P. (1977): The Financial Instability Hypothesis: An Interpretation of Keynes and an Alternative to ›Standard‹ Theory, Challenge, 20(1), S. 20–27.

Minsky, H. P. (1986): Stabilizing an Unstable Economy, Yale University Press, Yale.

Mishkin, F. (1977): What Depressed the Consumer? The Household Balance Sheet and the 1973-75 Recession, Brookings Papers on Economic Activity, 8(1), S. 123–164.

Mishkin, F (1978): The Household Balance Sheet and the Great Depression, Journal of Economic History, 38(4), S. 918–937.

Mitchener, K./Trebesch, C. (2023): Sovereign Debt in the Twenty-first Century, Journal of Economic Literature, 61(2), S. 565–623.

Mitchener, K./Weidenmier, M. (2008): The Baring Crisis and the Great Latin American Meltdown of the 1890s, The Journal of Economic History, 68(2), S. 462–500.

Moen, J./Tallman, E. (1990): Lessons from the Panic of 1907, Federal Reserve Bank of Atlanta Economic Review, 75, S. 2–13.

Monnet, E./Pagliari, S./Vallee, S. (2019): Au-delà de la »répression financière« et de la »capture de la régulation« Recomposition des écosystèmes financiers européens après la crise, Actes de la recherche en sciences sociales, 229, S. 14–33.

Morelli, S. (2018): Banking crises in the US: the response of top income shares in a historical perspective, The Journal of Economic Inequality, 16, S. 257–294.

Müller, K. (2019): Electoral cycles in macroprudential regulation, ESRB Working Paper Series, No. 106, ESRB, Frankfurt/Main.

Myers, C. S. (1977): Determinants of corporate borrowing, Journal of Financial Economics, 5(2), S. 147–175.

Nielsen, A. (1933): Dänische Wirtschaftsgeschichte, Gustav Fischer, Jena.

Nikolaidi, M./Stockhammer, E. (2017): Minsky Models: a Structured Survey, Journal of Economic Surveys, 31, S. 1304–1331.

Nishimura K. (2010): The Importance of Developing Financial Safety Nets and the Role of Central Banks, Adress at the Annual Conference of the International Association of Deposit Insurers, Bank of Japan.

Nord, R. (2000): Central and Eastern Europe and the New Financial Architecture, Finance and Development, 37(3), September 2000.

Obstfeld, M./Taylor, A. M. (2004): Global Capital Markets: Integration, Crisis, and Growth, Cambridge University Press, New York.

Odell, K. A./Weidenmier, M. D. (2004): Real Shock, Monetary Aftershock: The 1906 San Francisco Earthquake and the Panic of 1907, The Journal of Economic History, 64(4), S. 1002–1027.

OECD (2011): Restoring Public Finances, 2. Country Note: Belgium, https://www.oecd.org/gov/budgeting/47840665.pdf, Abrufdatum: 28.11.2023.

OeNB/FMA (2022): Insolvenz der Sberbank wurde vermieden – alle Gläubiger können fristgerecht bedient werden, Pressemitteilung 04. Mai 2022, https://www.oenb.at/Presse/Pressearchiv/2022/20220504.html, Abrufdatum: 06.11.2023.

Okina, K./Shirakawa, M./Shiratsuka, S. (2001): The Asset Price Bubble and Monetary Policy: Japan's Experience in the Late 1980s and the Lessons, Monetary and Economic Studies (Special Edition), Institute for Monetary and Economic Studies, Bank of Japan, Vol. 19 (S1), S. 395–450.

Østrup, F. (2008): Finansielle Kriser, Thomson, Kopenhagen.

Paligorova, T./Santos, J. A. C. (2017): Monetary policy and bank risk-taking: Evidence from the corporate loan market, Journal of Financial Intermediation, 30, S. 35–49.

Pedroso, P. (2014): The impact of austerity on the economy, the social model and the performance of the state, Friedrich Ebert Stiftung, https://library.fes.de/pdf-files/id/10722-20220207.pdf, Abrufdatum: 04.12.2023

Peek, J./Rosengren, E. S. (2005): Unnatural Selection: Perverse Incentives and the Misallocation of Credit in Japan, American Economic Review, 95(4), S. 1144–1166.

Pereira da Silva, L.A. (2018): With a little help from my friends: why large financial spillovers require more international macroprudential policy coordination, Remarks at the Joint BIS-PIIE Roundtable on »Global interdependence: rethinking international policy coordination with a special focus on macroprudential policies«, Washington DC, 18. April, https://www.bis.org/speeches/sp180516.pdf, Abrufdatum: 29.11.2023.

Pfeßdorf, A./Vormann, M. (2017): Wohnimmobilienkredite: BaFin erhält neue makroprudenzielle Kompetenzen, BaFin, https://www.bafin.de/SharedDocs/Veroeffentlichungen/DE/Fachartikel/2017/fa_bj_1706_wohnimmobilienkredite.html#doc19616762bodyText4, Abrufdatum: 14.11.2023.

Prasad, A./Elekdag, S./Jeasakul, P./Lafarguette, R. et al. (2019): Growth at Risk: Concept and Application in IMF Country Surveillance, IMF Working Paper. WP/19/36, IMF, Washington DC.

Purfield, C./Rosenberg, C. B. (2010): Adjustment under a Currency Peg: Estonia, Latvia and Lithuania during the Global Financial Crisis 2008-09, IMF Working Paper, WP/20/213, IMF, Washington DC.

Rajan, R. G. (2005): Has Financial Development Made the World Riskier? NBER Working Paper Series, No. 11728, Oktober 2005.

Reinhart, C. M./Rogoff, K. S. (2009a): The Aftermath of Financial Crises, The American Economic Review, 99(2), S. 466–472.

Reinhart, C. M./Rogoff, K. S. (2009b): This Time Is Different: Eight Centuries of Financial Folly, Princeton University Press, Princeton, New Jersey.

Reinhart, C. M./Rogoff, K. S. (2011): From Financial Crash to Debt Crisis, The American Economic Review, Vol. 101(5), S. 1676–1706.

Reinhart, C. M./Rogoff, K. S. (2013): Banking crises: An equal opportunity menace, Journal of Banking&Finance, 37(11), S. 4557–4573.

Reis, R. (2021): The Fiscal Footprint of Monetary Policy, in: Pastén, E./Reis R. (Hrsg.): Independence, Credibility and Communication of Central Banking, Central Bank of Chile, Santiago, Chile.

Richter, B./Schularick, M./Wachtel, P. (2021): When to Lean against the Wind, Journal of Money, Credit and Banking, 53(1), S. 5–39.

Rieder, K. (2018): (Un)promising Beginnings – Bagehot in the Land of Waltz: Financial Crises and Lending of Last Resort in the Austro-Hungarian Empire (1868–1914), Dissertation, University of Oxford.

Roine, J./Vlachos, J./Waldenström, D. (2009): The long-run determinants of inequality: What can we learn from top income data?, Journal of Public Economics, 93(7–8), S. 974–988.

Romer, C. (1990): The Great Crash and the Onset of the Great Depression, The Quarterly Journal of Economics, 105(3), S. 597–624.

Roosevelt Institute (2010): The Crisis of Wealth Destruction, Next New Deal, The Blog of the Roosevelt Institute, http://rooseveltinstitute.org/crisis-wealthdestruction, Abrufdatum: 28.03.2018.

Rutkowski, F./Schäfer, A./Schnabel, I. (2018): Zehn Jahre nach Ausbruch der Finanzkrise – viel erreicht, noch viel zu tun, Vierteljahreshefte zur Wirtschaftsforschung, 87(3), S. 9–25.

Schammo, P. (2019): Inaction in Macroprudential Supervision: Assessing the EU's Response, Journal of Financial Regulation, 5(1), S. 1–28.

Scharnagl, M./Mandler, M. (2019): Real and Financial Cycles in Euro Area Economies: Results from Wavelet Analysis, Jahrbücher für Nationalökonomie und Statistik, 239(5-6), 2019, S. 895–916.

Schivardi, F./Sette, E./Tabellini, G. (2022): Credit Misallocation during the European Financial Crisis, The Economic Journal, 132(641), S. 391–423.

Schnabel, I. (2023): Monetary and financial stability – can they be separated?, Rede in London, 19. Mai 2023, https://www.bis.org/review/r230522i.pdf, Abrufdatum: 04.12.2023.

Scholtes, B. (2017): Beginn der Finanzkrise in Deutschland, Der lange Schatten des Jahres 2007, Deutschlandfunk, 29.07.2017. https://www.deutschlandfunk.de/beginn-der-finanzkrise-in-deutschland-der-lange-schatten-100.html, Abrufdatum: 28.11.2023.

Schularick, M. (2004): Finanzielle Globalisierung in historischer Perspektive, Kapitalflüsse von Reich nach Arm, Investitionsrisiken und globale öffentliche Güter, Inaugural-Dissertation, Freie Universität Berlin, Berlin.

Schularick, M. (2011): 140 Years of Financial Crises: Old Dog, New Trick, Jahrbuch für Wirtschaftsgeschichte/Economic History Yearbook, Vol. 52(1), 2011, S. 45–68.

Schularick, M. (2014): Public and Private Debt: The Historical Record (1870–2010), German Economic Review, 15(1), 2014, S. 191–07.

Schularick, M. (2021): Corporate indebtedness and macroeconomic stabilisation from a long-term perspective, ECONtribute Policy Brief Series, Nr. 024, University of Bonn and University of Cologne.

Schularick, M./Taylor, A. M. (2012): Credit Booms Gone Bust: Monetary Policy, Leverage Cycles, and Financial Crises, 1870–2008, American Economic Review, 102(2), S. 1029–61.

Schüler, Y. S./Hiebert, P. P./Peltonen, T. A. (2015): Characterising the financial cycle: a multivariate and time-varying approach, ECB Working Paper Series No. 1846, European Central Bank, Frankfurt/Main.

Sher, G. (2023): Borrower-Based Macroprudential Instruments in Germany, IMF Selected Issues Papers, No. 2023/60, Juli 2023, IMF, Washington DC.

Simon, J. (2003): Three Australian Asset-price Bubbles, in: Richards, A. and Robinson, T. (Hrsg.): Asset Prices and Monetary Policy, Reserve Bank of Australia, Sidney, S. 8–41.

Sondermann, D./Consolo, A./Gunnella, V./Koester, G./Lambrias, K./López-Garcia, P. (2019): Economic Structures 20 Years into the Euro, ECB Occasional Paper 224, ECB, Frankfurt/Main.

Speyer, B. (2013): EU-Bankenunion: Richtige Idee, schlechte Durchführung, EU-Monitor, Deutsche Bank Research, 20.09.2013, S. 1–23.

SRB (2022): Sberbank Europe AG: Kroatische und slowenische Tochtergesellschaften setzen Geschäftsbetrieb nach Veräußerung fort, österreichische Muttergesellschaft bedarf keiner Abwicklungsmaßnahme, Pressemitteilung 01. März. 2022, https://www.srb.europa.eu/de/content/sberbank-europe-ag-kroatische-und-slowenische-tochtergesellschaften-setzen, Abrufdatum: 06.11.2023.

SRB (2023): Single Resolution Fund grows by € 11.3 bn to reach € 77,6 billion, Press Release 06. Juli 2023, https://www.srb.europa.eu/en/content/single-resolution-fund-grows-eu113-billion-reach-eu-776-billion, Abrufdatum: 06.11.2023.

Stasch, K. (2009): Lender of Last Resort; Bankenkrisen und Krisenmanagement in der Europäischen Union, Nomos, Baden-Baden.

Stein, J. C. (2021): Can Policy Tame the Credit Cycle?, IMF Economic Review, 69, S. 5–22.

Stolz-Gerhardt, V. (2019): Finanzsystemstabilität, systemisches Risiko und Bailout-Instrumente, Springer Gabler, Wiesbaden.

Suarez, J. (2021): Growth-at-risk and macroprudential policy design, ESRB Occasional Paper Series No 19, September 2021, ESRB, Frankfurt/Main.

Sufi, A./Taylor, A. M. (2022): Financial crises: A survey, in: Gopinath, G./Helpman, E./Rogoff, K. (Hrsg.): Handbook of International Economics, Vol. 6, North Holland, Amsterdam, S. 291–340.

SVR Wirtschaft (2012): Stabile Architektur für Europa – Handlungsbedarf im Inland, Jahresgutachten 2012/13, Wiesbaden.

SVR Wirtschaft (2014): Der weite Weg zu mehr Finanzstabilität in Deutschland und Europa, Jahresgutachten 2014/15 »Mehr Vertrauen in Marktprozesse«, Wiesbaden, S. 168–212.

SVR Wirtschaft (2015): Zukunftsfähigkeit in den Mittelpunkt, Jahresgutachten 2015/16, Wiesbaden.

Taylor, A. M. (2014): The Great Leveraging, in: Acharya, V. V./Beck, T./Evanoff, D. D./Kaufman, G. G./Portes, R. (Hrsg.): The Social Value of the Financial Sector: Too Big to Fail or Just Too Big?, World Scientific Studies in International Economics, Vol. 29, Hackensack, New Jersey.

The High-Level Group on Financial Supervision in the EU (2009): Report, https://www.esrb.europa.eu/shared/pdf/de_larosiere_report_de.pdf?27ac25e3e0132be567ddc3fa2590d579, Abrufdatum: 23.11.2021.

Thedéen, E. (2023): The links between monetary policy, financial stability and fiscal policy, Rede in Stockholm, 23. Mai 2023, https://www.bis.org/review/r230524c.htm, Abrufdatum: 04.12.2023.

Thiemann, M./Stellinga, B. (2023): Between technocracy and politics: How financial stability committees shape precautionary interventions in real estate markets, Regulation & Governance, 17(2), S. 531–548.

Tobin, J. (1980): Asset Accumulation and Economic Activity: Reflections on Contemporary Macroeconomic Theory, The University of Chicago Press, Chicago.

Tobin, J. (1989): Review of Stabilizing an Unstable Economy by Hyman P. Minsky, Journal of Economic Literature, 27(1), S. 105–108.

Tröger, T. (2018): Zu kompliziert, um zu funktionieren – Eine kritische Bewertung des Bail-In-Instruments im europäischen Recht der Bankenabwicklung, ZBB, 30(1), S. 20–41.

Tucker, P. (2014): The Political Economy of Macroprudential Regimes, in: Dirk Schoenmaker (Hrsg.): Macroprudentialism, CEPR Press and Duisenberg School of Finance.

Tucker, P. (2016): The Design and Governance of Financial Stability Regimes, CIGI Essays on International Finance, https://www.ecb.europa.eu/pub/conferences/shared/pdf/20170511_2nd_mp_policy/Tucker-The_Design_and_Governance_of_Financial_Stability_Regimes.en.pdf, Abrufdatum: 04.12.2023.

Tucker, P. (2018): Unelected Power, Princeton University Press, Princeton, New Jersey.

Ugolini, S. (2017): The Evolution of Central Banking: Theory and History, Palgrave Macmillan, London.

Weinberg, J. (2013): The Great Recession and Its Aftermath, Federal Reserve System (Hrsg.): Federal Reserve History, https://www.federalreservehistory.org/essays/great-recession-and-its-aftermath, Abrufdatum: 28.11.2023.

WGEM (2018): Real and financial cycles in EU countries: Stylised facts and modelling implications, Working Group on Econometric Modelling, Team on Real and Financial Cycles, ECB Occasional Paper Series No. 205, ECB, Frankfurt/Main.

White, E. (1990): The Stock Market Boom and Crash of 1929 Revisited, The Journal of Economic Perspectives, 4(2), S. 67–83.

White, E. (2014): Lessons from the Great American Real Estate Boom and Bust of the 1920s, in: White, E./Snowden, K./Fishback, P. (Hrsg.): Housing and Mortgage Markets in Historical Perspective, The University of Chicago Press, Chicago, S. 115–158.

Woitek, U./Müller, M. (2012): Wohlstand, Wachstum und Konjunktur, in: Halbeisen, P./Müller, M./Veyrassat, B. (Hrsg.): Wirtschaftsgeschichte der Schweiz im 20. Jahrhundert, Schwabe Verlag, Basel, S. 91–222.

Woo, J. (2023): Financial crises and inequality: New evidence from a panel of 17 advanced economies, The Journal of Economic Asymmetries, 28, e00323.

Zasova, A. (2015): Labour Market Measures in Latvia 2008–13: The Crisis and Beyond, https://www.ilo.org/wcmsp5/groups/public/---dgreports/---inst/documents/publication/wcms_449930.pdf, Abrufdatum: 28.11.2023.

Zeitler, F.-C. (2014): Voraussetzungen für eine effektive Bankenunion, ifo Schnelldienst, 10/2014, S. 16–22.

Stichwortverzeichnis

A
Abwicklung 137
Abwicklungsfonds 138
Abwicklungsregime 137
Aktienpreis 51
Amortisationsanforderung 108
Antizyklischer Kapitalpuffer (CCyB) 53, 103, 111
Ausschuss für das weltweite Finanzsystem (CGFS) 123
Ausschuss für Finanzstabilität (AFS) 128
Automatischer Stabilisator 73, 92

B
Bankenabwicklungsmechanismus 132, 137
Bankenunion 132
Bank für Internationalen Zahlungsausgleich (BIS) 123
Bank Run 133
Basel III 65
Boundary-Problem der Regulierung 84
Bundesanstalt für Finanzdienstleistungsaufsicht (BaFin) 129

C
Cantillon Effekt 24
CCP
- Ausfallsfonds 70
- Eigenkapital 70
- Gemeinschaftshaftung 70
Clearing 58
Constructive ambiguity 132, 136
Cyberrisiko 58

D
Deleveraging 27, 77
Deutsche Bundesbank 129
Digitales Zentralbankgeld 68
Direkter Ansteckungseffekt 60
Dominoeffekt 62

E
Eigenkapitalrichtlinie (CRD) 120
Eigenkapital- und Liquiditätspuffer 71
Einkommensbezogenes kreditnehmerbasiertes Instrument 108
Einlagensicherungsfonds (EDIS) 134
Einlagensicherungssystem (ESS) 73, 133
Endogenität systemischer Risiken 86
Europäischer Ausschuss für Systemrisiken (ESRB) 126
Evaluierung 34
Exogener Schock 64
Expert judgement 74 ff., 79
Extensive margin 110, 112

F
Financial Accelerator 43
Finanzderivat 69
Finanzielle Dominanz 89, 145
Finanzielle Integration 144
Finanzierungsbeschränkung 43
Finanzintermediäre 15
Finanzkrise 16, 45
- Verstärkungsmechanismus 26
Finanzmarkt 16
Finanzmarktinfrastrukturen 66
Finanzstabilität 16
Finanzstabilitätsausschuss 116
Finanzstabilitätsgesetz (FinStabG) 128
Finanzstabilitätsmandat 87, 114
Finanzstabilitätsrat (FSB) 124
Finanzsystem 15
Fire Sales 60
Fiskalische Dominanz 89, 145
Fiskalpolitik 73, 92
- als Ursache von Verwundbarkeiten 93
- Anreizwirkungen von Steuern und Abgaben 95
- antizyklische 92
Frequenzanalyse 40
Frühwarnindikator 47, 49
Frühwarnliteratur 49
Frühwarnmodelle 54
- Fehler erster Art 54
- Fehler zweiter Art 54
- Schwellenwerte für Warnsignale 54

G
Gamble for resurrection 135
Geldpolitik 87, 144
- cleaning up after the mess 90
- leaning-against-the-wind 91
- Transmissionskanal 87
- zyklische Verwundbarkeiten 90
Geldpolitische Strategie 91
Gesamteinschätzung der Risikolage 79
Growth-at-Risk-Ansatz 77

H
Haftungskaskade 138
Haircut 70
Häuserpreiswachstum 47
Heat Map 55
Hebeleffekt 60
Hodrick-Prescott-Filter 54
House-Price-at-Risk 78

I
Immobilienpreisboom 44, 46
Implizite staatliche Garantie 94
Inaction Bias 90, 114
Individualzahlung 67
Initial margin 70
Instant Payment 68
Intensive margin 110, 112
Internationaler Währungsfonds 125

K
Kapitaladäquanzverordnung (CRR) 120
Kapitalerhaltungspuffer 103
Kapitalisierung der Banken 51
Kapitalpuffer für anderweitig (national) systemrelevante Institute 104
Kapitalpuffer für global systemrelevante Institute 104
Kettenreaktion 65
Klimawandel 61
Kredit an die Sektoren nichtfinanzielle Unternehmen oder Haushalte 50
Kredit/BIP-Lücke 53
Kredit/BIP-Verhältnis 53
Kreditboom 46
Kreditkanal 26
Kreditklemme 27
Kreditmarktsentiment 44
Kreditrisiko 67, 70
Kreditwachstum 47
- Hochpunkt 48
- übermäßiges 53
Kritische Infrastruktur 57
Kryptowert 68

L
Lehman Brothers 69
Leistungsbilanz 51
Lender of Last Resort (LOLR) 70, 73, 89, 132
Leveraged Bubble 51
Liquidität 67
Liquiditätsdeckungsquote 109
Liquiditätsrisiko 67, 70
Logit/Probit-Ansatz 49, 54

M
Macro-Financial Linkage 42
Makroökonomische Stabilisierung 88
Makroprudenzielle Instrumente 98, 110, 114
- Einsatz in Europa 109
- Empfehlungen 99
- Kalibrierung 112
- kapitalbasierte Instrumente 101, 112
- kreditnehmerbasierte Instrumente 106, 113
- Warnungen 98
- Wirksamkeit 112
Makroprudenzielle Politik 82, 145
- Begriff 81
- Begründung 82
- Zielsetzung 82
Makroprudenzieller Politikzyklus 33
Makroprudenzielle Stresstests 76
Mandat zur Sicherung der Preisstabilität 87
Margin 70
Marktaustrittsbarriere 97
Marktzutrittsbarriere 97
Massenzahlung 68
Mikroprudenzielle Aufsicht 33, 73, 85
Mikroprudenzielle Aufsichtsbehörde 118
Minsky Moment 23
Monitoring 52

N
Nachschusspflicht 60
Negative Externalität 57, 83
Negativer externer Effekt 145

Netzwerk 63
Notfallliquidität bei Zentralbanken 70

O
Obergrenzen für Beleihungsquoten 108
Operationelles Risiko 70 ff.

P
Physikalisches Risiko 61
Politikfelder mit Einfluss auf Finanzstabilität 92
Preisstabilität 89
Private Kreditvergabe 49
Prozyklizität 39

R
Rationale Erwartungen 45
Refinanzierung 61
Repos 60
Resilienz 30, 32, 71
- der Realwirtschaft 73
- dynamische 72
- unmittelbare 72
Resilienzfaktor 71, 74
Restrukturierung 137
Restrukturierungs- und Abwicklungsregime 73
Rezession 45
Risikodiskussion 79
Risikofeld 79
Robust-yet-fragile 65
RTGS-System 67
Rückkopplungseffekt 16, 32, 76

S
Schock 16, 30 ff., 75
- endogen 31
- exogen 31
Schock-Szenario 76
Schuldendienstquote 52
Settlement 58
Shapley-Wert 63
Sicherheiten 60
Sicherheitenverwaltung 71
Simulationstechnik 66
Single Resolution Mechanism (SRM) 139
Skaleninvarianz 64
Spillover 144 ff.
Spillover-Effekt 115
Staaten-Banken-Nexus 93
Stablecoin 68
Strukturelle Liquiditätsquote 109
Strukturelle Verwundbarkeiten 31
Substituierbarkeit 62
Surveillance-Tool 52
Systemische Bankenkrise 17
Systemisches Risiko 31, 79
Systemperspektive 79
Systemrelevanz 57
Systemrisikopuffer (SyRB) 105, 110
Systemweite Perspektive 76

T
Tail-Risiko 78 ff., 83
TBTF-Bank 96
This-time-is-different-Syndrom 46
Threat Intelligence-Based Ethical Red Teaming (TIBER) 59
Tiering 70
Too big to fail (TBTF) 31
Too connected to fail (TCTF) 31
Too many to fail (TMTF) 31
Transaktionsregister 66
Transitorisches Risiko 61

U
Überoptimistische Erwartung 45

V
Variation margin 61, 70
Verschuldungsgrad der Banken 51
Verschuldungsquote 105
Verwundbarkeiten 30, 73
Verwundbarkeitsmatrix 55
- Box-ticking 56
Volkswirtschaft 15

W
Wahrscheinlichkeit einer Finanzkrise 49, 54
Währungskrise 16
Währungsunion 143
Warnsignal 54
Wettbewerbsintensität 96
Wettbewerbspolitik 95
Wettbewerbspolitik und -regulierung 96
Widerstandsfähigkeit 32
Wirtschaftspolitik 91
Wohnimmobilienpreis 50

Z
Zahlungssystem 66
Zahlungsverkehrsüberwachung 70
Zentralbank 116
Zentrale Gegenpartei (CCP) 69
Zentralitätsgrad 63
Zentralverwahrer 71
Zinsswap 69
Zug-um-Zug-Abwicklung 71
Zwillingskrisen (Twin Crises) 17
Zyklische Verwundbarkeiten 31

Die Herausgeber

Prof. Dr. Tobias Körner

Prof. Dr. Tobias Körner ist Hochschullehrer an der Hochschule der Deutschen Bundesbank mit den Lehrschwerpunkten Volkswirtschaftslehre und Finanzstabilität. Seine Forschungsinteressen liegen im Bereich Finanzkrisen, Institutionen des Finanzwesens und Politikevaluation. Zuvor verantwortete er als Referent beim Sachverständigenrat zur Begutachtung der gesamtwirtschaftlichen Entwicklung das Themengebiet Finanzmärkte. Er studierte Rechtspflege an der Fachhochschule für Rechtspflege Nordrhein-Westfalen, Volkwirtschaftslehre an der Universität Bonn und promovierte im Doktorandenprogramm Ruhr Graduate School in Economics.

Prof. Dr. Oliver Kruse

Prof. Dr. Oliver Kruse ist Hochschullehrer an der Hochschule der Deutschen Bundesbank mit den Lehrschwerpunkten Bank-, Wertpapier- und Versicherungsmanagement. Seine Forschungsinteressen liegen im Bereich des Mittelstandsmanagements insbesondere der Mittelstandsfinanzierung, der Wertpapier-Compliance sowie der Nachhaltigkeit im Finanzwesen. Zudem ist er Vorstandsvorsitzender der gemeinnützigen Stiftung Mittelstand – Gesellschaft – Verantwortung und Mitglied des Koordinierungsteams der Offensive Mittelstand. Zuvor war er u.a. mehr als 20 Jahre in verschiedenen Positionen und Funktionen für eine deutsche Großbank tätig. Er studierte und promovierte an der wirtschaftswissenschaftlichen Fakultät der Universität Paderborn.

Die Autorinnen und Autoren

Sebastian Breuer

Sebastian Breuer ist Abteilungsleiter im Zentralbereich Finanzstabilität der Deutschen Bundesbank. Er verantwortet die makroprudenzielle Überwachung des deutschen Finanzsystems und arbeitet mit seinem Team an Grundlagen der Finanzstabilitätsanalyse. Zuvor war er für den Sachverständigenrat zur Begutachtung der gesamtwirtschaftlichen Entwicklung tätig, zunächst als Referent für Konjunktur und Makroökonomie, später als stellvertretender Generalsekretär. Er studierte Volkswirtschaftslehre an der Universität Duisburg-Essen und arbeitete am RWI – Leibniz-Institut für Wirtschaftsforschung.

Dr. Niklas Gadatsch

Dr. Niklas Gadatsch ist Senior Financial Stability Expert und Forschungskoordinator im Zentralbereich Finanzstabilität der Deutschen Bundesbank. Seine Arbeitsschwerpunkte lagen über viele Jahre in der Finanzstabilitätsanalyse und der makroprudenziellen Überwachung. In dieser Tätigkeit wirkte er u.a. bei der Erstellung des jährlichen Finanzstabilitätsberichts mit. Vor seinem Eintritt in die Deutsche Bundesbank verantwortete er als Referent beim Sachverständigenrat zur Begutachtung der gesamtwirtschaftlichen Entwicklung das Themengebiet Finanzmärkte. Er studierte Volkswirtschaftslehre an den Universitäten Mainz, Konstanz sowie Lund und promovierte an der WHU – Otto Beisheim School of Management. Er ist als Lehrbeauftragter an verschiedenen Universitäten und Hochschulen tätig.

Dr. Katharina Knoll

Dr. Katharina Knoll ist Senior Financial Stability Expert im Zentralbereich Finanzstabilität der Deutschen Bundesbank. Ihre Arbeitsschwerpunkte liegen in der Finanzstabilitätsanalyse und der makroprudenziellen Überwachung. Vor ihrem Eintritt in die Deutsche Bundesbank war sie als Post-Doc an der Universität Bonn am Institut für Makroökonomik und Ökonometrie tätig. Sie studierte European Studies an der Universität Chemnitz und der Latvijas Universitate Riga und North American Studies an der Freien Universität Berlin. Sie promovierte in Volkswirtschaftslehre mit Schwerpunkt Wirtschaftsgeschichte an der Freien Universität Berlin.

Dr. Jens Reich

Dr. Jens Reich ist Leiter der Repräsentanz der Bundesbank für Nordamerika in New York. Seine Forschungsinteressen liegen in der Geldtheorie und Theoriegeschichte. Zuvor war er stellvertretender Büroleiter der Vizepräsidentin der Deutschen Bundesbank und für ca. zehn Jahre im Bereich Finanzstabilität, insbesondere makroprudenzielle Instrumente, der BaFin und Bundesbank tätig. Er studierte Volkswirtschaftslehre und Politikwissenschaften jeweils auf Diplom an der Universität Frankfurt am Main und der New School for Social Research in New York. Er promovierte an der Universität Frankfurt am Main und war dort sowie an der Dualen Hochschule Mannheim und der Lyon Deux als Dozent tätig.

Uwe Schollmeyer

Uwe Schollmeyer ist Hochschullehrer an der Hochschule der Deutschen Bundesbank mit den Lehrschwerpunkten Zahlungsverkehr, Geldpolitik und Zentralbankwesen. Er war daneben auch verantwortlich für Lehrveranstaltungen in den Bereichen Finanzstabilität und Außenwirtschaft. Seine Forschungsinteressen liegen im Bereich der Finanzmarktinfrastrukturen und des digitalen Geldes. Er arbeitete zuvor in der Zentrale der Deutschen Bundesbank an Analysen zum unbaren Zahlungsverkehr und war an der Zahlungsverkehrsüberwachung für das internationale Zahlungssystem CLS beteiligt. Vor dem Eintritt in das Bundesbankreferendariat sammelte er Lehrerfahrungen an der Universität Gießen und absolvierte das Diplomstudium der Volkswirtschaftslehre an der Universität Bayreuth.

Dr. Benjamin Weigert

Dr. Benjamin Weigert ist Leiter des Zentralbereichs Finanzstabilität bei der Deutschen Bundesbank. Zuvor war er unter anderem als Generalsekretär für den Sachverständigenrat zur Begutachtung der gesamtwirtschaftlichen Entwicklung sowie für die Beratungsgesellschaft Deloitte&Touche tätig. Er studierte Volkswirtschaftslehre an der Technischen Universität Dresden und promovierte an der Universität Konstanz im Bereich Internationale Wirtschaftsbeziehungen.

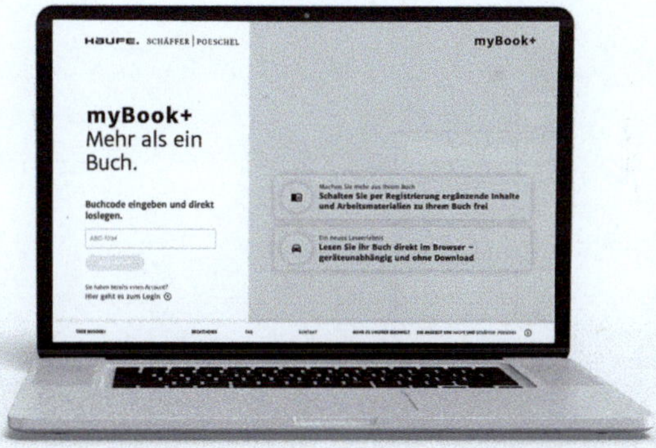

Ihre Online-Inhalte zum Buch: Exklusiv für Buchkäuferinnen und Buchkäufer!

- **https://mybookplus.de**
- Buchcode: **HKQ-52248**